U0153693

臺灣客家研究論文選輯10

客家文學

彭瑞金——主編

張維安——總主編

編者及作者介紹

主編

彭瑞金

國立高雄師範學院（高雄師範大學前身）國文系畢業，曾任高中教師 27 年，歷任真理大學、臺南神學院、成功大學、屏東教育大學客家研究所、高雄師大客家研究所兼任副教授、教授等職，2018 年 2 月自靜宜大學臺灣文學系專任教授退休。1991 年起擔任《文學臺灣》雜誌主編迄今。研究領域為臺灣文學史、臺灣文學評論、臺灣客家文學、臺灣民間文學等。著有《臺灣新文學運動 40 年》、《高雄市文學史》、《鍾理和評傳》、《鍾肇政文學評傳》、《葉石濤評傳》、《臺灣文學評論百問》、《臺灣文學 50 家》等 30 餘種。編有《葉石濤全集》、《李榮春全集》、《臺灣詩人選集》、《文學臺灣》雜誌、《李喬文學研究資料彙編》等約 300 冊。

作者群

何石松　中國文化大學中國文學研究所博士，曾任南勢國小、龍岡國中、中壢高商教師、臺北市立大學中國文學系副教授等職。專長領域為國音學、文論、客家民間文學。

古國順　文化大學中國文學博士，曾任臺北市立教育大學中國語文學系教授兼應用語文所所長，獲 104 年客家終身貢獻獎。主要研究領域為文字學、尚書學、目錄學、漢語語言學等。著有《臺灣客語概論》、《客語發音學》、《文字學》、《清代尚書學》、《司馬遷尚書學》。

黃美鴻　國立新竹教育大學臺灣語言與語文教育研究所博士。新竹市東門國小校長退休、曾獲榮獲師鐸獎、星雲典範教育獎、教育部教學卓越金質獎。曾任文化部電視金鐘獎評委、客家電視台「小 0 事件簿」企劃案評委、客委會「客語認證口試委員」、教育部客家語教科書編輯委員、國內外發表論文十餘篇。現任國立清華大學華文研究所兼任助理教授及新竹市教育局聘用督學。學術專長為客家語創意教學、華語文教學、客語句型研究。

曾絢煜　南華大學文學研究所碩士班畢業，現任仁德醫專客家研究中心活動組長、仁德醫專幼兒保育科專任講師（102 年迄今）。曾任客委會客語薪傳師、仁德醫專客家研究中心研究行政教師（99-107 年）、仁德醫專通識教育中心專任講師（88-101 年）、仁德醫校專任教師（80-87 年）、漢聲出版公司文字編輯（78-80 年）。學術專長為現代文學、苗栗古典詩社研究、醫護文學、客家文化、幼兒客語、鄉土文化與幼兒教學。

葉石濤　出生於 1925 年日治時期，前半生在臺南度過，後半生定居於高雄。書寫跨越日治與戰後兩個世代，發表許多小說、散文、評論、隨筆等。小說主要以臺南府城為場景，反映對鄉土的關心，曾言「沒有土地，哪有文學」。1987 年葉石濤出版《臺灣文學史綱》，發揮承先啟後的功能。臺南市政府為紀念葉石濤在臺灣文學上的貢獻，於 2012 年設立「葉石濤文學紀念館」。

施正鋒　美國愛荷華州立大學政治學碩士、美國俄亥俄州立大學政治學博士。曾任淡江大學公共行政學系主任、國立東華大學民族發展研究所教授兼原住民族學院院長，現任國立東華大學民族事務與發展學系教授。學術專長為比較外交政策、國際政治經濟、族群政治。

柳書琴　國立清華大學臺灣文學研究所教授，專攻日治時期臺灣文學。著有《荊棘之道》（2009）、《殖民地文學的生態系》（2012）；編著有《東亞文學場》（2018）、《戰爭與分界》（2011）；共同編著《後殖民的東亞在地化思考》（2006）、《臺灣文學與跨文化流動》（2006）、《帝國裡的「地方文化」》（2008）等。曾獲國科會吳大猷先生紀念獎、清華大學新進人員研究獎、巫永福文學評論獎、中山學術著作獎等。

王惠珍　日本關西大學中國文學專攻，曾任教於靜宜大學臺灣文學系，現任國立清華大學臺灣文學研究所教授，專長東亞殖民地文學研究。著有《戰鼓聲中的殖民地書寫：作家龍瑛宗的文學軌跡》（2014），編有《戰鼓聲中的歌者：龍瑛宗及其同時代東亞作家論文集》（2011）等專書。

王幼華　國立中興大學中文博士，曾任國立聯合大學華語文學系系主任，現任國立聯合大學華語文學系及臺灣語文與傳播學系合聘教授。曾獲吳濁流文學獎、中國文藝協會獎章、中山文藝獎等。研究專長為族群文學與文化、中國文學、現代文學、清代臺灣文學與文獻、文學創作。

莫　渝　本名林良雅，1948年出生於苗栗竹南中港溪畔。淡江文理學院畢業。曾任《笠》詩刊主編。現任國立聯合大學臺灣語文與傳播學系兼任助理教授、年度詩選編選委員。著有詩集《晨課》、《畫廊》、《貓眼，或者黑眼珠》等。評論集《苗栗縣文學史》（合著）、《臺灣詩人群像》、《笠詩社演進史》等，翻譯法國文學《惡之華》、《比利提斯之歌》、《小王子》等。

彭瑞金　國立高雄師範學院國文系畢業。曾任高中、大學教師，2018 年 2 月自靜宜大學臺灣文學系教授退休。現任《文學臺灣》主編、臺灣筆會理事長。研究領域為臺灣文學史、文學評論、臺灣客家文學、臺灣原住民文學等，著有《臺灣新文學運動 40 年》、《高雄市文學史》、《鍾理和評傳》、《鍾肇政文學評傳》、《葉石濤評傳》等作。

吳達芸　國立臺灣大學中文系碩士。曾任國立成功大學中文系教授、臺南女子技術學院通識中心國文組教授、臺南科技大學幼保系專任教授，為成大婦女兩性研究室創始會員之一。天主教徒。於成大升教授後，為充實自己，主動前往趙可式博士課堂上課，受安寧照顧訓練，課餘至成大醫院安寧病房做志工。研究專長為小說評論（包括中國古典小說與臺灣現當代小說）、電影與人生、女性文學、生命教育與臨終關懷。

許嘉雯　國立中興大學中國文學所博士，主要研究領域為兩岸現當代文學和晚清小說的文化研究。曾在多所大學授課，現於高中任教國文。博論為《晚清小說的身體圖像》。

鍾屏蘭　國立高雄師範大學國文研究所博士，現任國立屏東大學中國語文學系及文化創意產業學系教授。任教期間，曾兼任學生事務長及語文教育學系系主任等職；目前兼任客家委員會委員、客家委員會學術發展委員。研究興趣為中國古典詩詞、文學批評、國語文教學、客家文學、客語教學等。

學術研究與客家發展：
《臺灣客家研究論文選輯》主題叢書序

張維安

　　客家族群的發展，打從其浮現初期就和客家族群的論述有密切的關係。特別是從「自在的客家」發展到「自為的客家」過程中，客家族群意識的凝聚與確定，顯示出客家族群相關論述扮演了重要的角色，尤其是立足於客家研究而來的客家族群論述所帶來的影響。有客語語言家族的「客觀」存在（自在的客家），還不能說客家族群已經誕生，也就是說客家族群還未主觀的、有意識的存在（自為的客家）。兩者之間的差異與轉換，主要是族群意識與族群論述。

　　族群意識的誕生，可能來自客語語言家族經過與他族的接觸經驗、人群界線的劃分，以及漫長的族群形塑過程。不過人群分類的「科學」根據和「歷史」解釋，卻需要綿密的客家族群論述為基礎。從客家族群形成的過程來看，客家研究扮演了非常關鍵的角色，甚至可以說「沒有客家研究就沒有客家族群」。

　　歷史上，羅香林的《客家源流考》（1950）、《客家研究導論》（1933）和《客家史料彙編》（1965）為客家選定作為中原漢族的身分，提供了安身立命的論述基礎。更早的時期，徐旭曾的〈豐湖雜記〉（1808）、林達泉的〈客說〉（1866）、賴際熙的《[民國]赤溪縣志》（1867）、溫仲和所纂的《廣東省嘉應州志》（1868），以及黃釗的《石窟一徵》（1870）等，提供了羅香林論述的基礎觀察。當然還有一些外國傳教士之論述也發揮很大的作用，例如

Ernest John Eitel（1873）的 *An Outline History of the Hakkas*。關於西方傳教士的客家論述與華南客家族群的浮現方面，施添福與林正慧等已有精彩的研究。客家研究奠定了客家族群存在的樣貌。

　　客家研究與客家族群的浮現與發展關係，是多層次的。從民間學者到學院教授，從族譜記載到生物基因，從文化圖騰到語言發音，豐富了客家族群文化的內涵，增進了客家族群的意識與認同。其中語言學家對南方漢語中客語分類的認定與命名，使得客語人群的身影逐漸清晰。近年來臺灣客家研究的興起對臺灣、東南亞或中國客家文化的發展與認同都有清楚的影響。

　　基於客家相關的學術研究對客家發展的重要性，客家委員會從設立以來便相當重視客家知識體系的發展，設立客家學術發展委員會指導推動客家學術研究與發展之業務，厚植客家研究的基礎。客家研究如果要成為一門學問，不只是要有研究計畫，必需有課程規劃、教科書、專業期刊、客家研究學會、學術研討會、嚴格審查的專書、有主題的叢書與論文集彙編。《臺灣客家研究論文選輯》主題叢書的出版計畫，具有此一脈絡的意義。

　　《臺灣客家研究論文選輯》主題叢書的出版構想，源於客家委員會的客家學術發展委員會，目標是將分散於各學術期刊的優質論文，依主題性質加以挑選、整理、編輯，重新編印出版，嘉惠對客家議題有興趣的讀者，深化客家議題的討論，增益客家社會建構的能量。論文來源以學術期刊論文為主，作者無限制，中英文皆可，主要是論文議題要與「臺灣客家」相關，跨區域比較也可。以主題或次領域為臺灣客家研究系列叢書編輯的原則，能讓國內外客家研究學者乃至一般讀者，迅速掌握過去學術界對該主題的研究累積，通過認識臺灣「客家研究」的各種面向，理解臺灣客家社會文化的諸多特質，作為國家與客家族群發展知識基礎。叢書，除了彙整臺灣客家研究的各主題（特色），也望能促進學、政雙方，乃至臺灣民間社會共同省思臺灣客家的未來。

　　由於各篇論文原來所刊登的期刊，各有其所要求的格式。為了尊重原期刊的特性，本叢書各輯的論文仍保留原有的格式性質，例如註解的方式各篇並未一致，又因版面重新編輯，原有的頁數已經有所改變，這是需要跟讀者特別說明的。

　　《臺灣客家研究論文選輯》主題叢書之問世，特別要感謝客家委員會李永得主任委員的支持，客家學術發展委員會召集人蕭新煌教授的指導，各分冊主編的教授師長，一次又一次的來交通大學開會，從書本的命名到封面的討論，看見大家的投入和付出，非常感激。交通大學國際客家研究中心博士後研究員劉瑞超博士、交通大學出版社程惠芳小姐和專任助理陳韻婷協助規劃與執行，克服重重困難，誠摯表示感謝。

張維安

于國立交通學客家文化學院人文社會學系

2018-6-7

目錄

《客家文學》導論

彭瑞金

一、前言：客家文學的定義及發展

「客家文學」即「臺灣客家文學」之略稱。地域性的標示，具有定義及範疇之雙重界定的意義。客家人分布世界各地，分屬不同國家、社群、文化、國家認同都有重大差異，除了語言（客語）的共通性外，現實、文化都有各自的隸屬，不同的文化、歷史、環境、現實條件產生不同的文學。臺灣客家文學的「發生」，離不開臺灣的歷史、自然環境。所以，在臺灣談客家文學，不能少掉「臺灣」的地域性標示。當然，臺灣客家文學最重要的元素是客家，同樣此客家指的還是臺灣客家。從文學產生的原理，只有生活在臺灣的人才能產出臺灣文學，同理，也只有生活在臺灣的客家人才能產出臺灣客家文學。易言之，生活在臺灣的客家人所作的文學，也不能妄自尊大為代表全世界客家人的「客家文學」。

臺灣有客家文學之名，始於 1980 年代，主要是針對當時的臺灣文學界，有為數相當多，又極為優秀、傑出的客籍作家的文學現象而言，並不是嚴肅的文學學術用語。客家文學的學術討論，始於 1990 年代。[1] 從此開啟的臺灣客家

---

1 彭瑞金，〈臺灣客家文學的可能性及其女性為主導的特質〉，1990 年 7 月 15 日，現代學術研究基金會「國家發展與臺灣化」研討會，首見「臺灣客家文學」之名。

文學討論。大致上可歸納為以下幾項：

（一）「臺灣」和「客家」在名稱上優先順位的思考。有「臺灣客家文學」[2]「客家臺灣文學」[3]的不同考量。前者是指在臺灣的客家文學是臺灣文學大屋頂下的一環或一支流、分支，和原住民文學、福佬文學、新住民文學同列並排。後者有兩種不同的解釋：一是指臺灣客家文學是（世界）客家文學的臺灣分支。此說，顯然得回應世界的客家文學在哪裡？是什麼？是無法從文學上去定義的難題。一是指客家人的臺灣文學，與「臺灣客家文學」其實定義無分軒輊，只是可能被誤解它的頭上是世界客家文學而已。產生於臺灣的客家文學，不可能拋開臺灣這個元素來談文學，其它有族群標示的文學亦然。

（二）「臺灣客家文學」是否可以和臺灣客家族群文學劃上等號？這可能要回到 1980 年代客家文學被發現的現場談。1980 年代，客家文學的被發現，大約是有鑒於 1920 年代以降的 60 多年間的臺灣新文學史頁裡，客籍作家的表現既多且精，不僅參與新文學運動、創作的人數多，作品多，而且多為傑出的臺灣文學代表作，作家、作品的數量占臺灣文學作家、作品的比例極高，「客家作家」從未在臺灣文學運動史上缺席，儼然自成體系。可是，一旦回到學術的定義上來看，這些人人都可琅琅上口的作家及其作品，可否定義出「客家作家」或「客家文學」，就要難倒學界了。因為既不能用作家的血緣、身分去定義，也不能以作品的內容條件去定義；既無法定義前述人人琅琅上口的客家作家，只有血緣純正的客家人才是客家作家，更無法限定只有血緣確定為客家人

---

2 2003 年，李喬主編《臺灣客家文學選集》，分「小說卷」、「散文新詩卷」，行政院客家委員會主辦，前衛出版社出版。

3 1993 年 6 月，苗栗縣立文化中心出版，黃恒秋編《客家臺灣文學論》收集在此之前各家發表有關客家文學的論述 12 篇，座談會紀錄一篇，附錄 3 篇而成。各家見解不一，有用「臺灣客家」及「客家臺灣」之不同。
  1994 年 4 月，新地文學出版社出版，鍾肇政主編《客家臺灣文學選》。
  1998 年 6 月，客家臺灣文史工作室出版，黃恒秋《臺灣客家文學史概論》。

的作家才可以書寫客家事務。

　　至於作品條件就更不容易界定了，不論是否以客語書寫或是否限定書寫客家人、事、物，都有無法客觀界定的模糊地帶。蓋臺灣客家因為臺灣這個地域性的因素，以及近四百年來，客家移民和其他族群移民或原住民族之間的混居、互動、通婚等因素，以文學反映歷史也反映現實的特質，已無法用族群文學的概念來定義「客家文學」，臺灣客家文學和客家族群文學無法直接劃上等號關係。

　　（三）客家文學與客語文學的糾葛。1980 年代，「客家文學」被發現以前，僅有客家民間文學是以客語「書寫」的，然而，1980 年代被發現的「客家文學」，指的是 1920 年代新文學發軔以降的新文學，包括日語書寫的，却不包括漢語文言作家及其文學，客家民間文學並未被「發現」。嘗試以「客語」定位「客家」的論述，無疑不是史論，而是闡述文學創作的願景。1987 年政治解嚴前夕，臺灣文學界有人倡議母語（或雙語）教學和母語書寫。實際上，當時的母語提倡者，都只顧慮到福佬語，但却不顧及客語、原住民語等母語，逕以「臺語」或「臺灣話文」和臺灣福佬語劃上等號。客家母語的議題是解嚴後，客家公共事務協會為「還我母語」上街頭始揭開序幕。

　　不過，1980 年代末的臺灣母語運動，不論是客語、原住民各族語、福佬語，其實都只聚焦在母語的教學和傳承。不管是母語的再興，復興或復育，都應以語言學或語言教學為運動的主軸。雖然，語言於文學書寫極具重要性，但把語言復興、母語復育和文學書寫語言的更迭齊一為語言運動的同一步調、同一進度操作，只會帶來兩邊都不是的挫折。1990 年代初期出現的「客家文學」定義論述，固然是剛剛萌芽的客家文化覺醒運動，亟待聲名響亮的「客家作家」、「客家文學」加持灌頂，但當時所謂的客家文學並非客語文學。1990 年代的臺灣所有本土族群的母語運動，幾乎都是文學人為主導，因此都未釐清母語復

興、母語復育和母語書寫文學應該分進合擊、一定要在母語復育達到具一定書寫能量之後，才可能達成以母語書寫文學的理想。1990 年代開始的客語文學主張，對於催生客語書寫的客語文學具有一定的振聾啟聵的貢獻，但絕不能說客語文學已經取代客家文學，或者說客語書寫的才是真正的客家文學。

（四）1990 年代鵲起的客家文學風潮，指的是 1920 年代以降的臺灣新文學，被依序列舉出來的客家作家，有福佬客賴和、呂赫若和客籍的龍瑛宗、吳濁流、鍾理和、鍾肇政、詹冰、鄭煥、杜潘芳格、林鍾隆、羅浪、李喬、黃娟、鍾鐵民等人。綜上，不僅客籍作家的客籍定義被放寬到了不諳客語的福佬語作家，也不問他們作品是否具備「客家意識」，內容是否和客家事務相關，只是身分上可以和「客家」沾得上關係即被認為是客家作家，一旦「客家關係」確立，他們的作品也就當然成為客家文學了。至於這些客家文學作品所使用的書寫文字，有漢語、淺近文言，有臺灣話文，有日文，也有漢語白話文，論者也都沒有異議。依此，客語書寫的才是客家文學，也就成了假議題了。客家作家身分和客家文學內容、書寫文字的無境界開放，無異於將客家文學的定義推進迷霧中。雖然也有人曾經蒐集各種不同的臺灣客家文學定義以及客家作家定義，試圖解開這團迷霧，終究還是未能在將「客家文學」極大化和極小化的矛盾中找出平衡點。

（五）新文學之外的客家文學。回到文學發展史來看客家文學的定義，最早出現，也是最沒有爭議的客家文學，無疑非客家民間文學莫屬。民間文學又稱口傳文學，也是小眾文學，只流傳於可以語言傳遞思想、訊息的共同生活圈中。客家民間文學一定只能在客語生活圈中流傳，其內容也一定是這個生活圈共同關心的事務，原創者、增刪者也一定是客家人，所以，客家民間文學可以說是最典型的客家文學。而且，客家民間文學中的「傳仔」、「師傅話」都是特有的民間文學文類。

　　依據臺灣的文學發展進程，最早出現文字書寫的文學，也就是創作文學，是荷蘭文，其次依序是漢語文言文、日文及漢語白話文。漢語文言文人中固然不乏客家籍的作家，他們所作詩文，或許有客家漢語文言的特殊性，但稱不上「漢語文言客家文學」。日本統治時代，漢語文言文學面臨存續危機，漢文詩社應運而生，以延續漢文化的詩社全臺先後出現三百多家，其中純客家詩人組成的詩社卻寥寥可數，確知的有桃園龍潭的陶社、新埔的大新吟社、苗栗的栗社、美濃的旗美吟社。

　　進入日治時代的日文創作階段及戰後的漢語白話文階段，客家作家可以說完全融入臺灣文學的大潮流裡和臺灣作家一起泅泳，直到客語客家文學的出現，才見分流。易言之，從漢語文言到日文及戰後白話文，客家籍作家並未以客家文學標示自己的文學，是把自己匯入臺灣文學的大潮流裡創作自己的文學，但到了1980年代回頭一望卻望見「客家文學」鶴立雞群站在潮流的最顯眼處。客家文學的代表作家吳濁流，曾以《無花果》這部作品暗喻臺灣人走過的歷史命運，但也頗適合用來形容臺灣客家文學的發展歷程。

　　從1980年代，「客家文學」被發現以降的30多年來，客家作家和客家學界好像是共同編織了一張漁網來撈捕「客家文學」。清代宦遊文人中的客籍（粵籍）作家，新文學運動中的福佬客作家，戰後新住民裡的客籍作家，來臺就學就業的星馬地區能操客語的作家，也都應聲入網，無疑大大擴張了客家文學的作家版圖，但也大大增加了「客家文學」定義的困難。如果撇開這些定義的紛擾，回到文學作品來看，大概可以以下的歸類看出「臺灣客家文學」的全貌。

　　首先，把客家文學分為兩大類：一是客家民間文學，一是創作文學。因為民間文學靠口語流傳，也一定是只在客家生活圈流傳，最完全沒有爭議的客家文學。其內容包括傳仔、諺語、師傅話、山歌詞、採茶劇本、戲文（劇本），

幾乎都是客家特有。創作文學則有漢語文言文、日文、臺灣話文、漢語白話文、客語文的創作。除了客語文創作，其餘的客家創作文學，都不是在「客家文學」旗幟下創作的客家文學，顯示現階段的客家文學只是臺灣文學領域中的創作現象，而不是文學的種類、派別。

二、客家文學研究概述

臺灣客家文學研究大致上可分為兩個不同的階段。一是 2000 年代以前，學界已有不少學者針對客籍作家的作品進行研究，作家的客家身分或作品內容的客家人、事、物，「客家」並不是討論的主要元素，只是從文學視角進行的討論研究，而此類研究，在 2000 年代之後，仍持續存在，可以說是和「客家文學研究」並行的文學研究。另外一階段則是 2000 年之後，有客家學院系所成立之後，客家研究成為學院教學研究一環之後的客家文學研究。

兩階段研究的最大區別在於，客家文學研究在進入學院學術研究體系之前，學院內的客家文學研究，清一色集中於客家作家的創作文學研究，僅有民間的文史工作關注客家民間文學。客家文學進入學院之後，除了文學的元素之外，客家是聚焦點，文學中的客家特性為研究的重點，因此，「客家特色」特別充分的客家民間文學，顯得尤受矚目。

客家文學研究相對於客家研究顯得相當薄弱。以 2010 至 2013 年臺灣期刊論文刊出的臺灣客家研究相關的 319 篇期刊論文中，[4] 八大類之一的「語言、文學、傳播」類有 80 篇，其中有 25 篇屬於「文學」，但 25 篇中，可以稱為作家論、作品論的文學論述僅得 12 篇，其他不是隨筆、感想、民俗、節慶，

---

4 陳璐誼整理，〈客家研究臺灣相關期刊論文書目彙編：2010-2013 年〉，《全球客家研究》第 3 期，2014 年 11 月，頁 389-422。

就是談客家諺語與倫理道德的關係，舊地名的故事、閒話客家等。多數並不具備「論文」資格。

2011 至 2012 年的中英文客家研究相關學位論文書目彙編[5]顯示，此年度內，全世界有 525 篇客家研究之學位論文，博士論文 23 篇，碩士論文 500 篇，學士 1 篇，其中有 385 篇出自臺灣（並不是全部研究臺灣客家），其中只有 16 篇研究廣義的客家文學。作家及作品研究，只占 7 篇，其餘 9 篇有山歌運用、客家飲食文學、俗諺的用語特性、令子（謎語）、勸世文、山歌詞的應用分析、山歌裡的植物意象、童詩研究等，文學文本研究顯然是研究弱勢中的弱勢。

2013 至 2014 的中英文客家研究相關學位論文，[6]全世界 476 篇當中，博論 24 篇，碩論 452 篇，有 363 篇出自臺灣。363 篇之中，把童話研究、採茶劇本研究、童謠教學研究、山歌、傳仔（民間文學）研究、漢詩、漢詩社研究，以及作家、創作作品研究全部加總，共得 15 篇。其中童謠、兒童文學、童話研究即有 8 篇，占了半數以上的文學研究。這也進一步突顯了文學研究的稀薄。

2015 至 2016 年，全世界的中英文客家研究相關學位論文[7]共有 20 篇博士論文，491 篇碩士論文，共 511 篇，其中有 376 篇出自臺灣。在 376 篇出自臺灣的博碩士論文中，有 24 篇是文學相關的研究。2015 至 2016 年客家文學相關研究碩、博士論文的特色是創作文學的研究有明顯增加的趨勢，共有 14 篇，若加上民間文學共有 21 篇，童謠研究或童謠在教學、語言的應用研究，則是明顯減少，只有 3 篇。

---

5 許維德整理，〈中英文客家研究相關學位論文書目彙編：2011-2012 年〉，《全球客家研究》第 1 期，2013 年 11 月，頁 255-312。

6 張珈瑜整理，〈中英文客家研究相關學位論文書目彙編：2013-2014 年〉，《全球客家研究》第 5 期，2015 年 11 月，頁 253-310。

7 張珈瑜整理，〈中英文客家研究相關學位論文書目彙編：2015-2016 年〉，《全球客家研究》第 8 期，2017 年 5 月，頁 243-304。

　　總括從 2011 至 2016 年，6 年來的客家文學在學院裡的研究，在全臺灣總共出現的 1124 篇客家相關碩博士論文，廣義的客家文學僅得 55 篇，所占比例不到 5%，這和 1990 年代客家文學運動蠭起之際，總是高舉客家文學大旗的情形，大相逕庭。六年來的客家文學研究也有幾點值得觀察的發展趨勢：

　　（一）前面四年（2011-2014）的 31 篇客家相關研究學位論文中，關於客家童謠、山歌詞、諺語、令子、童話、民間文學（勸世文）在客語教學上的應用或運用研究，就占了 14 篇，幾乎占了一半（45%）的客家文學研究。文學作品的語言教學應用研究，到了近期（2015 至 2016）則明顯趨緩，24 篇客家文學研究中，該類研究只見 3 篇。可能和原教育大學設立的客家研究相關系所遭到合併或轉型有關。6 年來，本類論文計得 17 篇，占客家文學研究的 31% 弱。

　　（二）屬於創作文學、不分文言、白話的研究，包括作家、作品、文學社群、詩社的研究，則有增溫現象。2015 至 2016 年，本類研究的博碩士論文計 14 篇，為過去 4 年的總和。總數 28 篇，約占 55 篇客家文學碩博士論文的半數多一點。6 年累計的 28 篇文學創作研究學位論文中，有 3 篇是研究漢語文言詩人或詩社的，其餘 25 篇都是研究現當代文學，包括客家文學概論、客語詩論、文學區域特性論、客家文學特性論（大河小說研究）、作家論、作品論，可以說是相當全面的文學研究。25 篇中，泛論客家文學的一篇，研究客語詩的運用及客家詩人詩作中的花卉意象的各一篇，研究美濃地區作家的 1 篇，研究吳濁流的有 3 篇（含大河小說及漢詩），研究鍾理和的有 2 篇，研究鍾肇政的有 3 篇（含大河小說），研究李喬的有 3 篇（含大河小說），研究甘耀明的有 3 篇，研究曾貴海、鍾鐵民的各有 2 篇，其餘各有 1 篇研究利玉芳、葉日松、馮輝岳、藍博洲、謝霜天、莊華堂。這樣的研究題材取向，並不盡和整體的國內外臺灣文學研究相同。

　　（三）客家民間文學研究，從 2011 至 2016 年僅出現 10 篇，占 6 年來整

個客家文學研究的 18%，和龐大的客家民間文學，不成比例。10 篇中有 7 篇出現在 2015 至 2016 年，2012 年以前並未出現客家民間文學研究。比較準確的是在此之前，客家民間文學只被當作客語薪傳或客語教學應用的素材，並未著重其文學性或文學價值。客家民間文學未獲文學研究正視，其實是和整個臺灣文學史的發展脈絡一致，臺灣新文學崛起之際，民間文學的價值一樣被低估、被忽略。戰後則因為中文書寫系統帶來的「有文字才有文學」、「文學是文字藝術」非典型文學思維，讓民間文學的發展雪上加霜。

　　客家民間文學約可分為山歌詞採茶劇本、傳仔、諺語令子及民間故事四大類。歌謠、劇本可視為文學之一環，是就其內容的意義而言，不是其音樂性或表演藝術。客家山歌及三腳採茶，甚至亂彈劇，過去不乏從音樂及戲劇角度研究的論文、專著或學位論文，不在本書收入、討論的範圍。山歌詞或客家戲劇本的文學研究「遲起」，主要還是受到「通俗文學不是文學」的觀念影響。所幸，總算看到山歌詞、採茶劇本放到文學天秤上的研究，已經起步。「傳仔」文學可以說是從 1986 年黃榮洛「發現」〈渡臺悲歌〉開始。這篇具有客家人開拓史話的「傳仔」，不但觸動了客家人的歷史心弦，也叩動了客家人的文學靈魂，原來過去未受人矚目的客家傳仔裡藏有客家先民以生命、血淚寫的史詩。之後，客家出土的傳仔越來越多，當然也就提供了民間文學研究更多的選擇。諺語，包括師傅話，還有令子，都是客家特性明確的民間文學，過去固然有不少關心這些客家民間文學，在語言研究、語言教學、應用方面的實驗或研究報告，但在語言背後的文化，乃至文學性、則顯然被嚴重忽視。還是前面那句話：「諺語、師傅話、令子，甚至有顏色的笑話」，在提供語言傳承的功能之外，其內涵的文化意義，才是最珍貴的、先民留下來的文化遺產。也是只有經由文學研究才能被開發出來的文化資產，這是客家文學研究亟待開發的礦產。

　　（四）近 6 年來的客家文學研究，和文化創意產業可以連結的文學研究，僅得 1 篇——客家飲食文學研究，這和邁入 21 世紀以來，創意文化產業滿天飛舞的年代相較，這種情形的確不太尋常，若不是客家文學於創意文化領域呈現薄弱，便是研究者的疏忽。相對而言，這個領域的研究，具有更高的實業價值，挑戰性也更高。

　　從這 6 年來的客家文學研究、學位論文的成果而言，的確讓人看見逐漸往文學的專業性提升，客家文學的研究面向也有一定程度地向外開展，但也不可否認客家文學研究的既有成效、仍然侷促在相當狹隘的範圍。以創作文學為例，臺灣文學界裡，著名的作家詩人，諸如：龍瑛宗、詹冰、羅浪、杜潘芳格、林鍾隆、黃娟、吳錦發、陌上塵、雪眸的文學早已自成一家之言，學界也都早有人研究他們的作品，或完成學位論文，漢語文言詩社中的栗社、吳濁流創辦的《臺灣文藝》，都是非常具客家色彩的文學結社，就不要再論如賴和、呂赫若等福佬客或其他的客語作家了，也就是客家文學研究，在客家研究出現有客家研究標示的教學或學術機構，如客家學院、系所之成立之後，至少在客家文學研究，並未見大幅度的進展，也未見超越未標示「客家」的學術研究機構。

　　此外，再根據客家委員會的研究計畫獎助案[8]之統計資料，該資料依據徐正光《臺灣客家研究概論》，將獎助計畫分為四個範疇（部分），共 2 個項目，從 2003 至 2014 年，12 年間共獎助了 384 個客家相關計畫、文學研究屬於第三部分為「語言、文學、工藝與演藝」，計有 123 案，其中 10 案為文學。由於目錄是採混合編列，不易分辨編目者是否把「山歌民謠採集調查」、「歇後語語意類型」、「成語調查」、「特定詩人作品導讀」、「文學作品的修辭研究」、「文學戲劇之產製」、「民間文學資料庫建置」、「民間故事的倫理學

---

8 官武德整理，〈客家委員會獎助客家研究計畫書目彙編：2003-2014 年〉，《全球客家研究》第 6 期，2016 年 5 月，頁 329-356。

探討」，視為文學研究獎助？若然，文學類則有 17 案，若不然，則有栗社之
資料蒐集、客家傳說蒐集、客語創作詩探討、特定作家研究 4 案，勉強可視為
文學獎助案。

三、關於《客家文學》研究選輯

《客家文學》研究選輯，一共選入 14 家的 14 篇作品，分別為：

1、何石松〈客家民間文學之美：以諺語故事為例〉（民間文學、諺語，
2005 年）。

2、古國順〈〈剪剪花〉之蔣潘故事探析〉（民間文學、歌謠，2003 年）。

3、黃美鴻〈〈渡臺悲歌〉史詩研究：析論客家先民的心理原型〉（民間
文學、傳仔，2009 年）。

4、曾絢煜〈栗社之苗栗鄉土漢詩創作主題探究〉（漢語文言詩社及詩作，
2011 年）。

5、葉石濤〈吳濁流論：瘡疤，瘡疤，揭不盡的瘡疤！〉（創作文學、作
家論，1966 年）。

6、施正鋒〈戰後吳濁流的認同觀：情境條件下的臺灣人認同〉（創作文
學、作家論，2000 年）。

7、柳書琴〈跨時代跨語作家的戰後初體驗：龍瑛宗的現代性焦慮（1945-
1947）〉（創作文學、作家論，2003 年）。

8、王惠珍〈揚帆啟航：殖民地作家龍瑛宗的帝都之旅〉（創作文學、作
家論，2006 年）。

9、王幼華〈「泰利斯曼」式的創作：以鍾理和為例〉（創作文學、作品論，
2008 年）。

10、莫渝〈簡樸與清純：詹冰論〉（創作文學、作家論，1998 年）。

11、彭瑞金〈鍾肇政短篇小說探祕：以描寫非典型客家家庭結構小說為
　　例〉（創作文學、作品論，2016 年）。

12、吳達芸〈變色龍的性別為何？女詩人杜潘芳格研究〉（創作文學、作
　　家論，2000 年）。

13、許嘉雯〈論李喬《埋冤一九四七埋冤》敘事的社會功能〉（創作文學、
　　作品論，2006 年）。

14、鍾屏蘭〈曾貴海《原鄉‧夜合》一書中的女性書寫〉（創作文學、
　　作品論，2009 年）。

　　14 篇選文，包括 3 篇客家民間文學研究，1 篇漢語文言詩社研究。其餘
10 篇，都是新（現當代）文學作家或作品研究，研究吳濁流、龍瑛宗者各 2 篇，
研究鍾理和、詹冰、鍾肇政、杜潘芳格、李喬、曾貴海者各一篇。

　　何石松的〈客家民間文學之美：以諺語故事為例〉，分別以客家民間文學
的諺語和客家民間故事舉隅，闡述客家民間文學裡展現的生活智慧、生產勞
作、大自然觀測、社會家庭倫理、待人接物之道等。從表達客家人的人生觀、
生命觀、價值觀的角度，肯定客家民間文學。

　　古國順的〈〈剪剪花〉之蔣潘故事探析〉是客家傳統歌謠研究。〈剪剪
花〉又名〈十二月古人〉，是一首傳唱歷史悠久的客家歌謠。〈十二月古人〉
是指每年有十二個月，每個月一首，每首 4 句、7 言，宛如近體詩的絕句。12
首每首是一個故事，典故出自中國宋代或明代的傳奇及雜劇，12 首的故事都
有所本，現在雖已考據原始作者為何人，或者說經何人之手修改潤飾，大體上
都用字典雅，文句優美，必然是出自文士之手，但因為作者顯非出自一人，所
以完全符合民間文學之定義。此 12 首客家傳統歌謠，所以總名〈剪剪花〉是
因為這 12 首客家歌謠，雖然可以自由使用各種腔調演唱，但傳統藝人都以〈剪
剪花〉之唱腔為主，故稱〈剪剪花〉。本篇只是探析 12 月中的 5 月和 8 月，5

月的主角是蔣世隆，8 月的主角是潘葛，故稱蔣潘故事。本文是以考據原典的方式，還原歌謠背後的完整故事，雖是基礎性的客家歌謠研究，但在多數人，包括演唱藝人，多半只知其歌，只唱其歌，却不知其背後的故事，這種研究對於開拓客家民間文學研究，無疑開啓了新礦藏。

黃美鴻的〈〈渡臺悲歌〉史詩研究：析論客家先民的心理原型〉，是客家民間文學裡，最獨特的「傳仔」研究。傳仔、傳記、歷史（更貼切的說法是野史，也就是民間流傳的歷史人物或事件、故事）的綜合文體，是臺灣其他族群的民間文學裡沒有的。最先讓客家傳仔「出土」的人是客家民間文史工作者黃榮洛（1926-2016）。他是 58 歲才開始投入客家及地方文史工作的民間學者，1986年 8 月，他偶然從民藝品友人處發現〈渡臺悲歌〉的手抄本，將它校正後發表，之後不但持續發掘了〈蕃薯哥歌〉、〈溫苟歌〉、〈姜紹祖抗日歌〉、〈吳阿來歌〉等客家傳仔，也帶動了客家傳仔的研究風氣。黃美鴻的研究從臺灣史也是客家移民開拓史切入，探討〈渡臺悲歌〉可能的創作背景，以及創作動機，可以說是〈渡臺悲歌〉的延伸研究。

曾絢煜的〈栗社之苗栗鄉土漢詩創作主題探究〉，是客家漢語文言文學研究。栗社是日治以來三百多家漢語文言詩社中，最具規模的客家漢語文言詩社。漢語文言詩人很難釐清與漢文化意識的分際，本文從「苗栗鄉土」的角度切入，主要是探究栗社詩人詩作的在地連結，無論如何都有漢詩社研究的新觀點。

葉石濤的〈吳濁流論：瘡疤，瘡疤，揭不盡的瘡疤！〉，雖然是一篇印象式的作家論，却一語中的，點出吳濁流文學最主要的精神所在。所謂「揭瘡疤」是指吳濁流文學的批判性，舉凡人間所有的不公不義，他都義無反顧予以揭發批判，與其說他是批判寫實主義的小說家，還不如說他是診治社會的病理學家。

施正鋒的〈戰後吳濁流的認同觀：情境條件下的臺灣人認同〉，是 1980

年代後期文化、文學界出現統獨論戰後的「產物」。統獨論爭是國家、民族認同之爭。作者認為吳濁流的臺灣認同，除了陳映真之外，鮮有人質疑，本文要討論的是吳濁流的客家認同。雖然作者是以政治學、社會學，不是從文學作品談吳濁流的認同問題，一樣可以提供不一樣的文學作品考察視角。

柳書琴〈跨時代跨語作家的戰後初體驗：龍瑛宗的現代性焦慮（1945-1947）〉，是觀察日治後期，也是戰爭時期，最具代表性的客籍作家龍瑛宗的文學活動，進而指出他在這個時期的文章及舉措的特異性。龍瑛宗在日治時期的文學活動集中在戰爭時期，不易看到具抗爭性的作品，但本文從他在 1945 至 1947 年間，也就是戰後初期的文學活動和作品，却呈現他非比往昔的熱血、憤懣、焦慮，特別是新時代、新政權，都有他的觀察和期待，尤能發揮文學的淑世力量。本文一針見血地指出戰後初期的龍瑛宗文學樣貌，予人耳目一新。

王惠珍的〈揚帆啟航：殖民地作家龍瑛宗的帝都之旅〉，是探討龍瑛宗的文學學習之旅。龍瑛宗畢業於總督府臺灣商工學校，並沒有到日本留過學，也未參加臺灣文化學會。他的第一篇作品就得了日本知名雜誌的大獎，其實，仍是文學界的一張白紙，他得獎後，就到日本進行為期一個多月的帝都之旅。本篇文章就是根據龍瑛宗所藏書信，以及他的回憶性文章，探討他的帝都之旅和日本文壇、作家所建立的文學網絡，以及尋繹龍瑛宗的文學軌跡，對於龍瑛宗文學研究，提供文本以外的重要觀察角度。

王幼華的〈「泰利斯曼」式的創作：以鍾理和為例〉，「泰利斯曼」是英文 Talisman 的直譯，是護身符、避邪物的意思，意指鍾理和的創作是他人身的護身符，也就是藉創作自我療傷止痛之意。這當然是相當大膽、與眾不同的鍾理和作品討論觀點，頗具創意。

莫渝的〈簡樸與清純：詹冰論〉是一篇作家作品的綜合討論。詹冰在日治時代、中學生時，即投入新詩創作，1960 年代更是本土詩刊《笠》的發起人

之一，他的詩作可以說是臺灣現代詩發展史的見證。本文旨在闡述他的創作理念，也在歸納他的詩特色，「簡樸與清純」為詹冰詩的總綱。

彭瑞金的〈鍾肇政短篇小說探祕：以描寫非典型客家家庭結構小說為例〉，本文有意避免重覆鍾肇政廣為人知的大河小說、自傳性小說、成長小說、歷史小說討論，而聚焦於鍾肇政早期的短篇小說中、描寫的客家家庭議題，也是鍾肇政文學和「客家」最緊密的區塊。短篇小說不是鍾肇政創作的主力，只在創作生涯的初期有短篇作品，但他的短篇小說，是建立在他所熟悉的客家家庭「結構」的基礎上，有非常寫實的臨場感，而且，從這些家庭的結構——家人的親屬、血緣關係衍生的家庭紛爭，可以看到客家族性的特徵，也一定程度反映了客家人的社會觀和時代特色，所謂「探祕」指的正是作品背後的客家元素。

吳達芸的〈變色龍的性別為何？女詩人杜潘芳格研究〉，是一篇研究女詩人杜潘芳格的作家論。杜潘芳格是跨語的資深詩人，並且是稀有的女詩人，她從少女時代用日文寫作，戰後用漢文寫作，母語書寫風起，她用母語寫作，她從戰前寫到戰後，她從少女寫到為人妻、為人母，到了祖母級的詩人還在寫，作者以訪問、調查的方法完成本篇論述，基本上就是循著詩人生命的軌跡，得到變色龍的印象。

許嘉雯的〈論李喬《埋冤一九四七埋冤》敘事的社會功能〉，李喬和鍾肇政一樣，都是以長篇、大河小說、歷史小說聞名於世的作家，但《埋冤一九四七埋冤》的 228 歷史小說寫作，却是獨一無二的。「埋冤」不僅以綿密的調查、還原歷史的真相，虛構的男、女主角，更是在為事件後傷久不癒的社會進行療癒，所謂的文學敘事的社會功能指的就是社會療癒功能。

鍾屏蘭的〈曾貴海《原鄉・夜合》一書中的女性書寫〉，是針對曾貴海客語詩集的作品論，夜合是詩人為客家女性創造的新象徵，本文順著這樣的象

徵，探索詩人這本客語詩集裡的客家女性，論文旨在統整詩人筆下的各種客家
婦女形象。

四、結語

　　本文研究論文選輯的編選方針，一方面期望能反映當前已有的客家文學研
究現象，另一方面也希望能透過選文指引更寬、更廣、更新的客家文學研究領
域。因此，即使是相同文本、同類型作品的研究，不是用評分的方式，取其最
高分者入選，而是就其研究之創意發想、是否開啓新的研究契機，可能開發新
的研究領域，為優先選擇的對象。

　　在選擇的範圍上，大約區分為三大區塊，一是民間文學，分別選取諺語、
歌謠、傳仔研究各一篇。一是漢語文言文學，只選了一篇詩社研究。其餘則是
創作文學或作家研究，有詩人、有小說家。本輯排除了劇本研究或文學作品改
編電影、電視劇、舞台劇研究，因另有戲曲研究選輯。

　　在論文數量方面，童謠、諺語、山歌詞研究占有相當高的比例，但由於這
方面的論文，不是偏向語言教學應用，就是修詞學研究，無法成為名副其實的
文學研究。

客家民間文學之美：
以諺語故事為例 *

何石松

一、前言

　　客家民間文學歷史悠久，內涵豐富。不只是客家知識的寶庫、生活的教科書；更可提供大家認識歷史文化，研究科學的寶典資料。因為客家在歷史上的五次大遷徙，從北方到南方，從海內到海外，與各族群的接觸面最廣，融合度最高，所形成的民間文學最為豐富，最具價值，像中藥店的甘草，什麼藥都配得到，也就是說，由客家民間文學可以了解的事務包羅萬象，充滿生活美學。

　　閩南話有句諺語說：「有唐山公，無唐山媽。」客家也有一句諺語說：「有唐山公，無唐山婆。」也就是說最早來臺灣的，都是大陸的男人，而沒有大陸的女人。那麼最早來到臺灣的男人要跟誰結婚呢？當然就是要跟原住民結婚。不管是誰先來，大家彼此之間都可能有對方族群的血液，所以閩客原住民新住民都是一體的。

　　我們的祖先早期來臺灣是至為艱辛。以前有一首客家長歌，叫〈渡臺悲歌〉，〈渡臺悲歌〉是描述來臺的艱苦歷程，這首歌說：「勸君切莫過臺灣，

---

* 本文原刊登於《道統之美》，2005，43 卷 2 期，頁 155-170。因收錄於本專書，略做增刪，謹此說明。作者何石松已自臺北市立大學退休，現為新生醫專兼任副教授。

臺灣恰似鬼門關，千個人去無人轉，知生知死都是難。」表示說當初來臺灣，來了千百個，幾乎沒人回家，在大陸的親友要知道他是生是死，都非常的困難。由此我們得知祖先渡臺，經歷辛苦奮鬥的過程，才建立臺灣的這些文化。我們從客家民間文學裡面，可以發現祖先從前奮鬥的痕跡，像這樣的歌謠，也是民間文學。民間文學包括歌謠、諺語、謎語、故事、傳說、神話等，其內容是非常豐富，多采多姿，這就是所謂的美。

孟子云：「充實之謂美」，民間文學之美，就在於它的充實豐富。在我們生活之中，無處不充滿客家民間文學，由客家民間文學，可以認識生活、了解歷史、啟發智慧，充滿中道和諧、溫柔敦厚、仁民愛物之美。

二、充滿智慧的民間文學

（一）客家民間文學與世界文化接軌

客語，不是狹隘的鄉土語言；同樣，客家民間文學，也不是狹隘的民間文學。其仰觀俯察，了解自然，配合四時，天人合一，繼承傳統文化，也與世界文化接軌。我們可以母親節為例。

國際母親節是在每年 5 月的第二星期日，那麼，號稱是悠久文化的我國，母親節在哪一天呢？其實，我們不是沒有母親節，只是我們的母親節並不限定於某一天，而是屬於一段期間的。客諺說：「到穀雨，補阿母；到立夏，補阿爸。」意即從穀雨到立夏這一段期間，要多注意父母的健康，尤其是碰到閏月，如閏 2 月、閏 4 月等，出嫁女兒（在家子女亦然）一定要買豬腳麵線回家探望父母，以慰親心。所謂「斷油不斷醋，斷醋不斷外家（娘家）路」（不管情況如何，都不會忘了回娘家），所帶回的豬腳，要剁但不可剁斷，象徵母女之心永遠相連，不會斷的；麵線，更代表著親恩福澤綿長，子女孝思無盡。象徵意義深遠，絕不下於時尚的生日蛋糕。

為什麼要在這段時間，特別回家照顧父母的健康呢？

穀雨，是每年的國曆 4 月 20 或 21 日，立夏是每年的 5 月 6 日或 7 日，這時正是春夏之交，季節變化，乍晴還雨，乍暖還寒的時節，一般人都不太能適應，何況高齡父母？

國曆 5 月，剛好是農曆 4 月，4 月是極陽之月，此時天氣漸漸轉熱，各種細菌開始孳生蔓延，年邁雙親，最易染病，為人子女者不可不特別注意父母健康，尤其馬上就是農曆的 5 月（惡毒之月），不在這之前的關鍵時刻為父母做一調理預防，是難以安枕的。因此，這近一個月的時間，稱為傳統的母（父）親節並不為過。

恰巧，韓國也在每年的 5 月初，有三天假期。第一天是父親節，第二天是母親節，第三天是兒童節，定為親子節，全國放假三天，全民共享天倫之樂。這與國際母親節、與傳統到穀雨到立夏要孝敬父母的習俗，不是殊途同歸，不謀而合嗎？可見客家民間文學與世界文化接軌。

（二）民間文學可以預測晴雨寒暖

民間文學可說是知性的語言，完全生活化的，能夠預測天氣的晴雨寒暖。比如說今年（2005）的天氣為什麼這麼冷，為什麼會下雪，雨量為何特別多？這些，我們可從許多諺語裡看出蛛絲馬跡。客家諺語有句話說：「立春落雨至清明，一日下雨一日晴」，而今年「未到驚蟄先響雷，四十五日烏暗天」，就是還沒有到驚蟄就打雷了，所以會有一個半月的雨天。很巧地，今年的立春應該是去年（2004）的 12 月 26 日，立春那天下雨，以後多是陰雨多於晴天，從這個諺語裡面，我們就可以判斷天氣的晴雨。「正月雷先鳴，四十五日暗天庭」就是說正月如果打雷的話，那麼未來的一個半月內，一定是雨天多於晴天，所以我們從諺語可以了解它跟生活的結合。立春下雨，為什麼到清明都會下雨呢？這是根據前人每年累積的經驗記錄下來的，所以它是一個觀察法，也是一

個綜合法，今天不管諺語的氣象預測準確與否，但是前人對這片土地的愛和關懷，以及融入這片土地的感情，是值得我們來學習的。

在古代沒有書的時候是看天象，所謂「古者，伏羲氏之王天下也，仰則觀象於天，俯則觀法於地，觀鳥獸之文與地之宜」，觀察天象，可以推測到人世的變化。我們看傍晚時西邊彩霞滿天，就表示明天一定會好天氣；如果烏暗的話，那可能就會下雨；「出門看天色，入門看臉色」，這是非常好的觀察法。從這裡面可以學到很多人生的經驗。今年（2005）春雷在驚蟄之前就打了，一般正常的情況，是在驚蟄才打雷，可是在驚蟄之前就打雷了，表示雨量多，今年過年就打一次雷，農曆初9又打一次雷；可是二十四節氣的驚蟄，是在農曆正月25日，所以還沒有驚蟄就打雷了，就表示不太正常，而且「正月雷鳴，二月雪」，就是正月打雷的話，2月就會下雪，「三月無水做田缺，四月秧打結」，就表示說正月打雷是不太吉利的，後來果然下了幾場大雪。

這個正月打雷會帶來怎麼樣的情況呢？第一、非常的寒冷，例如今年，我們感覺到非常的寒冷；第二、陰雨天不斷；第三、會帶來很多災害。比如說春雪，我們在電視上看到很多人好盼望三月雪，其實農曆應該是二月雪，以為春天下雪很好，好高興的在盼望。其實這是不對的，為什麼？因為春天帶來的雪是災害多於吉利的。根據《農政全書》的記載，驚蟄前後十天之內，最好要種杉木、松樹及其他各種樹木，而且驚蟄這幾天之內，正是春茶發芽、很多樹木正在發芽生長的時候，就像一個嬰兒剛剛出生一樣，正須照顧哺育，那雪水卻撲天蓋地而來，馬上就把嫩芽壓垮了。這造成農產品十幾億的損失，農民欲哭無淚，許多人卻把它當作瑞雪，還辛苦上山賞雪，沒有雪還在那邊難過，這真是不知民間疾苦。其實，春雪是不吉利的。除了使蔬果產量減少、價格昂貴外，還會帶來大水災。

在唐朝的時候，也下二月雪，侍郎蘇味道就跟武則天報告說：「恭喜皇上，

天上降瑞雪，可以普濟我們整個老百姓」，結果御史大夫很不高興地駁斥說：「唉呀！你知道不知道，這個春雪是不好的，為什麼還恭喜皇上呢？如果春雪是瑞雪的話，那冬雷豈不叫『瑞雷』了！」所以馬上就反駁他。因此說春雪不是瑞雪，而冬天的雪才是瑞雪。古人說：「冬雪是寶，春雪是草，冬雪是被，春雪是鬼」，我們不應該去歡迎這春雪的降臨。好在春雪來沒有多久，它就已經停止了，沒有再繼續下了，我們農產品的損失才可以減少。因此，我們從古人預測天氣來判斷，學習前人的經驗與智慧，可以及早預防，減少損失。

（三）民間文學可以預測水旱疾疫

　　前面說到驚蟄是二十四節氣之一，順便談到我們傳統文化是陰陽和諧的一種文化。有人說中國的曆法是陰曆的，而外國它是陽曆的，這其實只對一半，為什麼呢？因為中國的曆法它不只是陰曆，而且也是陽曆，可以說是陰陽合曆，不只兼顧了月亮，同時也兼顧了太陽。因為第一、每個月的農曆 15 日，月亮一定圓。第二、為什麼每年的清明節都是 4 月 5 日或者 4 日呢？為什麼冬至一定在 12 月 22 日或 23 日呢？為什麼立夏一定在 5 月 6 日呢？這就是我們傳統的二十四節氣。我們的耕田、種地是根據二十四節氣來運作的。這麼巧，這二十四節氣，每一個節氣剛剛好跟外國陽曆的日期不謀而合。我們其實不是根據陽曆來種田，而是根據二十四節氣的，一方面兼顧了月亮，一方面也兼顧了太陽，這日月變化提供了生活的指南，是和諧、調和的。

　　而客家文化的精華其實就是傳統文化，是重和諧的文化，而不是偏激的文化，它是著重整體性的、陰陽調和的。我們說「相對」，「太極生兩儀，兩儀生四象，四象生八卦」，非常注重調和，重視男女，重視陰陽，重視日月，重視各方面。因此，每年清明節去掃墓時，便會發現所有的田都已經插完秧了。因為「清明前，好蒔田；清明後，好種豆」，也就是說清明節是耕作的分水嶺，在清明節之前，一定要把秧插完畢，清明節以後再插秧就失時。清明節以後要

做什麼呢？就要種豆。同樣的二季，「立秋前，好蒔田；立秋後，好種豆」。在立秋之前，在國曆的 8 月 8 日或 8 月 9 日這兩天「立秋」，一定要插秧完畢，我們的文化是根據二十四節氣而來的，我們關懷大地、觀察自然，是生活最好的根據。

二十四節氣裡，任何一個節氣都可以提供我們生活的指標。譬如說「冬至」這天就可以觀測天象變化，「冬至在月頭，無被毋使愁；冬至月中央，霜雪兩頭光；冬至在月尾，賣牛來買被」，是說冬至如果是在 11 月上旬，這個冬天會非常溫暖；如果冬至是在下旬，你就要賣牛來買被，非常的寒冷；而冬至月中央，就會下霜下雪，天氣很冷；如果冬至在農曆 11 月中旬以後，這個冬天也會很冷。例如，去年（2004）天氣非常的嚴寒，前年（2003）也一樣。民國 91 年的冬至是在農曆的 11 月 19 日，所以次年整個冬天非常的嚴寒。民國 92 年的冬至是在農曆 11 月 29 日，結果次年春天也是非常的寒冷，這兩年歐洲有 400 人冷死，我們臺灣合歡山的雪積到 75 公分之厚，而韓國的高速公路，十萬輛的車子卡在雪地上，北京從 1895 年以來，降雪期是最長的，有一個多月，積雪都很厚，出門滿地都是雪，根本沒有辦法出門，而且各地都冷死人；大陸的長春，氣溫降到零下 30 度；而且臺灣農曆年間的氣溫，創 20 幾年來的新低。從過年開始，兩個年都非常的寒冷，這可從「冬至」來觀測天氣的寒暖變化。而我前年預測去年會做大水災，果然如此。

同樣，也可由夏至晴雨來預測天氣，如「夏至無雨三伏熱，準定三冬多雨雪」。民國 92 年的夏至沒有下雨，到了冬天及次年春天，果然極為嚴寒而多雨，已如上述。由北風也可以預測天氣，所謂「三月北風燥惹惹，四月北風水打杈，五月北風平平過，六月北風毋係貨」、「七月落水又起風，十個柑園九個空」、「不怕七月半的鬼，就怕七月半的水」等，仔細觀察這幾年來的晴雨寒暖及水旱之災，莫不一一印證上述諺語。以今年（2005）而言，4 月、6 月都颳北風，

結果造成了南北多次大水災，各地交通柔腸寸斷，麻豆等地大淹水，號稱為百年來最大水災。

　　由雷聲也可預測天氣，如：民國 90 年納莉颱風過境以後，農曆 8 月就打了好幾聲的雷，那時候我就認為說可能會發生旱災，因為所謂「八月雷聲發，大旱一百八」。農曆 8 月如果打雷，那未來可能就有 3 個月的旱災，民國 90 年的農曆 8 月打了好幾聲的雷，結果在國曆 11 月的時候，氣象局就發布未來可能會有 3 個月的缺水期，到了民國 91 年、92 年則發生嚴重旱災。所以我們從雷聲可以了解氣象、氣溫的變化、水災的來臨，還可以預測到了瘟疫。尤其是農曆 12 月的雷聲更可怕，我們說「雷打冬，十個牛欄九個空」，意思是說冬天打雷，所有牛欄的牛隻，都會遭受到了損害。比如說民國 85 年農曆 12 月 25 日晚上，連續一個禮拜下大雨、雷聲大作，次年口蹄疫蔓延；民國 86 年農曆 12 月 18 日同樣跟著打雷，民國 87 年一樣口蹄疫；85、86、87 連續三年，年年都打雷，就造成了 86、87、88 年的口蹄疫蔓延；「雷打冬，十個牛欄九個空」，結果很多豬得了瘟疫，無罪而就死地，很多都遭活埋了，一年活埋了兩百多萬頭，三年共活埋了七百多萬頭，這不是「冬裡雷，屍成堆」嗎？

三、充滿中道和諧的民間文學

　　客家民間文學從生活中展現了智慧美，更表現了生活的和諧美。

（一）不偏不倚的和諧美

　　客家民間文學展現了溫柔、敦厚的文化，是一個非常和諧的文化，它是站在一個平等的立場。比如講到老人和小孩，我們說父母親愛護小孩子是天經地義的，「爺哀無惜，雷公會劈」，爺哀不喜歡小孩子，雷公都會打他，就表示做父母要愛護小孩。什麼叫「爺哀」？「爺」就是爸爸，「哀」就是媽媽，客家話稱父親為「阿爺」。木蘭詩裡面所謂的「阿爺無大兒，木蘭無長兄，不聞

爺娘喚女聲，但聞黃河流水聲濺濺。」所以我們以前是講「爺娘」。「爹娘」的「爹」其實是氏族的語言，五胡亂華的「胡」語。我們的國語是現代的語言，但是客家話有很多古音，「哀者，愛也」，「哀」是愛的意思。詩經上面講的：「哀哀父母，生我勞瘁」，哀者愛也。因為你非常的愛他，他有任何的病痛，你也會哀傷，它的本意出自非常愛，所以叫「爺哀」，它是其來有自的。就像穿衣，我們講「著衣」一樣，「脫我戰時袍，著我舊時裳」完全就是在古詩文裡面，幾乎都可以是對應的。

又講年輕人要尊敬老一輩的，「未到六十六，毋好笑人大腳目」、「未到八十八，毋好笑人目珠瞎」，就是說還沒到六十六歲，就不要笑人家大腳目（腳拇指關節腫大變形）；沒有到八十八，也不要笑人家目珠瞎（眼睛瞎）。所以它基本上是互相尊重的。所以說「人人做過十七八，擔竿做過嫩筍來」，人人都曾經17、8歲，就像那個扁擔曾經是嫩筍一樣，我們千萬不可以欺負老人家。「青竹莫將老竹欺，嫩筍也有燥篾時」就是說年輕人不要去欺負老人家，嫩筍將來也有變老的一天。是中庸之道的文化思想。夫妻相處之道也一樣，客家諺語說：「兩公婆愛恩愛，就像鑊嫲撨鑊蓋；有蓋無鑊莫想煮，有鑊無蓋煮也愁。」兩性相處之道在合作與和諧。有人認為說客家都是大男人主義，其實這完全是誤會，最男女平等的應該是客家人，為什麼呢？你看他們唱的山歌，就可以了解：第一、客家婦女沒有纏足，第二、客家對唱山歌，如果男女不平等的話，怎麼可能給你去對唱山歌呢？而且唱山歌的時候，對唱幾乎都是女生贏過男生，而不是男生贏。從大陸的〈劉三妹〉到臺灣的〈桃花過渡〉，還有很多很多的山歌裡面，我們都能體會到。「自古山歌從口出，哪有山歌船載來？」這個就是劉三妹的名言，從古山歌都是從嘴巴唱出去的，哪有跟人家比賽唱山歌，是帶著書本去的呢？所以我們知道唱山歌非常注重它本身的和諧，也就是說男女平等。

（二）仁民愛物的溫柔美

客家山歌一籮又一籮，所表現的都是一個「愛」。怎麼說呢？比如〈十二月古人〉中的五月歌詞：「五月裡來是端陽，蚊子咬人痛心腸；蚊子要咬奴家血，莫咬吾夫萬杞梁。」就是說 5 月裡是端陽節，蚊子咬人非常的難過，蚊子你想咬就咬我吧，不要去咬我丈夫。這首山歌裡面表現一個溫柔敦厚、惻隱之心，有相當的價值。

另外描寫男女約會的一首山歌說：「約郎約到月上時，等郎等到月斜西」跟朋友約會，約到月亮出來的時候，在那裡見面，結果等郎等到月斜西，它下面唱著說：「不知是奴住山高月出早，還是郎住山低月出遲？」完全沒有責怪對方，反而還替他來解釋。無限的愛意，都從心出發。你看「約郎約到月上時，等郎等到月斜西；不知是奴住山高月出早，還是郎住山低月出遲？」因為你住在山很低的地方，所以月亮就出來比較慢，所以你才會遲到；完全是站在對方的立場，替對方設想，也是一種溫柔敦厚、惻隱之心的表現。

客家諺語也好、歌謠也好，處處表現這種中和的思想。對於所有的植物，欣賞它的優點，比如說苦瓜，苦瓜大家都吃過，客家諺語說：「苦瓜恁苦連皮食，甘蔗恁甜愛吐渣」，萬物有它的優點和缺點，苦瓜雖然很苦，可是它不會妨礙你，它可以連皮吃下去；甘蔗雖然很甜，但是它吃到最後，可不可以把它全部吞下去呢？不行，雖甜還是要吐渣。所以我們要學習欣賞對方的優點，而不要只挑剔對方的缺點，這就是諺語內涵耐人尋味之處。但是它也不是叫你就要討厭甘蔗，它又說：「莫學苦瓜心裡苦，要學甘蔗兩頭甜」。基本上我們要多欣賞對方的優點，少去揭發對方的缺點，所以又說「牡丹開花不結子，榕樹結子不開花」、「玉蘭有風香三里，桂花無風十里香」，這讓我們了解到很多的事物，都有它好處，融合各種的美好，這樣子我們才會樂觀積極。

客家民間文學，就是積極進取、樂觀和諧、溫柔敦厚的文化。也就是說它

融入了儒家、道家、佛家的精神，合起來的一種八仙文化。「八仙文化」，一般人都把「八仙」想成「成仙」、「成佛」的仙，而實際上「八仙文化」就是族群和諧的文化。

為什麼說是「族群和諧的文化」呢？八仙是八個人：「張古老」、「韓湘子」、「呂洞賓」、「何仙姑」、「曹國舅」、「漢鍾離」、「藍采和」，還有一個「鐵拐李」。事實上，這八個人，是男（呂洞賓）、女（何仙姑）、老（張古老）、幼（韓湘子）、富（曹國舅）、貴（漢鍾離）、貧（藍采和）、賤（鐵拐李）八種人的代表，他們身懷絕技而又互相扶持，很和諧的相處在一起。

張古老年紀最大，他活了兩萬七千歲；韓湘子最年輕，唐朝才出生。為什麼是呂洞賓來當男的代表呢？因為呂洞賓每天都是身不離劍，劍不離身的雲遊四海，到處去扶危濟困，是男人中的男人，英雄中的英雄，比較風流倜儻，他最喜歡去幫助人。如呂洞賓渡韓湘子、呂洞賓渡何仙姑，賣蒸粑以助人，又為善不欲人知，所以是男人的代表。

四、內涵豐富的民間文學

（一）師傅話，師傅話就是歇後語，舉一例：「張古老擲包袱──豈有此理」

張古老，活了兩萬多歲，但是看起來還很年輕，他很喜歡幫助人。有一天，他看到一個老人家，叫彭祖，活了八百多歲，可是八百多歲看起來就很老了，張古老看彭祖很老，於是很熱心的就走上前去，幫他拿包袱。張古老背著彭祖的包袱走著走著，彭祖很喜歡講一句話：「我彭祖八百八」，就是我彭祖吃了八百多歲的飯，結果張古老一聽：「你才八百多歲啊？」彭祖說：「是啊！我八百多歲，人間最長壽的呢！」「什麼？你才八百多歲，你知道我幾歲嗎？我

兩萬七千，看過三次火燒天。」他一生氣就把包袱丟還給彭祖，「張古老擲包袱」，下一句就是「豈有此理」，「哪有我這麼老的人來幫你拿包袱的道理」，因此，彭祖只好自己拿包袱了。我覺得這句話很有科學的、考古的價值，那火怎樣來燒天呢？是星球相撞嗎？

（二）八百長春的彭祖──由彭祖的故事可探討客家悠久的歷史

　　彭祖在歷史上確有其人，他的傳說很多。彭祖的老師周公說他只能活到20歲，但是他媽媽不甘心，為什麼我兒子只能活到20歲，所以她到處去拜託人家解救兒子的災厄。她三拜託四拜託，拜託了一位桃花女，桃花女被她拜託到沒辦法，最後就指點她要如何如何。她說：「到了20歲生日的那天晚上，妳一定要好好的喚回你的兒子，就可以免除他的災厄。」結果真的到了彭祖20歲的時候，他媽媽就在家裡叫：「彭祖回來喔！彭祖回來喔！彭祖回來喔！……」不停地叫。

　　這時是晚上12點，彭祖還在外面做生意，挑著擔子做生意，唉喲一看，快要到12點了，糟糕天黑了還沒回家，又碰到下大雨，怎麼辦？於是他就在旁邊的茅屋裡面休息一下。一躺下來，就聽到媽媽叫：「彭祖回來！彭祖回來！」他一起來又沒有聲音，再躺下去又聽到媽媽的叫聲，反覆一起一臥；糟糕，媽媽一直在叫，叫得很大聲，叫得很急，「回來！回來！」已經快12點了。他想，不回去不行了，家裡一定有事。

　　母子連心，他就馬上回家，於是擔子挑起來往外走，剛走出茅屋，就聽到「碰！」一聲，回頭一看，那座茅屋應聲倒地，如果他沒有離開的話，彭祖一定就被壓死了，那正應驗他師父說的：「你逃不過20歲的災厄。」

　　他媽媽叫得真的是聲嘶力竭，兒子終於回來了。同理，當我們覺得很難過的時候，一定是爸爸媽媽在想我們，要趕快回家看他們，否則就是打電話給他們，當你回到家的時候，你爸爸媽媽都已經睡著了，就向爸爸媽媽的房間敬個

禮，好比晚上父母也到子女的房間探望一下一樣，那整個晚上，一定會睡得很甜蜜，好夢連床。這就是良好的親子關係，這良好的親子關係救了彭祖。

他媽媽很不高興，我兒子明明 20 歲不會死，師父怎麼說他會死呢？結果去找師父算帳。那個師父一算，覺得奇怪，「你兒子明明逃不過 20 歲的災厄，到底什麼原因呢？」結果他發現原來是桃花女搞鬼，於是他就找桃花女算帳。他要報復，人家要報復是打他殺他，結果這個周公要報復，很奇怪他居然要娶桃花女為妻，然後在這個結婚的過程裡面，設下了天羅地網、凶神惡煞，處處都置她於死地的陷阱，新婚的過程，新娘從家裡出來，就要拿著米篩頂住，然後要過火。

現在的客家婚禮完完全全根據〈周公娶桃花女〉的過程，這來源是元雜劇，其實它是一個女性平等文學。有人以為結婚完全都是站在男性的立場，但是我發現結婚其實是站在女性的立場，替新娘的安危來解套設想。像「拖青」、「丟豬肉」等。脫青是用有頭有尾的青竹，尾節留些葉子，豬肉一料用紅線掛在竹頭。《石窟一徵》的解釋是說：「先行童子曳桃枝開路，謂之拖青，取祓除不祥之義。」拖青四句云：「手擎青竹青攸攸，趕逐百煞路邊丟；護送親人相和合，夫妻團圓樂無憂。」很多的故事，都跟我們的生活息息相關。

在民間文學表現的都是尊重女性、母系的、注重雙數的的精神。比如說女兒結婚前要送豬肉到外婆家的習俗，這叫「阿婆肉」。感謝祖母養育她長大，現在她要結婚了，就表示一種血肉相融的過程。所以我們從此了解到，客家文化非常重視男女雙方，所以才有「天上大雷公，人間母舅公」的說法。

從民間文學可以發現，我們家裡面的祖母或者媽媽，很多都肩負家庭的重責大任，並不是如外人所講的不尊重女性。話說這個彭祖度過了 20 歲的災難，因此他希望更長命，人家指引他去拜託八仙，八仙給他增壽。最後八仙就每個人各給他一百歲，結果他活到八百歲，可以說是非常的長命。

（三）彭祖八百八，毋識看人石牯煻火炙；彭祖走西洲，還是石棺材肚性命休

　　彭祖到處去焚香求壽，有一天，走在路上，看到一個年輕人拿著石頭在燒，他覺得好好奇喔，為什麼拿石頭在燒呢？於是他就問年輕人：「你為什麼要拿石頭在燒？」年輕人說：「你不知道啊，世界上有一個彭祖，他活了那麼長命，可是他還是不滿足，不管彭祖走到哪裡，我都要把他找到，他就算變成石頭我也要把他燒掉。」

　　彭祖一聽，你那麼討厭我啊，心裡很難過。他想這人間不要我了，於是他就急忙離開，當天晚上他就馬上坐飛機到西洲去。

　　一下來的時候，看見前面有一個牌樓就寫著「不死國」。不會死的國家，他想這下可好了，我們大家知道有什麼君子國、女人國，從來都沒有看過「不死國」。現在彭祖一看到有不死國，非常的高興。他就大搖大擺的走，低頭竊喜：「真是太好了，我不會死了。」不過，才走沒兩步路，抬頭一看突見前面有一家店，招牌寫著「棺材店」，「奇怪，我明明到不死國，怎麼會有棺材店呢？」他好奇的向前去看個究竟，上面寫著「石棺材店」。石頭做的棺材店，他越發不解，就上前去問那老闆：「你這不是棺材店嗎？」「對啊！」「那這不是不死國嗎？」「對啊！」「那為什麼要開棺材店呢？」老闆說：「你不知道啊，昨天聽說彭祖到我們這地方來，那彭祖已經活這麼長壽了，他還要長命百歲，所以我趕快就到這個地方開棺材店，還是石棺材店，那個彭祖不管他走到哪裡，我將來一定要用石棺材把他裝起來，永遠永遠把他埋起來。」

　　彭祖一聽，我走到哪裡，人家都追著我來，突然之間，他生命的意志就沒有了，結果他突然就想「糟糕，人家都不希望我長壽」。大家都知道，人到求生意志都沒有的時候，就會很洩氣，一瞬間，他就倒下去，躺在石棺材旁邊死了。所以說：「彭祖走西州，還是石棺材裡性命休！」最後聽說他就倒在石棺

材裡面，被永遠封起來了。

（四）毋到黃河心毋死，到了黃河死了心

　　毋（不）到黃河心毋（不）死，到了黃河死了心。係指堅定信念，絕不氣餒，毅力集中，一路走來，始終如一，不達目的，絕不終止，縱使軀殼已死，但精神猶在，不到黃河，絕不死心。

　　傳說古代有名的壽星，名叫彭祖。活了八百多歲，仍然想要長生不老，四處焚香求壽，為了表示自己是八百長春的壽星，因此很喜歡做生日。有一次，在八百八十多歲做生日的時候，剛好有一位風姿綽約的妙齡少女在外面經過，見到彭府這家熱鬧滾滾，喜氣洋洋，便佇足相問，「怎麼如此熱鬧？」，當她聽到說是八百歲的彭祖做生日時，忽然哈哈大笑，說：「小孩子呀！做什麼生日？」

　　彭祖聞訊，著實吃驚，以為是高人造訪，趕緊出門迎客，當他發現是一位少女時，不免輕視，便說：「你才幾歲？說我是小孩子！」

　　「我也不知道幾歲，但是，我曾三見滄海化為桑田，桑田化為滄海，你呢？」少女說。

　　「小丫頭，別講大話了，想當年你外婆出嫁時我還給她請呢！」彭祖說。

　　「別哄我了，你要知道，黃河的水清我也看過好幾次了！」少女說。

　　「請問，黃河的水多久才清一次？」彭祖說。

　　彭祖雖然活了八百多歲，可是，卻不知道黃河的水幾年才清一次，當這位小姐告訴他，黃河的水一千年才清一次時，彭祖頓時謙虛起來，拜託她是否可以等到下次黃河水清時帶他去看。因此，便下定決心，非看到黃河水清不可，小姐說：「可以呀，再過一百多年，我就來帶你去看黃河水清。」彭祖又請教她的大名，才知道她是鼎鼎大名的麻姑。

　　一百多年以後，黃河的水清了。麻姑如約前來，卻找不到彭祖，問了許久，

才從一位老者口中得知彭祖已死去一百多年了。原來，彭祖死的時候，極不甘心，一直念著：「不到黃河絕不死心，不看到黃河水清，心絕不死！」因此，他的人雖物化，心卻仍然跳動不停。麻姑為了完成他的心願，特別帶著彭祖的心，騰雲駕霧去看黃河水清，彭祖終於看見一千年才清一次的黃河，如願以償，高興之餘，心跳戛然而止。麻姑一時驚訝，不慎將彭祖的心掉入滾滾黃河之中，不料黃河卻變一片渾濁，再也不會清了。彭祖「未見黃河，心絕不死；到了黃河，才死了心。」因此，後人便說：「毋到黃河心毋死，到了黃河死了心。」

　　每年 5 月客家都有一個文化活動，叫「桐花季」，那桐花就是這樣子，冬天的時候葉落，五月開白花，葉落的時候完全沒有葉子，好像死掉一樣，有一句話說：「梧桐葉落心不死，留取枝梢再等春」，實際上這是很有強大的鼓勵作用。我們了解「不到黃河心不死，到了黃河死了心」是介紹彭祖的故事。彭祖死的原因很多種說法。有一個原因是說，彭祖很喜歡看熱鬧，而閻羅王一直都抓不到他，怎麼辦呢？那些陰差想盡辦法，要抓彭祖，實在不容易。差兒們商量道：這樣好了，我們做一些奇奇怪怪的動作，讓彭祖來發現。結果那些陰差就變成工人，躲到水裡面去，拿著木炭在水裡面一直洗，大家覺得那些傻瓜、笨蛋，怎麼拿著木炭在洗呢？這個時候，沒有想到彭祖也擠在人堆裡瞧見了，感嘆的說：「唉呀！我彭祖八百八，從來沒有看人家木炭能洗成白。」一講這句話，那些化妝成工人的使者馬上知道他是彭祖，立刻上前來將彭祖拿下。「這次你該死了！」彭祖這下性命休矣。

（五）彭祖八百八討個餔娘正十八——秘密為什麼不可以告訴老婆

　　三五好友，常在一陣風花雪月，逍遙快樂之後，多會跟對方提醒：「千萬不可以告訴我老婆！」另一個人便接著說：「如果告訴我老婆，那我就死定了！」把秘密告訴老婆，並不一定會死，但歷史上的彭祖本是嵩壽長春，與天

地不朽的壽星，就因為他不甘寂寞，娶了太年輕的老婆，把秘密告訴她，真的就死定了。是什麼秘密那麼重要，一旦告訴老婆便使他仙壽頓失，他的長壽密笈功虧一簣，因而遺恨千古，悔不當初。他，到底把什麼秘密告訴老婆呢？

這就是所謂的「彭祖八百八，討個餔娘（妻子）正（才）十八」的諺語，意指彭祖活了八百多歲，由於年壽太久，許多老婆都死了，最後，娶了一個如花似玉的十八姑娘。雖是如花美眷，似水流年，鴛鴦神仙，兼而有之，誰想到這麼年輕貌美的老婆，卻讓他洩漏了天機，透露了秘密，因而帶來莫大的災厄，走向人生的終點。正是：錢不露白，妻美惹禍；彭祖得妻，豈可謂「福」？

「人人都說神仙好，只有嬌妻忘不了」即使年登仙壽的彭祖也不能免俗，他多采多姿的一生，共娶了 49 個妻子，生了 51 個子女。可惜這些老婆究竟是凡妻俗骨，無法與彭祖手牽手，心連心；永浴愛河，白首偕老。終究一個一個的花凋露冷，登遐升天了。彭祖好不寂寞，在鴛鴦瓦冷，孤燈挑盡之餘，終於迷上了一位年輕貌美的姑娘，她，才 18 歲。

這 18 歲的姑娘頗得彭祖寵愛，出雙入對，形影不離，甜言蜜語，如膠似漆，彭祖快樂極了，常向人炫燿說：「哈！我彭祖八百八，討個餔娘正十八」。旁人見狀，恨得牙癢癢地，也莫可奈何。一位好事者，難掩心中不平之氣，實在看不慣他這種老夫少妻，而且如花似玉，得意洋洋的樣子。

一日，利用求神問卜的機會，好事者告訴彭祖的老婆說：「據我算命的結果，你已經做過彭祖好幾任老婆了，但是，命總是不長，你應該要去問彭祖為什麼如此長命，請他告訴你長壽的秘訣，兩人一起長生不老，那才真是既羨鴛鴦又羨仙了，這不是仙凡美事嗎？」

彭祖的老婆覺得十分有理，於是就開始追問彭祖長壽的秘密，但彭祖不為所動，始終不肯回答，因為一旦說了，閻羅王馬上就會派陰間使者來緝捕他歸案，那，不就一切都完蛋了嗎？

可是彭祖老婆卻不斷地要求他告訴長壽的秘訣。她說：「如果我也能長壽，兩人一起比翼雙飛，誰能比得上我們？」果然，在幾度軟玉溫香，春情纏綿之後，彭祖經不起嬌妻鶯聲軟語，柔情萬千，就把秘密告訴了老婆。

原來，彭祖把閻羅王生死簿上的名字撕掉，藏在某個秘密地方，閻羅王派來的陰差使者沒有搜索票，且不知其地址，一直無法捉到彭祖，使得彭祖逍遙法外八百多年。

彭祖妻子雖然得知長壽秘密，可是也無法長生不老，還是比丈夫先一步而去。她在陰曹地府心有未甘，便向閻羅王告狀：「閻王啊！我是彭祖的好幾任老婆，為何他一直都不會死，而我卻死了好幾次，還一直做他的老婆，實在是性別歧視，太不公平了！」於是便一五一十的將丈夫的秘密告訴閻羅王，閻羅王龍顏大喜立即派遣陰差士卒，去捉拿彭祖，因而結束了彭祖福壽天齊的美夢。

彭祖原可與天地不朽，日月長春；只因既娶了 18 歲的美女，又炫燿自己「八百八，討個餔娘正十八」，接著又把秘密告訴她——洩漏了天機，就死定了。

你，還敢把秘密告訴老婆嗎？

（六）石崇豪富蓋天下，毋當范丹一扇帡——由范丹的故事，可了解八仙綵的來源及積德行善的優良傳統

「石崇豪富蓋天下，毋當范丹一扇帡」，意旨晉朝石崇雖然富甲天下，可是其評價卻不如貧窮女婿家中所掛的橫帡，橫帡就是所謂的「八仙綵」。八仙綵的價值為何能勝過石崇的萬貫家財呢？其實就是德本財末，人本物末，誇奢鬥富不如積德行善之故。

古時有位范丹，雖然家貧如洗，卻溫良恭儉，道德高尚，始終如一，不以己之貧困自怨自艾，不以己之失意憂愁喪志，反而更為勤懇務實，善體天心，期盼天下人人富有，不要有人貧窮。如果能夠天下人人富有，即使自己一個人

貧窮也沒有關係。因此在拜伯公（土地公）的時候，儘管人人都祈求升官發財，而范丹卻向土地公許願：「但願天下人人富，毋怕范丹一人窮。」其赤貧天下，卻赤忱溫暖蒼生社稷，丹心昭如日月群星，德行高尚有如此者。

石崇有個女兒，剛好新寡，賦閒在家，眼看外面青年男女成雙成對，不禁春心蕩漾，而有結婚之意。其父不悅地說：「不是為父不讓妳結婚，實在是妳已結婚九次了，又死了九個丈夫，怎能再結婚啊？」可是女兒卻一心願效比翼雙飛之樂，執意再嫁，說：「父親豈不知，昔者齊桓公一日無妻，便覺人生無趣，而女兒也是一樣，一日無老公，做事懶得動啊。」其父無奈便說：「好吧！我給妳一匹馬，妳策馬南行，途中不可停留，直待此馬停下來之時，便可遇見妳要結婚的對象，屆時只要妳喊三聲，『你給我做老公好嗎？』就可以完成妳的心願。」

其女依計而行，馬兒向南走了大半天，來到一口大陂塘邊，馬兒倏然而止，石崇之女覺得奇怪，也就跳下馬。看到池塘有個人在游泳，於是，欣然色喜，大叫三聲「小阿哥，你給我做老公好嗎？」塘中游泳的男子，正是衣不蔽體的范丹，聽到有人在陂塘邊高喊要委身下嫁，著實大吃一驚，抬頭一看，岸邊問話之人，正是亭亭玉立的美女，此時好不尷尬，再看旁邊一匹馬正在嚼食著東西，便大叫「不好了，你的馬把我的衣服吃掉了！」原來范丹家中貧寒，四壁蕭然，無衣無褐，以稻草為衣，游泳之前把它置於岸邊，如今已被小姐的馬吃掉了，怎麼辦呢？小姐便將披在身上的外衣丟給范丹，范丹上岸，兩人相見。小姐說明來意，范丹家貧不敢貿然應允，便婉言推辭，小姐心意已決，何況范丹尚未娶妻，只好答應，於是二人便相偕返家。

此時，八仙屈指一算，得知范丹已娶得如花美眷，不忍平日樂善好施的范丹在大喜之日顯得寒酸，因此，連夜派了天兵天將，為范丹夫妻蓋了一座美輪美奐的新屋宅第，亮麗耀眼，煥然一新。為了增加喜氣，特別又製作了一幅金

碧輝煌的橫帉（八仙綵），掛於中門橫楣之上，又請仙女演奏八音，鐘鼓清音，流水行雲，絲竹悅耳，一時之間，喜氣洋洋，從此以後，客家人每逢喜慶宴會，都不會忘記掛上八仙綵，並播放八音，其實是源遠流長，意義深遠的。

　　石崇之女見狀，不解的說：「誰說范丹貧窮？比我父親還要富有呢！」其父得知范丹家中有如此富麗美妙的橫帉，心中竊喜，很想據為己有，又不敢強行索取，便託言相借，帶回府中以向賓客炫燿，誰知一旦掛上，竟暗淡無光，寂然無聲，聽不到任何清脆八音仙樂，滿座賓客愕然，石崇慚愧不已，只好完璧送還。未料，掛在范丹府上，則又重現鐘磬玉音，清脆悅耳，飄然遠聞，消息於是流傳開來，使得天下皆知「石崇豪富蓋天下，毋當范丹一扇帉。」

　　果然，石崇之金谷宅第，已為禾黍陳迹，功名富貴亦成煙灰塵土；但范丹之橫帉，卻永遠耀然於客家喜宴之上，不是「石崇豪富蓋天下，毋當范丹一扇帉」？

（七）黃巢殺人八百萬──在劫難逃的原因

　　唐朝，有一個樵夫，有一天上山砍柴，就看到樹上有一個大鳥巢，他以為有很多鳥和蛋，於是爬到樹上去看，結果發現樹上有一顆烏鴉蛋，他正要拿起來帶回去煮的時候，心想：「如果這顆蛋我今天沒有拿，明天再孵不是有更多蛋嗎？」所以他就下來了。等到第二天，他又爬到樹上去的時候，一看，鳥巢裡面蛋不見了，卻發現一個嬰兒。他覺得很驚訝，蛋怎麼會變嬰兒呢？於是就把嬰兒抱下來，開始扶養他。慢慢的扶養長大，這個人長得非常的醜，但是非常的壯。

　　有一天，他們父子兩人都做了一個夢，夢見玉皇大帝送給他一把大刀、一本書，他爸爸拿書一看，都看不懂，刀子很重也提不動。他的兒子文武雙全，把書拿來一看，非常驚訝，跟父親說他看得懂。父親問他裡面寫些什麼，兒子說對父親說：「我實在不忍心跟你講。」父親說沒關係，他說：「這本書裡面

說，現在天下到處都是壞人，有八百萬個壞人都要殺掉，但是第一個要殺的就是你，我怎能把父親殺掉呢，所以我不忍心告訴父親。」父親說：「你是我兒子，我把你扶養長大，你要把我殺掉嗎？」兒子說書上寫明：「你一定拿刀子把你父親殺掉以後，才可以到外面去殺人。」他兒子覺得實在是太違背倫理了。

等到兒子長大成人，便上京趕考，才智過人的兒子，雖然三次都考取，卻因容貌醜陋而被取消資格，甚至被亂棍毆打回家，心中越想越氣，便準備下山殺人。兒子對父親說：「以前我們做一夢，說外面的人很壞，該殺，現在看來果真如此，我現在都還沒有殺過人，這樣下山不好；我一定要殺一個人，然後再下山，這三天請父親不要在家，你離開我遠一點，我到山上殺一個人之後，你再回來，我第一個就不會殺到父親了。」

他父親心想也好，於是就照著兒子的意思就走出去了。走了一天之後，第二天，他想，「我兒子真的要殺我嗎？太誇張了吧！」所以他不甘願走。他想：「好吧！不如回家去，在外面偷看他到底要殺誰。」於是父親就躲在大樹後面偷看他兒子，看兒子殺人了沒有，看他第一個殺的是誰。

第二天，父親就在樹的背後看著他兒子，結果真的看到兒子走出來，拿著大刀揮舞著，舞得非常好。他兒子心想，今天已經是第二天了，我父親一定走很遠，一定不在家附近，所以現在我可以放任地到處試劍。抬頭一看，對面有一棵大樹，太好了，我要試試這把刀利不利。此時，他父親剛好躲在那棵大樹後面，看到兒子往大樹砍過來。樹裡面有一個洞，父親趕緊躲進樹洞裡。但兒子並不知有人躲在裡面，他拿著大刀猛力一揮，這棵大樹應聲而倒，斷成兩截。

兒子一看，樹怎麼有血？這才發現竟然殺死自己的父親，後悔莫及，頓時之間，怒從心上起，惡向膽邊生，他想：「我連我父親都殺了，天下還有人不可以殺的嗎？而且我滿腹學問、文章、詩書，武功也那麼強，居然不讓我報效國家，好吧，我就要來造反。」於是造成了唐末殺人八百萬，流血三千里的悲劇。

他就是在鳥巢誕生，面黃肌瘦的小孩——黃巢。

五、結論

客家民間文學內涵至為豐富，這裡只舉諺語故事而已，但已與生活息息相關，極具價值。孔子曰：「禮失而求諸野，吾不如老農」，求諸於客家民間文學，其實是生命的活泉、可以給我們更多的啟發：

（一）客家民間文學充滿著智慧，是長期經驗的累積，智慧的啟發，氣象預測的參考，生活的指針。

（二）客家民間文學是中道和諧，客觀務實，溫柔敦厚，婉約永恆，耐人尋味的。

（三）客家民間文學傳承著民族文化的芬芳，展現生命的美學；是處世的根據，智慧的源泉；它美化人類的生活，靈動了萬物的生命。

〈剪剪花〉之蔣潘故事探析 *

古國順

一、前言

　　〈剪剪花〉又名〈十二月古人〉，是客家傳統歌謠中，歷史悠久，流傳很廣，歌詞比較典雅的一套。它是按照月令，逐月述說古人的故事，所以稱為〈十二月古人〉。這套歌詞每月為一首，每首四句，每句七字，第一、二、四句用韻，形式與近體詩七言絕句相同，所以它可以自由使用各種腔調來演唱，不過在臺灣比較常聽到的是撐船歌調、正老調和剪剪花調三種唱腔。但是傳統藝人通常都用剪剪花調來演唱，[1] 所以有些人直接稱之為〈剪剪花〉。

　　〈剪剪花〉演唱的所謂「古人」，雖然大多在歷史上實有其人，但是歌詞所述的故事，卻未必取材於正史，而是取材於戲曲或小說。例如正月演唱的錢玉蓮抱石投江的故事，她丈夫王十朋，確是宋代有名的人物，但是故事卻出於柯丹邱的《荊釵記》傳奇；二月演唱的呂蒙正，雖然他是宋朝非常有名的宰相，但故事卻分別見於關漢卿的《破窰記》、馬致遠的《齋後鐘》和王實甫《呂蒙正風雪破窰記》雜劇，以及明代《綵樓記》傳奇等；三月演唱的王昭君，他的

* 本文原刊登於《北市師院語文學刊》，2003，7 期，頁 1-30。因收錄於本專書，略做增刪，謹此說明。作者古國順為臺北市立教育大學中國語文學系退休教授。

1 近幾年也有些劇團採用此調搭配其他歌詞。

確是漢元帝時和番的主角人物，但其內容則取材於馬致遠的《漢宮秋》；至於四月演唱的楊六郎和劉智遠，其內容又分別採自《楊六郎調兵破天門陣》雜劇、小說《楊家將演義》，以及金朝《劉知遠諸宮調》和元明之際的《白兔記》傳奇等。

這套民歌，內容都取材於戲劇小說，歌詞淺白而不失典雅，所以從其風格來看，很可能是出自文人之手。又從其流傳之久與廣而論，也可以發現其受到歡迎的程度。一般社會大眾，往往就從傳唱中認識到歌詞裡所稱述的古人，並從古人事蹟中獲得若干生活經驗和價值觀。由此可見戲劇、小說、歌謠在社會教化中，具有不可忽視的影響力。梁任公曾經論述過小說與群治的關係，不過一般鄉曲婦孺對於小說故事，大抵只能間接靠聽別人轉述而已，但是對於戲劇和歌謠，卻能直接觀賞，故其影響力更為深遠。

筆者過去曾撰〈十二月古人本事初探〉一文，[2] 探討〈十二月古人〉一至四月的古人古事。茲以五月的蔣世隆與八月的潘葛，兩個名字、目前流傳的歌詞都與戲劇內容不符，可見其故事出處的兩齣戲在民間失傳已久。究竟是張世隆還是蔣世隆？[3] 是秀蘭還是瑞蘭？是潘國還是潘葛？這些人物的故事又 如何？本文擬分別考查這兩則故事的來源，探討其內容，並校釋其歌詞。

二、王瑞蘭私禱拜月亭

（一）歌詞

〈剪剪花〉的歌詞，相對於其他歌謠，是屬於比較穩定的一種。但是經過長久的口頭流傳，也難免變樣。茲以兩種正式刊行的版本和一種自印本作為參

---

2 見《客家語文學術研討會手冊》第 15-26 頁，美和護理管理專科學校，民國 87 年 8 月。
3 何石松教授曾有專文報導，見客家雜誌第 133 期第 68-70 頁。

照對象：一為賴碧霞《臺灣客家民謠薪傳》，臺北樂韻出版社，民國 82 年 8 月出版（以下簡稱賴本）。二為楊兆禎《客家民謠九腔十八調的研究》，臺北育英出版社，民國 63 年 6 月出版（以下簡稱楊本）。三為劉蘭英自行油印的山歌集（以下簡稱劉本）。

五月的歌詞為：

賴作本：[4]
五月裡來蓮花紅，秀蘭遇到張世隆；有緣千里來相會，無緣對面不相逢。

楊作本：[5]
四月裡來蓮花紅，秀蘭遇到張樹春；有緣千里來相會，無緣對面不相逢。

本文校作：
五月裡來蓮花紅，瑞蘭遇到蔣世隆；有緣千里來相會，無緣對面不相逢。

（二）故事來源

五月的故事取材自《拜月亭》，《拜月亭》最早的本子為關漢卿《閨怨佳人拜月亭》雜劇，王國維《曲錄》云：「《也是園書目》作《王瑞蘭私禱拜月亭》，《太和正音譜》亦作《拜月亭》即《幽閨記》組本」。[6] 又《永樂大典》

---

4 見〈客家民謠薪傳〉，第 39 頁。
5 見〈臺灣客家民謠九腔十八調研究〉，第 55 頁。
6 見《曲錄》第 89 頁。

收有《王瑞蘭閨怨拜丹亭》，[7]《南詞敘錄》所載宋元舊本有《蔣世隆拜月亭》，
[8]《百川書志》作《貞淑秀半夜訴衷腸》，[9]今國家圖書館藏有《重校拜月亭記》
二卷，明羅懋登註釋，明文林閣刊本。又通行本一名《幽閨記》，何元朗《曲
論》、王世貞《藝苑卮言》、王伯良《曲律》、臧懋循《元曲選》等，均認為
是元施惠所撰，但鍾嗣成《錄鬼簿》遍錄雜劇和戲文，卻沒有提到這本，王國
維曾疑「不知何、臧之言何所據也？」[10]故今人多認為乃出於無名氏之手。

（三）本事探討

《拜月亭》是以金朝南遷的離亂時局為背景，敘述蔣世隆與瑞蓮兄妹，
少女王瑞蘭及少年興福的種種悲歡離合的波折，而終於成為兩對夫妻的故事。
全戲共四十齣，情節曲折離奇，結構相當巧妙，戲劇效果很強。明刊本第一齣
「家門始終」〈沁園春〉云：

> 蔣氏世隆，中都貢士，妹子端蓮。遇興福逃生，結為兄弟，瑞蘭王
> 女，失母為隨遷。荒村尋妹，頻呼小字，音韻相同事偶然。應聲處，
> 佳人才子，旅館就良緣。岳翁瞥見生嗔怒，拆散鴛鴦最可憐。歎幽
> 閨寂寞，亭前拜月，幾多心事，分付與嬋娟。兄中文科，弟登武舉，
> 恩賜尚書贅狀元。當此際，夫妻重會，百歲永團圓。[11]

---

7 見《永樂大典書目考》（四）卷 13989，臺北：世界書局影印《永樂大典》第一百冊，
　頁 41，民國 51 年 2 月初版。
8 見《南詞敘錄》第 23 種，《叢書集成》第 32 冊，臺北：新文豐出版社，民國 85 年。
9 見《百川書志》第 84 頁，《書目類編》第 27 冊，臺北：成文出版社，民國 68 年。
10 見《曲錄》第 201 頁。
11 見第一齣〈家門始終〉「沁園春」詞，又《幽閨記》所載文同。

　　這是全戲的內容始末，故事的重要情節，可以分為以下幾個段落：

　　1.與福逃難，官司追捕

　　興福是金朝左丞相陀滿海牙的兒子，精通韜略，一身武藝。只因胡兵南下，奸臣聶賈列主張遷都汴梁，陀滿主戰，聶賈列因此誣告他固意阻駕，圖謀不軌，皇帝聽信讒言，將陀滿打死，滿門抄斬。這時興福正在訓練三千忠孝軍，有人勸他不如殺了奸臣報仇，但是他卻選擇了亡命全忠的道路。興福隻身逃離虎口，朝廷卻不肯干休，遍張文榜，畫影圖形，並派兵追捕。

　　2.脫袍掩跡，避難落草

　　這一天，興福逃到一座花園旁邊，後面官兵窮追不捨，正愁無處躲藏，忽然，他看見高牆邊有一口八角琉璃井，記得兵書上有個金蟬脫殼之計，於是將所穿紅錦戰袍脫在枯椿上，偽裝成跳井身亡，然後攀住杏花樹梢，跳過高牆，在花園中躲藏，於是暫時躲過了一場大禍。

　　這花園的主人是個青年舉子，中都人士，名叫蔣世隆。因為父母雙亡，服制在身，難以進取，故與妹妹瑞蓮居住在此。他對興福的遭遇十分同情，又見興福相貌堂堂，日後必有發展，心想：結交在未遇之先，施恩在當厄之日。便相邀結義為兄弟。但家中不能留，於是贈送衣物銀兩，要他隱姓埋名，趕緊到別處躲避。

　　這天，興福經過一座山，遇上一群攔路虎，強索買路錢，可是這群毛賊哪裡是他的對手，便乾脆求他留下來當頭領。興福心自沉吟，外頭追拿的風聲太緊，不如權居於此，再作打算。不過他提出三個條件：

　　第一、中都人不可殺；

　　第二、秀士不可殺；

　　第三、姓蔣的不可殺。

　　其他有錢的放他過去，沒錢的帶上山來。

3. 母女逃生，兄妹避難

北番犯界，金帝遷都汴梁，士庶洶洶，各不聊生。金主遂派兵部尚書王鎮，前往邊城，緝探情勢，便宜行事。王尚書奉旨後，只得辭別夫人張氏及女兒瑞蘭，帶著家丁「六兒」出發，當他出發後，北番兵馬近城，金帝率文武百官遷都，百姓慌忙隨著避難。這張氏母女，蔣氏兄妹，也在倉皇中跟隨人潮逃生。可憐這文弱書生，金枝玉葉，一路受盡風霜，吃盡苦頭。更不幸的是，就在一陣喊殺聲中，這對母女和兄妹，雙雙都被衝散，兩對分作四處，急得他們不停的在流民群中叫喊，也見不到親人的身影。

4. 曠野寄逢，彼此依親 [12]

事有湊巧，當蔣世隆不停的高喊瑞蓮時，王女瑞蘭以為是母親叫她，應聲而來，趨前一看，卻原來是個秀士。相談之下，才曉得一個要尋妹妹，一個要找母親。而在另外一處，張氏正氣急敗壞的呼喊著女兒瑞蘭，應聲處，卻出現了一個瑞蓮。當下張氏見她年齡舉止跟瑞蘭相仿，要求認她作女兒，瑞蓮既不見了兄長，也高興有個老娘可依靠，便相伴同行。正是：母為尋兒錯認真，不應親者強來親。

瑞蘭在荒郊陌路上遇到蔣世隆，眼前又舉目無親，只好壯著膽，請求帶她同行。世隆心中自然是樂有佳人為伴，可是他卻惺惺作態，虛意推辭，又故意拿話來逼她。戲劇中有這樣的對話：

旦：秀才，帶奴同行則箇！

生：娘子差矣！我自家妹子尚且顧不得，怎帶得妳！

旦：秀才，你讀書也不曾？

---

12 從此以下，略依〈幽閨記〉標題。

生：秀才家何書不讀覽。

旦：書上說道，惻隱之心，人皆有之。既然讀詩書，惻隱心怎不周
　　急也？

生：妳只曉得有惻隱之心，那曉得有別嫌之禮？我是孤男，妳是寡
　　女，廝趕著，教人猜疑！

旦：亂軍中，有誰來問你？

生：緩急悶，語言須是要支持。[13]

旦：路中若擋攔，可憐奴作兄妹。

生：兄妹固好，只是面貌不同，語言有別，有人廝盤問，教咱把甚
　　言抵對他？

旦：沒個道理。

生：既沒道理，小生自去！

旦：有一個道理！

生：怕問時卻怎麼？

旦：奴家害羞，說不出來！

生：娘子，沒人在此，便說有何害！

旦：怕問時，權……

生：怎麼又不說了？權甚麼？

旦：權說是夫妻。

生：恁的說方纔可矣！

---

13 支持，猶言應付。

5. 虎頭遇舊，旅館諧姻

　　蔣世隆偕瑞蘭，一面打聽妹妹和母親的的下落，一面忍飢受苦，往南逃生。這一日來到虎頭山，只聽到幾聲鑼篩響，從樹林中竄出五、六個壯漢，強索買路錢。他們身無分文，於是被押回寨中發落。世隆哪裡料到這山寨頭領就是興福，離亂中相逢，自然有敘不完的話題，但是瑞蘭不喜歡世隆有個占山為寇的兄弟，執意不肯留下來住，興福只好多拿些盤纏，送他們上路。臨別前，這對義兄弟還相約，且待干戈平息後，共赴京城取功名！

　　又一日，他們來到廣陽鎮招商店，吃了一頓酒肉，以解旅途勞頓。他們對店家，權稱是夫妻，但訂房時，世隆要求一間房間、一張床，說是「有緣千里來相會」！但是瑞蘭卻堅持兩間房、兩張床，說是「無緣對面不相逢」！於是你來我往，爭論不休。這事全被店主老夫婦聽得清楚，於是出面勸服瑞蘭，並權作主婚人，這才成就了一段好姻緣。

　　這段戲的對話很多，世隆咄咄逼的是信與恩兩字，希望她看在一路相伴保護的情義上，答應親事；瑞蘭矜持的卻是：未有父母之命、媒妁之言，豈能將就。倒是店家說的比較能現實與禮法兼顧。

> 末：小姐在上，老夫有一言相告。男女授受不親，禮也；嫂溺援之以手，權也；權者反經合理之謂。且如小姐處於深閨，衣不見裡，言不及外，事之常也；今日奔馳道途，風餐水宿，事之變也。況急遽苟且之時，傾覆流離之際，失母從人二百餘里，雖小姐冰清玉潔，惟天可表，清白誰人肯信！是非誰人與辨？……倘遇不良之人，無賴之輩，強逼為婚，非惟玷污了己身，抑且所配非人，不若反經行權，成就了好事吧！

　　旦：望公公婆婆收留奴家在此，倘或父母有相見之日，那時重重相
　　　　謝，絕不虛言。

　　末：呀！收留人家迷失子女，律有明條。況小店往來人多，不當穩
　　　　便。

　　淨：老兒！她只因無父母之命，又無媒妁之言。我兩人年紀高大，
　　　　權做主婚之人，……小姐依順了罷！

　　旦：我如今沒奈何了，但憑公公婆婆主張。

這正所謂：百年夫婦途中合，一段姻緣天上來。

6. 抱恙離鸞，皇華悲遇

　　蔣世隆住在招商店不幸身染重病，正傷悲何時得歸故里，不料就在此時，
瑞蘭的父親王尚書也正好投宿在這裡，瑞蘭聽見六兒的聲音，遂得父女相會。
王父得知女兒隨著個秀才棲身，非常不滿，命六兒將瑞蘭扯上馬去，硬行拆散
這對鴛鴦。

　　再說王夫人張氏帶著相認的義女瑞蓮，狼狽逃竄，這天來到孟津驛館，時
值隆冬，天寒地凍，不得已，上門請求住宿，以便安歇停眠。可是辦事官員說
這是皇華駐節的所在，留你婦人不得。經不起母女苦苦哀求，才准許在迴廊底
下暫歇，並為他們借些薦席，覓些飲食，母女倆自然是千恩萬謝。無奈逆旅淒
涼，親人失散，各種苦楚都橫在心頭，是愁都做枕邊淚。當日瑞蘭也正好隨著
父親來到孟津驛投宿，無奈這三個愁腸千結的婦女，長夜漫漫，怎能成眠，只
聽得：

　　老旦：夫阻關山隔遠邦，女因兵火散他鄉！

　　小旦（瑞蓮）：自己不知吉與凶，親兄未審在何方！

旦：千愁當日兒離母，萬苦今朝鳳拆凰！

合：枕邊不敢高聲哭，恐怕猿聞也斷腸！

老旦：呀！又早是黃昏時候了，怎生睡得著呵！

旦：呀！誰樓上一更鼓了！初更鼓打，哽咽寒角吹，滿懷愁分付與
　　誰？……

小旦：是二更鼓了！槖槖二鼓，敗葉敲窗紙；響撲簌聒悶耳，難禁
　　　這般蕭索！

旦：夜闌人靜月微明，恨殺孤眠睡不成；心上只因縈悶縈，萬愁千
　　恨嘆離人。天哪，又是三更了。

老旦：樓頭四鼓，風捲簷鈴碎，略朦朧驚夢回。……

小旦：五更又催，野外疏鐘急。算通宵幾嘆息。……

旦：俺這裡愁煩，那壁廂長吁氣！聽得怎生，怎生獨自個睡？

　　這一夜五更，啼啼哭哭，早已驚恐了尚書老爺，追查之下，卻是自己的妻女，這一家終於團圓了。於是他們趕緊辦集船隻，前往汴梁，但是瑞蘭心裡仍痛如刀割。

　7. 逆旅蕭條，兄弟彈冠

　　自從妻子被丈人強行帶走以後，蔣世隆強忍悲痛，過了月餘，病體漸安，無奈逆旅蕭條，舉目無親，正在悲愁之際，興福忽然到訪。原來朝廷降旨，大赦天下罪刑，於是他將山中黨羽解散，心想回家又沒了爹娘，聞知結義恩人住在廣陽鎮旅店，所以特來拜訪。敘過別情，興福說：「哥哥，即日朝廷降敕，宣詔天下文武賢良，盡赴行朝應舉，正是男兒得志之日。哥哥休為夫妻恩愛，誤卻前程！可收拾行李，與興福同往行朝。」後來他們雙雙中了文、武狀元。

8.幽閨拜月，姊妹論思

王尚書一家來到汴梁，皇恩深沐，享受千鍾重祿，於是再整銀屏金屋，大開太平家宴，有道是：受恩深處便為家，良辰美景且歡娛。卻只有瑞蘭與瑞蓮，一個是春思慊慊無從訴，一個是空對驚花暗皺眉。

一個夏夜，姊姊在閨房前設下香案，對著半彎新月，傾訴怨懷，恰巧被妹妹聽見，追問之下，難以推託：

> 旦：罷罷，妹子，我一星星[14]對伊仔細從頭説。
>
> 小旦：姊姊，他姓甚麼？
>
> 旦：姓蔣。
>
> 小旦：他也姓蔣，叫什麼名字？
>
> 旦：世隆名。
>
> 小旦：呀！他家住那裡？
>
> 旦：中都路是家。
>
> 小旦：姊姊，妳怎麼認得他？他是什麼樣人？
>
> 旦：是我男兒，受儒業。
>
> 小旦：他須是瑞蓮親兄。

原來她們相識以來，都是互相隱瞞心事，經過這場對話，她們就無事不能相談了，正所謂：往時煩惱一人悲，從此淒涼兩下知，世上萬般哀苦事，無過死別共生離。瑞蘭對妹妹說：「這時天下文武賢良，都來赴選，不知你哥哥也曾來否？」千思萬想，總是放不落心上人，只有從今許下千千拜，望月瞻星夜夜間。

---

14 一星星，猶言一五一十，一點一滴。

9. 招贅仙郎，推就紅綠

新科文、武狀元點定後，王尚書仗恃聖上恩寵，奏請招贅文、武狀元為婿，他把消息告訴女兒，沒想到她們都不同意。瑞蘭說：「孩兒已有丈夫，不敢從命！」瑞蓮除了為瑞蘭辯護，也表明自己心跡，她說：「妾兄蔣世隆飽學多才，有日風雲際會，亦未可量。瑞蓮甘與姊姊一同守節！但得天從人願，妾兄一舉成名，那時夫貴妻榮，姻緣再合。妹承兄命，始配鸞凰！」但王尚書以聖恩難違，仍然派遣官媒，遞送絲鞭。急得瑞蘭直接對媒婆表明：

旦：口誦柏舟篇，更何心續斷絃！

丑：小姐是深閨處子，如何說起斷弦來？

旦：我洞房曾會招商店，爹爹錦旋，途中遇見，霎時間拆散了駕鴦伴。媒婆，休要遞絲鞭！我甘心守節，誓不再移天！

王尚書不理會，為恐二位狀元不知小姐嬌妍，還叫媒婆把兩位小姐的真容帶給他看，萬萬沒有料到，這文狀元世隆看了畫像，卻不由得傷心起來，說他在廣陽鎮招商店中，已經與瑞蘭成了配偶，有何顏再配鸞儔。

官媒奉命遞送絲鞭，原指望將心托明月，誰知明月照溝渠！遂將離亂逃生中如何兄妹失散，如果遇見瑞蘭，如何承店主人作伐諧姻眷，又如何被岳丈拆散錦駕，一五一十，回報明白，王尚書驚訝的說：「竟有這等奇事？」夫人說：「孩兒瑞蘭，與伊妻名兒一般；孩兒瑞蓮，與伊妹名非兩般。我中都路母子曾失散，你招商店父子重相見，事蹟相同豈偶然！」

10. 洛珠相合，天湊姻緣

瑞蓮一看，正是哥哥，於是兄妹相見，把如何到這裡的緣由說了一遍，然後又說：「嫂嫂也在這裡！」相見之下，世隆感慨系之，說道：「一別招商已

數年，今朝重續舊姻緣，真心一片如明月，映入清波到底圓。」當下，老夫婦決定：「孩兒回歸香閣，重整新妝，狀元且到書院，換了服色，即同武狀元與瑞蓮孩兒成親便了。」於是一場離合悲歡的故事，千百載永流傳。《幽閨記》卷終有一首律詩，很能概括故事的全局，詩云：

自來好事最多磨，天與人違奈若何；
拜月亭前愁不淺，招商店內恨偏多。
樂極悲生從古有，分開復合豈今訛；
風流事載風流傳，太平人唱太平歌。

（四）歌詞校釋

這首歌詞，傳唱的各種版本，記載的文字頗有不同。今校釋如下：

1. 五月裡來蓮花紅：五月舉蓮花紅作代表，各本相同，劉本蓮字作連，同音而誤。

2. 瑞蘭遇到蔣世隆：賴本作：「秀蘭遇到張世隆」，從劇本中可以了解秀蘭為瑞蘭之誤，張世隆實際是蔣世隆。秀與瑞，客語的發音分別為【siu³】與【sui³】，聲母、聲調相同，又張與蔣，發音為【tsoŋ¹／tʂoŋ¹】【tsioŋ²】[15]聲韻相近，但是聲調不同，之所以誤蔣為張，可能是聲調受到曲調的影響，不容易表達清楚，傳唱久了以後，就產生變異了。楊本作「秀蘭遇到張樹春」，兩個名字都不合；劉本作「瑞蘭遇到張子雲」，瑞蘭合，張子雲不合。可見口耳流傳的變異性極大。

---

15 標音以臺灣四縣及海陸音為準，二者有差別的，以斜線隔離，先四縣音後海陸音，又 1 代表陰平，2 代表陰去，3 代表陰去，4 代表陰入等聲調。

3. 有緣千里來相會：各本無異詞。

4. 無緣對面不相逢：各本無異詞。

這兩句詞的來源，見上文 5.「旅館諧姻」一節，前句是蔣世隆的心裡話，後句則為王瑞蘭的矜持。

三、梅倫害死蘇娘娘

（一）歌詞

賴本作：

八月裡來秋風涼，梅倫害死蘇娘娘；

李氏夫人來代死，潘國一本奏君主。

楊本作：

八月裡來秋風涼，梅倫害死蘇娘娘；

李氏夫人來代死，潘國一本奏君玉。

劉本作：

九月裡來是端陽，梅倫害死蘇娘娘；

李氏夫人來代死，潘戈一本奏君主。

今校作：

八月裡來秋風涼，梅倫害死蘇娘娘；

李氏夫人來代死，潘葛一本奏君玉。

（二）故事來源

本歌所述之古人，實際是戲劇中人物，出於《蘇英皇后鸚鵡記》。今國家圖書館藏有明代金陵富春堂刻本，題名《新刻出像音註蘇英皇后鸚鵡記》，不著撰人。全劇共三十二折，搬演五代周帝立后所衍生宮廷鬥爭的故事。民國43年古本戲曲叢刊委員會輯刊之《古本戲曲叢刊初編》收有此書，乃據明富春堂本影印。

（三）本事探討

《鸚鵡記》搬演五代周王立后所衍生的宮廷鬥爭故事，這梅倫是誰？他何以要害死蘇娘娘？代死的李夫人又是誰？潘葛一本奏君玉，所奏何事？結果又如何？因為這齣戲很少上演，不是一般人熟知的戲碼，茲將本事情節略作介紹。

戲文第一折有詩曰：「梅妃平地起風波，蘇后逃生可奈何！李氏夫人能代死，由來潘葛顯功多。」詩中已大略概括故事全部。原來周王一向未立正宮，蘇、梅二妃俱承寵幸，聖意未決，兩宮不免明爭暗鬥。這一年，西番進寶，為了處置寶物，才有了決定。

1. 西番進寶，冊立正宮

西羌頭目以周王即位多年，一向不曾差人去進貢，今有寶物三件，一是溫涼盞，夏月時酌酒在內便涼，冬月時酌酒在內便熱；二是白鸚哥，能唱能舞，奇妙無雙。三是醒酒氈，乃以水獸毛織成，醉人睡在上面就能醒酒。特命人將三件寶物進上。有一日，周王對蘇妃說：「西番國進上三般寶物來，我要給你收，梅妃不高興，給梅妃收，你又不高興，除非你二人有脈在身者，我便立為皇后，三件寶物也交給他收管。」蘇妃說：「皇上不提，妾不敢奏。托陛下洪福，妾已有三個月身孕。」於是蘇妃被封為正宮皇后。

2. 梅倫定計，梅妃壞寶

本來蘇、梅二妃同受寵幸，不分大小的時節，還能好來好去，經常互邀飲宴，後宮之中相安無事，可是一旦立蘇妃為后，這梅妃即有秋後紈扇的感觸，她便找兩位哥哥進宮商量。她兩個哥哥都在朝為官，大國舅梅伴，為人正直，在朝臣之中口碑極好。但是二國舅梅倫，卻是個不安本分之人，他為妹妹的事忿忿不平，認為論容貌，不輸她蘇妃，這口氣如何可以平白干休！於是兄弟接到懿旨進宮的時候，梅伴說要諫她，梅倫卻說要助她，立場鮮明。

梅氏兄妹三人見面之後，梅妃說了兩件事請二位兄長幫忙，一是「君王賜我齊紈扇，柄是玉琢成，文裁錦繡鮮，動搖便有風生面。（這扇啊）奈將新換舊不在人前。勞心修補，常在袞衣前！」二是「君王賜我青銅鏡，上有龍鳳文，菱花八角妍，清光常照姮娥面。奈近來塵蔽，明瑩非前。你與我休辭倦，用心磨拭，常與日相聯！」[16] 大國舅梅伴勸她說：

> 二宮福分已非淺，一人後，萬人前，心知足，非良善。這扇啊！他容顏不改，常得王宣！若還又要加修補，只恐怕未得功成且取愆。娘娘，你自將身反。古人說得好，知足不辱，安分度流年。[17]

二國舅梅倫則說：

> 我施為自有機千變，娘娘，兩場事，我自專，把扇來再製青銅煉！

---

16 見第十折「前腔」（占）。
17 見第十折「前腔」（淨）。

梅妃：「這事十分好，全仗二哥哥。」梅倫接著說：

> 你且吞聲忍氣，勉強開顏，且待我神輸鬼運功成就。那時你：出谷
> 遷喬燭秉權，方稱心中願。須知涓涓一滴，漸潰致成川。[18]

大國舅見話不投機，先回去了，二國舅於是提出他的計謀，他說：

> 娘娘，妳明日且去與正宮賀喜，臣交代內臣傳著旨來，說道交皇后
> 將西番所進寶物令梅妃同翫，飲酒中間卻把一句言語激起他來，待
> 他回時，你便將溫涼盞打破，鸚哥摔死，去奏君主，道他是飲酒大
> 醉，自將寶物壞了，卻又以大壓小。如此誣賴，那時節我又有個別
> 道理。

梅妃依計行事，可憐那白鸚哥鮮血流，溫涼盞也化作了鴻門宴上的玉斗。
還對皇后說：「是你自家酒醉打壞了，怎的賴我！」
平地須臾起波濤，免不得同向金階面帝王。
3. 金階結奏，夫人替死
蘇皇后來到帝王面前，蘇后照實敢奏；梅妃當然照計行事，咬住那句話，
說蘇后在飲酒間，鸚哥不唱，就惱起來，將它摔死，連溫涼盞也打破了，卻又
以大壓小，誣賴梅妃。周王立刻宣潘丞相入殿商量。潘葛心想，今日早朝大國
舅不到，必然知道此事，有意迴避去了。此人素懷忠宣，只要宣梅伻來說，便
見分曉。可是周主認為做妹妹的與正宮相爭，卻叫做哥哥的做證，好沒道理，
而眾臣也說梅伻難以聽信，於是皇帝開了金口，他說：

---

18 見第十折「前腔」（丑）。

不要爭了，但梅伻若說皇后是，我便殺了皇后；若說梅妃是，我便
殺了梅妃。我偏殺那是的，且看梅伻來如何說。[19]

梅伻果然是個正直之人，壞寶之事他雖然沒有親眼目睹，但前日妹妹召他
進宮密謀，動機已經很明顯，他弟弟梅倫的為人他也很清楚，於是他說：「千
是萬是，正宮娘娘是，千不是萬不是，梅妃不是。」

這下真叫周王傻眼了，他原以為梅伻會護著他妹妹，沒料到此人果然公
道。但是前面的話已經說出口，沒奈何了，只好下旨將宮皇后押午門外縊死。
急得潘葛大喊刀下留人！並叩首丹墀，說皇后無辜賜死，午門前不是殺人處。
這時皇帝好像也有了悔意，便開金口：「你要怎生，寡人都依你！」潘葛說：
「把她迎到臣家裡，設席聊當祭，免她暴露尸骸，反遭人非議，免到虧了皇朝
國體。」

周王心想：「這丞相好不曉事，倒不叩頭苦諫，卻又說這話來。罷！罷！
也是 蘇后一福薄，致令如此。」

卸下旨：「將蘇后押到潘丞相府中賜死！」潘丞相心中盤算的辦法是找個
人替死，一來保全蘇后性命，二來保全她懷中的太子。他夫人李氏商議的結果，
李夫人深明君臣大義，寧願替死。

梅妃也料到潘丞相可能施用替死之計，隨後派了全忠指揮來到潘府看視，
並要取回一辮頭髮看驗。原來全忠指揮也是個有心人，他提醒丞相：皇后她有
孕在身，何不抬去火化！

4. 梅倫追索，護送湘城

梅妃差人拿尺將頭髮來量，只有七尺長，她知道蘇后頭髮七尺五寸，這一

---

19 見第十二折（周）。

定有詐。她說：「蘇后有孕在身，再差人去看，若是懷孕的婦人，身屍便真！全忠告訴她：「丞相不敢安葬，已將屍柩火化了！」她心裡更加懷疑，「既無身屍，便有情弊！」而朝中眾臣都向著蘇后，言語難以準憑。於是他排香案卜了一卦，卦兆顯示，蘇后雖是朱雀喳喳，卻有青龍護她，伏藏了白虎，潛隱騰蛇，只是勾陳相牽掛。卻有兩重喝散，隨身祿馬，[20] 天喜當頭更不差。他懷疑：傳她死的都是虛假！於是再奏君王，四處去尋拿。

梅倫奉旨搜拿蘇后，潘丞相只好設計將蘇后先護送出城，並派遣可靠的家人許讚夫婦，一路護送到湘城。湘州刺史蘇政是蘇后的親姪兒，這時候只好去投靠他。

5. 天神相護，白馬廟生子

許讚夫婦一路推車護送蘇后，忽有一日，後面追兵來勢很急，許讚便依照先前主人的吩咐，先讓蘇后下車，在茅草裡躲藏，叫妻子坐在車內，照樣推著前進，等追兵走了，再回來尋蘇后上車。

蘇后獨自一人逃生，早已驚動了過往天神，便化作一個田夫，將蘇后化作一個村婦，先騙走了追兵，再送她一把扇，扇遮著臉可隱身；一雙道鞋，穿上道鞋，自然腳步輕快。並且說：「前面二十里有一座白馬廟，廟中有個婦人甚是賢惠，你去借歇，有事之時，那婦人自然會替你支持！」

蘇后腳下生風，片刻間來到白馬廟，果然有一位婦人請她進家裡坐，才一會兒，肚子疼起來了，那婦人說：「我已知道了！應是子要離娘體。快進去，有我在此，不必驚慌！」原來這婦人是白馬將軍後殿夫人的化身。

過了半月，婦人對她說：「妳如果在此也不妨事，只是外面人紛紛傳說道，

---

20 喝散、祿馬，占掛等民俗用語，代表護衛之神與物，今俗尚有「六馬扶持」之語，祿、六同音。

朝廷走了一個什麼蘇娘娘，梅園舅昨日又差人馬來此處跟尋，恐怕不分黑白，連妳也帶累了，妳如今身體壯健，不如及早往湘城去罷！」於是她辭別了婦人，扇兒遮處雲生體，鞋兒穿著清風起，風雲擁護去湘城，分明是個神仙女！不一會兒，來到一處苦竹林，森森幾多青翠，泉水冷冷，令人心喜。她放下兒，且飲一杯水。

　　說也奇怪，她只飲了一口水，卻兩手酸疼，再抱孩兒不起。莫不是水中含有毒氣在內？是我不該好飲貪泉，才受此災殃。何況這窮途僻野無醫店，誰人能將毒解？罷罷！那婆婆剛才告訴我，苦竹林中有小災，不免子母分離，這分明是天意，該如何是好？又眼看後面一陣風塵，暗天黑地，恐追兵又來，怎生是好？顧不得了，我只得將他肩頭咬破留記，以便後日相認。非我肯拼捨，都緣你命乖！

　　6. 湘城會姪，祝四托子

　　蘇皇后千里迢迢自奔馳，終於來到湘城，會見了刺史蘇敬。姑姪相見，說起事變經過，不免唏噓。幸有姪兒相勸慰：「權時隱跡居此處，待我差人訪求太子下落。」

　　話說當日蘇皇后母子分離，被一個名叫祝四的撿去，抱回家中撫養，不知不覺已過了 13 年。原指望孩兒受教乖巧，日後幫助家計，沒想到這孩兒性子不好，叫他做工，他便要讀書；叫他下水，他便要上山；叫他打魚，他便要龍；叫他打柴，他便要打虎。又要白米飯吃，又要三、四樣菜下飯，怎生供養得起？聽說張樞密覓人為子，送去的都不中意，何不送去試試。張樞密見此兒相貌高貴，心中不免起懷疑：想來必是豪家子，田舍安得有此兒？

　　　祝四：相公不必恁生疑，這是我與媳婦親生的，只為家貧送來這裡！
　　　樞密：不須要假托言詞，童山未必能生玉，枳棘何如有桂枝？

祝四：須知老蚌會產明珠，我在青山腳下，地靈人傑，自有佳兒。

樞密：人生都稟著爹娘氣，看你模樣使人疑。將言實說，莫亂支持。

　　來歷不明，須防有是非！[21]

太子見他們爭辯不休，在一旁開口說便說：「乾坤生物，是吾父母，四海之內，皆吾兄弟，大人與物皆同體，何必追求我是誰？」樞密見他出言不凡，同意收他為子。這祝四也不求賞賜，只願在相公門下度春秋。

7. 太子攻書，母子相逢

太子自從進了張府，取名張龍，日日在學堂攻書。戲耍時，同學蘇虎說做官要做丞相，張龍說丞相也有人管，不知做皇帝！先生出對子：「龍虎相逢日」蘇虎對：「塤篪迭奏時！」張龍則對：「風雲際會時！」先生見他兩人表現不凡，日後俱有好處，建議他們結為兄弟，這正合兩人心意。論年歲，蘇虎為兄，張龍為弟，本是異姓交游，結就同胞情誼。這天放學，張龍送蘇虎到門口：

蘇虎：既到門首，便進去吃茶！

張龍：我不吃！

蘇虎：我家有娘娘，我引你去看！

張龍：若是皇后娘娘，我便去看！

蘇虎：真是皇后娘娘！[22]

蘇皇后見了張龍，不覺眼睛一亮，心想：「怪哉！怪哉！這孩子面貌言動

---

21 見第二十三折「鑼鼓令」。

22 見第二十四折末對白。

與周王一般般！年紀也是一十三！」再看他的手，左手分明山河文，右手分明
社文，再要他脫下衣服看肩頭，他卻不依，轉頭跑了。娘娘要蘇虎快去追回來，
張龍對蘇虎說：「我肩上小時咬了兩條痕，不好看的！」於是他們用計，約張
龍到後園戲耍，與蘇虎赤膊打拳，好讓娘娘仔細看，啊！果真是太子。

> 蘇后：我當初在苦竹林與他相別，將他肩上咬了一口，留此為記，
> 　　　如今痕跡尚在，真是我的孩兒。
> 蘇夫人：待你姪兒回來，去與張樞密說，他知道是娘娘親生太子，
> 　　　決不敢留。[23]

　　果然這張樞密一聽蘇刺史說明之後，便感慨的說：「今君忽說此因依，方
知丞相真忠意。如今聖上正愁無子，你與我再莫遲疑，一同去報娘娘喜！」這
一別十三載的母子才得相會，蘇刺史並連忙將此事奏入朝廷。

> 周王：有這等事？現在那裡？
> 丞相：把她送到湘城穩跡居。
> 周王：生下什麼？
> 丞相：篤生太子，十三歲矣，聰明仁孝，形狀最魁奇！
> 內官：好了！好了！有了東宮太子，江山有主了。
> 周王：就差潘葛丞相、賫敕一道，帶內臣二十人，速忙前去湘州取
> 　　　回娘娘太子！[24]

---

23 見第二十六折末對白。
24 見第三十折末「前腔」（生）及對白。

一封丹詔九天來，宣取東宮太子回；鳳車鴻駕隱雷霆，遠近傳聞笑口開。父子夫妻相會，萬民同慶。幾年後，周王傳位，太子登基。

（四）詞詞校釋

1. 八月裡來秋風涼，此句賴、楊二本無異詞。劉本作「九月裡來是端陽」，按：九月是重陽，一般唱詞下接：甘羅十二為丞相；而劉本則下接「梅倫害死蘇娘娘」，她是把八、九兩月的內容倒置，又把重陽誤作端陽了。

2. 梅倫害死蘇娘娘：賴、楊二本無異詞，劉本倫字誤作輪，同音而誤。要害死蘇娘娘乃出於梅倫的計策，故歌者把梅倫論做首惡，不數梅妃。

3. 李氏夫人來代死：頓、楊二本無異詞，劉本來字作弔，蓋傳抄之誤。潘丞相的夫人李氏，為保全蘇后性命及其懷中的王室血脈，代替蘇后受死，企圖瞞過朝廷追查。

4. 潘葛一本奏君王：潘葛，賴、楊二本作潘國，劉本作潘戈，今據故事出處《鸚鵡記》校正。蘇后賜死時，保奏將她迎回府中設席代奠，以圖後計的是潘葛；湘州奏報，入宮奏請詔迎皇后太子的也是潘葛。

潘葛，歷來傳唱以及文字記載的，幾乎都做「潘國」，足見《鸚鵡記》這本傳奇，民間可能久已失傳，葛誤為國。葛、國二字，臺灣大埔話同音【kuat⁴】，但四縣、海陸話都有【kot⁴】與【kuet⁴】之別，對歌唱者而言，雖僅是一音之別，但是昧於故事來源，卻是事實。一字之差，象徵文化傳承的斷與續，相當值得警惕。希望以後的歌唱者，都能正確的唱出「潘葛一本奏君王。」

四、結語

本文所述為〈剪剪花〉中五月與八月二首，五月的故事，出自《拜月亭》，又本作《幽閨記》，一般流傳的歌詞是「秀蘭遇到張世隆」，根據兩本劇本所

載，都作王瑞蘭與蔣世隆。八月的故事，本於《蘇英皇后鸚鵡記》，一般傳唱的是潘國，或作潘戈，根據劇本的文字，卻是潘葛。瑞蘭誤為秀蘭，蔣世隆誤作張世隆，潘葛誤為潘國，都是一音之轉。可見僅靠口頭留傳，往往是會變動的，而文字的記載則較能長久保存。這些關鍵名字的校正，相信更有利於這組歌謠的流傳。

客家民謠中，還有一些以古人為對象的成組歌詞，像〈月又清〉[25]就是其中的一組，雖然敘述的「古人」較不固定，但是這種變異性更具民間文學的本色，容另文討論。

參考文獻

王國維撰，《曲錄》。臺北：藝文印書館。民國 61 年 1 月再版。

明・徐渭撰，《南詞敘錄》，叢書集成第 32 冊。臺北：新文豐出版社。民國 85 年。

明・高儒撰《百川書志》，書目類編第 27 冊。臺北：成文出版社。民國 68 年。

明・羅懋登註釋，《重校拜月亭記》，明・文林堂刊本。

明・不著撰人《新刻出像音注蘇英皇后鸚鵡記》，明・金陵富春堂刻本。

楊兆禎著，《客家民謠九腔十八調的研究》。臺北：育英出版社。民國 63 年 6 月。

賴碧霞編著，《臺灣客家民謠薪傳》。臺北：樂韻出版社。民國 82 年 8 月。

題元・施惠撰《幽閨記》。臺北：臺灣開明書局。民國 89 年 10 月 2 版。

劉蘭英編，《山歌集》，編者自印本。

---

25 有的山歌書記為「月有情」。

〈渡臺悲歌〉史詩研究：
析論客家先民的心理原型[*]

黃美鴻

　　〈渡臺悲歌〉是一首具自傳色彩的長篇敘事詩，形式為七言樂府詩體，採取寫實的手法，行間字裡充滿怨懟和血淚、生離和死別，性質上為悲歌式的敘事史詩，原作者據信為早期偷渡來臺的客家先民。[1]

　　本文擬先就〈渡臺悲歌〉裡的敘事進行初步的探討，再根據「原型批評」（Archetypes –criticism）理論中的「孤兒原型」（The Orphan）、「追尋者原型」（The Seeker）、「流浪者原型」（The Wanderer）和「鬥士原型」（The Warrior），分析詩篇裡描述之早期渡海來臺的客家先民的幾種心理原型。

---

[*] 本文原刊登於《新竹文獻》，2009，34 期，頁 6-14。因收錄於本專書，略做增刪，謹此說明。作者黃美鴻現任國立清華大學華文研究所兼任助理教授及新竹市教育局聘用督學、國語日報 12 版（家庭－親師橋）專欄作家。

[1] 〈渡臺悲歌〉是黃榮洛先生自客家山歌詩裡發現的，並為此詩下了標題，他指出「那是描寫客族聽信了客頭言來臺後，卻求生不易遭遇艱辛、受盡苦難之歌，命名為〈渡臺悲歌〉。」參見黃榮洛（1989）《渡臺悲歌》。臺北：臺原，頁 23。

一、〈渡臺悲歌〉的創作時代背景

（一）清代「海禁政策」下的渡海來臺唐山客

　　明亡，鄭芝龍降清，鄭成功於 1662 年驅逐荷蘭人，開發經營臺灣，標舉「反清復明」旗幟。清世祖順治皇帝，頒布「申嚴海禁」令，嚴禁人民出海，並大規模遷移沿海居民，北起山東，南至廣東，所有沿海居民向內陸遷移 30 里（18 公里），同時「不准商舟漁舟下海」，遷海令以浙江、福建、廣東等地最為嚴格。這是清廷為了堵絕鄭成功海路的經濟命脈，不顧沿海人民生活，浙、閩、粵三省沿海人民因此而無法漁耕、流離失所成為乞丐，或路死他鄉者不計其數。「海禁令」嚴禁人民不得接近海岸，包括海上活動如捕魚、貿易等都不被准許，這是典型的「鎖國政策」。

　　鄭成功經營臺灣，其目的是將臺灣建設為反清復明的海上根據地，他在南臺灣「屯田駐兵」為能開墾更多土地，增產糧食，因此需要甚多的人力，他向沿海漢人招手，這使得清廷對他深具戒心。1683 年施琅率軍屈服了鄭氏王朝，清廷一度想放棄臺灣島嶼，因為在皇室及中樞官員的印象中，臺灣一直是個充滿問題的「燙手山芋」，後來雖經施琅的力諫，而把臺灣給保留下來，然而收入中國版圖之後的臺灣，明顯的被視為「禁地」，清朝對移民去臺的漢人，向來視為明朝餘孽或不滿清廷分子，認為這些人充滿危險性，隨時會起來反抗叛亂，必須先思患預防，於是對於大陸打算渡臺赴臺的人民，也就有了極為嚴苛的規定，如 1684 年臺灣設縣後頒令：「一、欲渡傳船臺灣者，先給原籍地方照單，經分巡臺廈兵備道稽查，依臺灣海防同知審驗批准，潛渡者嚴處。二、渡臺者不准攜帶家眷，業經渡臺者，亦不得招致。三、粵地屢為海盜淵藪，以積習未脫，禁其民來臺。」[2] 申請渡臺須經三道衙門審核，容易受到刁難又有諸多限制。所以在唐山謀生不易的沿海地區人民，便轉而走上偷渡之路。偷渡

的風險輕者被逮，遣送回去後再被判刑坐監；不幸者則葬身海底，屍骨無存，但這都無法阻止沿海人民渡海來臺的決心。這群漢人移民的動機大多相同，都屬於農墾性遷移，目的在關墾土地資源，得以安身立命。這些渡海來臺的「唐山客」，主要來自閩南的泉州、漳州府及粵東潮州、惠州等地。

（二）大墾戶及長工、佃農的漢人社會結構

順治、康熙年間，渡海來臺的漢人先民，以「同鄉共居」的方式進行土地開墾，他們同時帶來家鄉的風俗文化及所信仰的神祇，在新墾地建廟祭祀，如客家人的三山國王、泉州安溪人的清水祖師爺、泉州同安人的保生大帝和漳州人的開漳聖王。漢人取得的土地，部分來自無主荒地，但河谷平原等精華區則多半是從「平埔番」（平地土著）手中「巧取豪奪」而來。當時開墾土地，並不需獲得官廳事前的「特許」，但因斯時移民人數仍少，土地資源分配問題還不算嚴重。

雍正帝即位之初，因國家昇平日久，生齒殷繁，民食維艱，而下「開墾令」：乾隆 5 年，下令免賦稅，令人民開墾山頭地角、傍溪瀕湖之地，乾隆 7 年，以生齒日繁因而頒布「保護人民開墾山澤事業令」。此後，閩南、粵東地區一些殷實的家族或商戶，來臺後便向官廳繳納貢銀取得「開墾令」，然後向外大舉招募「長工」來開墾官廳核可「准墾區」裡的土地，較有名者如乾隆年開北臺灣林秀俊（墾地為今板橋、內湖一帶），中臺灣的施世榜（墾地為今彰化平原，墾號為「施長齡」），以及「開蘭第一人」吳沙（墾地為今蘭陽平原）。這些墾戶對清代臺灣的土地開發，雖然著有貢獻，但也由於土地所有權的過度集中，導致土地資源分配嚴重的不均，為數眾多貧窮的移民，僅能依附「墾

---

2 黃千芬，〈海禁問題初探〉，http://www. cjhs.kh.edu.tw/social/history/hw/410.htm

戶」，或者成為墾戶底下供驅使的長工，或者向他們承租土地耕作，成為赤貧的佃農。如此，在漢人的移民社會裡就逐漸形成墾戶（地主）與佃農、長工等矛盾對立的階級結構，以致社會長期動盪、紛擾不安。

（三）〈渡臺悲歌〉發現地點及創作者背景

以發現〈渡臺悲歌〉的新竹地區來說，新竹地區目前最早開闢的紀錄是康熙 40 年間（1700 年），福建同安人王世傑入墾竹塹埔。康熙 50 年間新竹地區的開墾就非常蓬勃發展了，並於雍正年間（1723-1735）樹立了閩粵並肩開拓的基礎。乾隆 51 年以後，隨著屯番制度的施行，新竹地區大部分已經開發完畢；道光 14 年（1834 年）以後，「金廣福」大隘的武裝移民，更使北埔、寶山、峨眉等地全力開發。由於閩南人直接參與墾殖大部分集中於早期乾隆年間，之後閩南人多轉為營商，集中於市街一帶，廣大的鄉村地區便成為粵人的天下，而新竹地區也因此成為閩粵械鬥較不嚴重的地區之一。（潘英，2000）

由此可以得知，在發現〈渡臺悲歌〉的竹東，或關西、新埔近山地區，清領時期較沒受到分類械鬥的波及，主要原因是本地的開發較晚，開墾居民大部分以客家人為主，這裡幾乎可以說是近乎純客籍移民所建立起來的漢人移墾的社會（施添福，2001）。所以分類械鬥之風沒有蔓延到此，〈渡臺悲歌〉文本中沒有提到械鬥的危害是合理的敘述。

〈渡臺悲歌〉這首史詩全文達三百多句，作者雖然沒有署名，但筆者從字裡行間的敘述，可以推斷是一個粗通文墨的百姓，也就是說他應該是一個略通文字的民間半農半書的半知識分子。這樣一個半知識分子角色的人，參與了客家人開山墾荒，耕種田地的工作，和一般傭工沒有兩樣。不過，士大夫的階級觀念卻深深影響著他，因此，也對當時臺灣地區存在的一些現象覺得無法接受，因此作者用它熟悉、貼切的客家語作了一首長詩，後來就被命名〈渡臺悲歌〉，勸告大陸親友不要走上渡臺之路。由於作品中反映了早期臺灣客家移民

的生活，而且用的是親切的客家語言，所以應該可以被稱為「臺灣客家文學第一篇」的作品，〈渡臺悲歌〉不僅是臺灣客家民間文學的瑰寶，也是臺灣客家族群發展自覺意識的重要文獻。

二、〈渡臺悲歌〉裡的敘事探討

這首長篇敘事史詩的作者，即是早期渡海來臺的客籍先民，他採取「第一人稱自傳性敘述觀點」，[3] 以「過來人」的心情，詳實地記述自己當初誤信「客頭」之言，賣田典屋籌措旅費，之後歷經船老大和客頭層層盤剝，艱辛跨海來臺，屈身於「墾戶」里，成為一位身分卑微的「長年」（長工），終年為東家辛勞奉獻，卻仍「衣不蔽體」餐餐蕃薯，過著悲慘的生活。詩裡的「敘事者」是一位「長年」（長工），以其在東家的所見所感和所思作為敘事主軸，兼及當時臺灣社會的種種現狀，諸如：

（一）臺灣社會不重文教：「不敬斯文無貴賤，阿旦和尚稱先生，農商轎夫併乞食，讀書兒童轎夫樣，比我原鄉差了天，並無一點斯文氣，赤腳蓬頭拜聖賢。」描述當下的臺灣社會斯文掃地。

（二）臺灣人不講禮儀：「席筵無讓賓和客，搶食猶如餓鬼般，且郎轎夫廳堂坐，上頂人客坐壟間，不知貴賤馬牛樣」具體描述人與人之間的進退應對，儒家重視之尊卑禮節，全部蕩然無存。

（三）描述臺灣婦女現實功利，缺乏婦德：「大聲不敢罵妻子，隨其意下任交歡，拾個丈夫九個係，只有一個不其然，野夫入屋丈夫接，甜言好語待茶烟，范丹婦人殺九夫，臺灣婦人九夫全，出門三步跟隨等，結髮夫婦無幹賢，

---

3 周慶華，2002，《故事學》。臺北：五南，頁171。

總愛有錢就親熱，聲聲句句阿哥前……，一到無錢就各樣，路上相逢目不看，行前去問都不應，皆應錢了斷情緣，開聲就罵契弟子。」

（四）渡臺者的遭遇非常的悽慘：「不知送命過臺灣，一百人來無人還，臺灣此是滅人窖」、「自己頭顱送入山，遇著生番銃一響，登時死在樹林邊，走前來到頭斬去，變無頭鬼落陰間」、「臺灣不是人居住，可比番鴨大海邊」等描述。

（五）「客頭」使詐，不擇手段地賺沒有人性錢的情形：「客頭說道臺灣好，賺錢如水一般般，口似花娘嘴一樣，親朋不可信其言，到處騙惑人來去，心中想賺帶客錢，千個客頭無好死，分屍碎骨絕代言，幾多人來所信言，各人現銀交過手，錢銀無交莫上船，恰似原差禁子樣，適時反面無情講」等。

（六）到臺灣生活的描述，作者深自己人格和人性尊嚴被踐踏：「可比唐山賣牛樣，任其挑選講銀錢」、「落身如牛做幾年」、「落霜落雪風颱兩，頭燒額痛無推懶」、「一年到暗無水洗，要尋浴堂就是難，生成禽獸無異樣」、「就比孝家接母舅，恰似烏龜上石灘」、「看見茅屋千百間，恰似唐山糞堋樣」等。

（七）描寫前來騙取單身漢辛苦血汗錢的姑娘是「臺灣收割真各樣，庄庄婦人鬧喧天，聽見田中谷桶響，打拌身扮就到田，手拿摹蘭木搗棍，開眉笑眼喜歡歡，甜言細語稱司阜，摹蘭凳子擺兩邊，手拿禾槌微微笑，恰似玉女降下凡，花言巧語來講笑，弄得零工喜歡歡，一手禾排打四下，就丟去妹摹蘭邊，手拿禾槌微微笑，恰似玉女降下凡」等都表達得都十分鮮明。

（八）雇主之刻薄：「被補蚊帳各人個，講著答床睡摸蘭，夜晚無鞋打赤腳，誰知出屋半朝難，自己無帳任蚊咬，自己無被任凍寒，做得己身衫褲換，又要做帳併被單，年頭算來年尾去，算來又欠頭家錢，若然愛走被作當，再做一年十貳圓，上無親侍下無戚，就在頭家過個年，初一嬲到初四止，除扣人

工錢一千，搶人不過亦如是，臺灣一府盡皆然。」描述過年休息也要扣工錢，長工用的捕蚊帳也沒有提供，需要長工自己備用，就知人浮於事的嚴重情形，即雇主不愁沒有人可雇了。

由於作者自身是被長期壓榨和剝削勞力的長工，對苛薄下人的東家固然心存不滿，就當時臺灣移民與土著混居的社會，作者也自然而然地會拿唐山家鄉來做比較，諸如：「臺灣蕃薯食一月，多過唐山食一年」、「唐山一年三度緊，臺灣日日緊煎煎」、「臺灣之人好辛苦，唐山牛隻好清閑」、「在家若係幹勤儉，豬牯都有緞褲穿，在家若是幹儉點，何愁不富萬萬千」，以致對臺灣社會持較多負面的觀感和評價。

作者以這種「吃苦受罪者」由「外在焦點」轉為「內在焦點」的心情抒發，固然使得他看待臺灣社會的種種現狀，心態上難免有些偏激，甚至出現「以偏蓋全」的情形，但無可否認地，作者的心聲代表為數眾多的赤貧佃農和長工等「無產階級」，在面對墾戶、富商等「資產階級」長期的壓榨、剝削，所蓄積巨大的不滿能量，這種「階級矛盾與對立」，確實潛藏在貧富懸殊的臺灣社會底層。

三、〈渡臺悲歌〉裡先民的幾種心理原型

本文的析論重點，在於透過〈渡臺悲歌〉這首具有自傳性色彩的長篇敘事詩，分析早期以偷渡方式來臺的「客家先民」，他們在臺灣這塊土地生根落腳，以「長工」和「佃農」的身分參與了臺灣早期的土地開發。這些生活在社會底層，境遇艱困，終年工作辛勞的客家先民，他們來臺前後，心境隨著環境所產生轉折之幾種可能的心理原型。

（一）天真的追尋者

　　〈渡臺悲歌〉的作者，最初聽信了搣客（即「客頭」）的「花娘嘴」，「客頭說道臺灣好，賺銀如水一般般。」當時他不知這根本是一場「騙局」，就天真地相信「臺灣錢淹腳目」，其實壞心腸的客頭只是想賺「帶客錢」。這階段的作者，心理上對未來的「臺灣之行」懷著美麗的憧憬，是「天真的追尋者」。

　　天真的追尋者同時具有「天真者」和「追尋者」的雙重心理，如此的人格特質在現實環境裡，經常會「上當受騙、吃虧受苦」。天真者代表信念與希望，「它使我們心中保有期待和希望，也相信我們能夠信賴他人」，天真者的樂觀天性和對人的信賴，往往使得他對周邊的人不設防備，他相信「未來的生活會比現在更好」，「甚至會信任那些不值得信任的人」。[4] 追尋者「追尋一個更美好的未來，或更完美的世界。」、「這種渴求生命更美好、更快樂的衝動，是一股走上和向外的動力，幫助我們實現烏托邦的世界和圓一個理想中的夢；它是人類內心深處追求完美公正的夢。」[5] 正是由於作者懷抱這份「未來的生活會比現在更好」的樂觀信念和「圓一個理想中的夢」的熱情，使得作者勇於面對未知的探索之旅，「他對探索的熱切與興奮之情，遠大於遠離父母和家庭的恐懼」。[6]

（二）遭遇現實挫折後的轉型

　　天真的追尋者，在偷渡上岸，遭遇到現實的挫折與環境的困頓之後，他的樂觀進取很快地消退了，代之而起的是驚駭、錯愕以及難以置信，這時他的心理面臨巨大的轉折，他來到生命的岔路口，徘徊不前，他不知如何去調適自己

4 卡蘿・皮爾森（Carol S. Pearson, Ph.D.）著；譯者張蘭馨（2002），《影響你生命的十二原型》。（Awakening The Heroes Within），臺北：生命潛能，頁 65、69。
5 同註 4，頁 145、146。
6 同註 4，頁 147。

的心理，眼前似乎只能「逆來順受」，暫時安頓下來。然而在往後的日子裡，他將會選擇或被環境塑造成為「孤兒」、「鬥士」或「流浪者」，就連他自己也徬徨歧路。

1. 孤兒：消極的退縮心理

「最初，孤兒的原型特質是因被別人背叛而造成的，後來他（特別是在較低層次的人）卻連自己也拋棄自己，因為他視自己如同別人一般也會讓人失望，於是他不信賴生命、不相信人間會有理想和希望。也就是說，他做他不喜歡的工作，交往待他不好的朋友，不讓自己的夢想實現。」[7]

退縮成為心理上的「孤兒」，似乎是最糟的情況，天真者固然容易流於「不切實際」，但是當人們被「孤兒」特質操縱時，則往往會「過度悲觀」。「一時聽信客頭話，走到東都鬼打顛，心中想起多辛苦，目汁流來在胸前。」由於一時誤信客頭的話，而偷渡來臺打拚，希望有朝一日能「衣錦還鄉」；然而，當作者發現臺灣這塊土地竟然是「吃人不吐骨頭」的人間煉獄，不禁傷心落淚，這應是「受騙上當」之後的正常心理反應。「一年田禾跪兩次，早冬跪孝盡皆然，真係臺灣人好巧，何用唐山人可憐，皆因生有罪過，今世夭差來跪田。」「天下耕田用腳踏，臺灣耕田用手爬，幾多耕田愛欠債，莫非後世報前冤。」至於把現時身心所受的煎熬與折磨，當成是「後世報前冤」，以此消極地自我寬慰，卻是相當地「孤兒」心理，因為「孤兒的特質是自痛苦經驗中學習到的」，「當孤兒特質充斥我們的生命時，世界會變得毫無希望。我們被救贖的人遭棄背叛，我們被拋棄在一個只有弱者（被犧牲者）和強者（犧牲或忽就別人的人）的地方」。[8]

---

7 同註 4，頁 91。

8 同註 4，頁 85、86。

「這些孤兒將會不斷地流浪、放逐於世界各地，……始終找不到歇息之處。」[9]成為一位頹廢的「流浪者」，除非「孤兒」在認清事實之後，放棄對夢土的天真期盼，體認到「人是會死的，是會受傷的，是需要彼此相扶持的。」[10]他才能開始成長，放下自怨自艾，代之以自己主導自己的生命，願意成為一個不服輸的「反抗者」，「反抗者會為正義而戰，團結其他受壓迫、被傷害、或受苦的人們一起來反抗。」[11]這時，他將轉型成為一位積極進取的「鬥士」（戰士）。

2. 流浪者：踏上探險之旅

作者簽下勞動契約，成為墾戶裡的「長年」，形同被一張「賣身契」囚禁，失去了人身自由和個人尊嚴，換來的卻只是一份待遇條件很差的工作，連最起碼的「衣食溫飽」都成問題。諸如：「臺灣蕃薯食一月，多過唐山食一年，頭餐食了不肯捨，又想留來第二餐。」「雞啼起身做到暗，又無點心總三餐，……落霜落雪風颱雨，頭燒額痛無推懶，拾分辛苦做不得，睡日眠床除百錢，各人輕些就要做，換衫自己雞啼洗，米槌椿臼在壟間，行路都還打腳偏，破爛穿空夜補連。自己上山擔柴賣，一日算來無百錢，大秤百斤錢一百，磧得肩頭背又彎，併去併轉三鋪路，轉到來時二三更，除踢三餐糧米食，長有只可好買烟，奈何又著同人做，又著同人做長年。」這樣的一份工作，「雞啼起身做到暗」，即使「落霜落雪風颱雨，頭燒額痛無推懶」，簡直無異於牛馬，可知當時墾戶家裡的長年或下人，被一紙勞動契約「囚禁」，多數過著非人的悲慘生活。

「如果『孤兒』的故事由天堂開始，那麼『流浪者』就從囚禁中起步。」[12]

---

9 同註4，頁87。

10 同註4，頁88。

11 同註4，頁88。

12 卡蘿・皮爾森（Carol S. Pearson, Ph.D.）著；譯者徐慎恕、朱侃如、龔卓軍（2000），《內在英雄》。（The heroes within），臺北：立緒文化，頁73。

囚禁他們（長年）身心的正是那些「惡魔般的暴君」──墾戶，無所不用其極地壓榨他們的勞力、剝削或苛刻他們的工資，他們「通常被告知，囚牢是伊甸園，離開無可避免地會喪失恩典，因此囚牢是我們所能得到的最佳待遇，『流浪者』首要的工作是認清事實，宣稱或體認到囚牢就是囚牢，獄卒則是壞蛋。」[13] 惟有長工們深刻體認到即使在如此艱難的環境裡，他們不應該只是一群永遠「逆來順受」，在忍受苦難時毫無積極作為，只會怨天尤人的「孤兒」，更不該是一群消極頹廢的「流浪者」，因為對「鬥士」而言，流浪者「看起來像是逃避的人和弱者」。[14] 長工們歷經艱險的旅途漂洋過海，偷渡來臺，他們遠離家鄉親友，在一個全然陌生的環境裡探索闖蕩，心理上難免都懷著「流浪者」的情緒，然而在全然陌生的環境裡求生存，必然會遭遇許多挫折和困頓，消極頹廢的心理只會使長工們繼續「坐困愁城」。其實，他們可以試圖轉換「受苦難」的心境，使自己成為一個積極的流浪者，或者說「探險家」，「流浪者堅稱生命最重要的內涵不是苦，而是冒險」，[15] 當他們想要自己的未來有所改變時，他們必須要有一些持續性的積極作為，「流浪者不向命運低頭，他們將穿戴已久，用來保證安全和取悅他人的社會角色拋掉，試圖去尋找自己，去探索自己真正想要的東西。」[16] 這些持續性的積極作為諸如數人（長工）集資共同創業經營小本生意或購買土地共同耕作，就可能完全改變他們未來的命運，這時的「流浪者」不再逃避現實的挫折與問題，他們在踏上探險的旅途中，基本上已具備「鬥士」（戰士）的心理特質，隨時準備面對各種挑戰並解決各式各樣棘手的問題。

---

13 同註 12，頁 73。
14 同註 12，頁 74。
15 同註 12，頁 72。
16 同註 12，頁 72。

　　清代初期的臺灣，是一塊尚待開發的島嶼，來自閩粵等沿海省分的閩客族群，共同建構了這個「新移民社會」，如此的環境正適合「流浪者」的探險之旅。〈渡臺悲歌〉固然忠實地反應出許多社會底層者（如「長工」和「佃農」）的心聲，然而這些社會底層者終究還是紮根在臺灣這塊土地上，在往後的歲月裡逐漸打拚出各自的事業，或經商或務農或從事輕工業，他們的生活逐漸獲得改善，許多人擺脫社會底層的困頓，開創出全新的格局。

　　3.鬥士：積極的進取心理

　　「流浪者辨識出恐龍（筆者按：在此指現實的挫折與問題）後便逃走；鬥士則留下來對抗牠。我們文化中對英雄氣概的定義便是『鬥士』的原型。」[17]，在〈渡臺悲歌〉這首長詩裡，固然只看到「千誤萬差在當日，不該信人過臺灣，李陵誤入單于國，心懷常念漢江山，我今至此也如此，歸心如箭一般般，墨髮及為白髮年，心中愛轉無盤費，增加一年又一年。」作者因年歲漸長又一事無成，而歸心似箭，但是並非生活在此移民社會底層的長工、佃農們，都是「悲觀的失敗者」，他們在經歷一段慘淡經營的歲月後，陸續向各個行業展開探險之旅，懷著「鬥士」（戰士）的精神劈荊斬棘，他們相信「只要人有勇氣為自己而戰，是可以改變世界的」。[18]

　　這種忍受苦厄，不畏一切艱難險阻的「鬥士」精神，其實在早期漢人移民的身上，是隨時可見的，特別是身處於社會底層的長工和佃農，要求移民社會以較公平的態度和生活條件來對待他們，為此他們必須承受較多的身心折磨和煎熬，以更積極的態度為自己創造「向上提升」的契機，因此，他們相較於其他社會階層，具有更堅強剛毅的「鬥士」精神，「每一個人內心的戰士原型，

---

17 同註 12，頁 104。
18 同註 12，頁 104。

會在必要的時候召喚我們奮勇作戰、團結一致抵抗侵略，以達成目標，它要求我們一心一意團結一致。戰士是依自己的原則目標而活，為自己的價值標準而奮鬥，而不管經濟或社會的客觀條件是否值得。競爭意謂著盡最大的能力來爭取勝利，不僅求贏，也求公平。戰士原型的作戰理由是為了主張生活上的權利，藉以建立屬於自己的地盤，並使世界更美好」。[19]

　　即使在現今的臺灣社會，我們仍生活在一個充滿戰士特質的文化傳統中，因為各種社會體制多半是建立在競爭的基礎上，從運動競賽、政黨選戰、經濟商業、教育升學皆然，各種工作職場裡隨時處於相互競爭的狀態與氛圍。因而，「每個人的內在都應該要有個發展健全的戰士原型，因為它能保護我們的自我不被別人任意侵犯。如果沒有內在富有勇氣、訓練有素的戰士原型，那麼我們的個人領域範圍就很容易被人踐踏。如果內在沒有強壯的戰士原型，我們就無法抵擋別人的需索和冒犯。」[20] 戰士的精神強化我們的意志，在面對現實生活的各種挑戰時，使我們能夠經得起挫折，因為「鬥士原型所肯定的是我們有權活得生氣蓬勃」。[21]

四、結語

　　〈渡臺悲歌〉這首長詩，使用大量的客家生活用語（如「目汁」、「一般般」、「食酒」、「摸蘭」、「痾膿滑血」、「拼去拼轉」、「打叛」等），造語淺俗，就詩歌而言，是屬於記錄性質的歷史文獻，其藝術性與文學價值尚和古典「社會詩」（如唐代杜甫〈兵車行〉、白居易〈琵琶行〉）有段距離。

---

19 同註 12，頁 102、103。
20 同註 12，頁 103。
21 同註 12，頁 104。

其價值在提供後人分析研究清代臺灣社會的種種現象,以及長工等社會底層人物的生活史料。本文先以敘事學理,描繪出清代臺灣的移民社會的現狀,再以「原型批評」試析長工等這類移民社會底層的心理轉折,藉此提供研究詩歌不同以往的方法論。

　　從「天真的追尋者」至「鬥士」,整個心路歷程的推演,正是這些生活在移民社會底層的長工、佃農們,所曾經歷過的心理轉折。本詩研究者黃恆秋先生曾謂「描寫唐山過臺灣的險阻及苦難,〈渡臺悲歌〉應該是最代表性的作品⋯⋯這首敘事歌詩的內涵,作為一個移民族群的愛憎,足以表達先民墾拓臺島的時代意義, 並且歷歷如繪地見證客家人經常性遷移的民系特性。」[22] 可謂中肯妥貼的評價。

---

22 轉引自曾學奎(2003)《臺灣客家〈渡臺悲歌〉研究》,新竹師範學院碩士論文,頁5。

參考文獻

米克‧巴爾著，譚君強譯，2003，《敘述學：敘事理論導論》。中國社會出版社。

吳劍雄，1993，《海外移民與華人社會》。臺北：允晨文化事業股份有限公司。

林文義，1991，《關於一座島嶼：唐山過臺灣的故事》。臺北：臺原出版社。

周慶華，2002，《故事學》。臺北，五南出版社。

施添福，2001，《清代臺灣的地域社會：竹塹地區的地理歷史研究》。新竹縣：新竹縣文化局。

黃千芬，1994，〈海禁問題初探〉http://www.cjhs.kh.edu.tw/social/history/hw/410.htm。

黃榮洛，1989，《渡臺悲歌：臺灣的開拓與抗爭史話》。臺北：臺原出版社。

曾學奎，2003，《臺灣客家〈渡臺悲歌〉之研究》，新竹師範學院碩士論文。

潘　英，2000，《臺灣拓殖史及其族群分布研究》。臺北：南天書局。

Carol S. Pearson, Ph.D.（卡蘿‧皮爾森）著，張蘭馨譯，1994，《影響你生命的 12 原型》。臺北：生命潛能。

Carol S. Pearson, Ph.D.（卡蘿‧皮爾森）著，徐慎恕、朱侃如、龔卓軍譯，2000，《內在英雄》（The heroes within）。臺北：立緒文化有限公司。

栗社之苗栗鄉土漢詩創作主題探究 [*]

曾絢煜

一、前言

　　臺灣傳統詩社的作品，以漢詩為創作主體，詩社成員除日治時期，曾有日人參與詩社活動外，基本上以自中國大陸移民臺灣之漢人及其後裔為主幹。從反映文學內容特色的角度而言，由於臺灣漢詩詩社長期存在於臺灣社會，因地緣因素，詩社的作品往往能呈現臺灣各地的自然及地理人文等特色。如連橫於《臺灣通史‧藝文志》中曾提及：「夫以臺灣山川之奇秀，波濤之壯麗，飛潛動植之變化，可以拓眼界，擴襟懷，寫遊蹤，供探討，固天然之詩境也……皆可誦也。」

　　苗東地區重要漢詩詩社，以栗社的影響力最為重大，詩友作品之質量亦最為可觀；苗栗縣重要文學研究學者王幼華先生曾如此描述栗社之活動及影響力：「栗社後成為本縣歷史最悠久，影響最大的詩社。」[1]

　　而從上述臺灣漢詩詩社作品反映活動地區之鄉土特色角度觀察，栗社詩友作品具有豐富的苗栗地方風土特色，此與栗社之成立與發展意義有密切關係。

* 本文原刊登於《仁德學報》，2011，8 期，頁 167-183。因收錄於本專書，略做增刪，謹此說明。作者曾絢煜現任仁德醫專幼保科專任講師及客家研究中心活動組長。
1 莫渝、王幼華：《苗栗縣文學史》，苗栗縣立文化中心，2000 年，頁 200。

《栗社詩集》記栗社之成立：

> 溯自我栗社當創設時，諸社友咸謂此乃地方文教上最爲必要者，不
> 可不爲援助也。以是向學而來者有之，慕義而來者有之……誠我苗
> 之幸福也。[2]

則栗社之創立，乃是苗栗地方有志文人藉詩社集會，期以維持苗栗當地文風傳統於不墜。

而觀察栗社之發展歷程，從栗社在苗栗當地活動時間及影響面向視之，自民國 16 年（1927）創社始，至民國 86 年（1997）改制為苗栗縣國學會止，栗社在苗栗地區是為長期活躍之漢詩詩社團體。

參與栗社詩友人數，《苗栗市志‧藝文篇》記「一百三十餘人」，《苗栗縣文學史》記是 106 人，[3] 而民國 19 年（1930）出版之第卅一回《栗社詩集》則記有：「……以是向學而來者有之，慕義而來者有之，凡得去成者，百有餘人，百餘人。」[4]

可知栗社自民國 16 年創社至民國 19 年止時之社員人數，詩友已多達百餘人，栗社之影響力及活躍程度可見一斑。栗社定期集結並出版詩友集體創作漢詩作品集《栗社詩集》，從遺留下來今日可知的《栗社詩集》自第 21 集至 101 集為止，就已近百集之詩集，作品數量極為可觀。

---

2 吳頌賢謄錄：栗社詩集《第三十一回端陽競渡歌詩集》，苗栗：栗社，1930 年 8 月 25 日。

3 參苗栗市志編纂委員會編，黃鼎松總編：《苗栗市志‧藝文篇》，苗栗市公所，1998 年 2 月 20 日，頁 719。以及莫渝、王幼華，著：《苗栗縣文學史》，苗栗縣立文化中心，2000 年 1 月，頁 203。

4 引吳頌賢謄錄：栗社詩集《第三十一回端陽競渡歌詩集》，苗栗：栗社，1930 年 9 月 1 日。

　　參與栗社之作家，除臺灣文學史上重量級且與苗栗一地淵源深厚之作家吳濁流外，尚有苗栗一當地重要漢詩作家謝長海、賴江質、劉淦琳、陳俊儒、至今活躍於苗栗文史界賴江質之子賴松峰等人，除集體創作的《栗社詩集》外，個人漢詩創作品亦甚為豐富，如賴江質、劉淦琳等皆有個人漢詩創作品集結出版。

　　此外栗社主要成員皆是對苗栗一地之政經、社會、文教深具影響力之成員，如仕紳黃運寶昆仲、名儒彭昶興、邱雲興、地方名士吳頌賢、謝長海等，一呼百諾的效應之下，極盛時期除網羅苗栗一地有志之士外，影響力甚至涵蓋苗栗臨栗近地區之新竹、臺中等地之文友來唱和。

　　因此無論從栗社發展脈絡及詩友作品與苗栗地方皆有深厚關係視之，探討栗社詩友作品有關苗栗地方特色之漢詩創作，對觀察苗栗一地之文學發展具有相當之意義，而栗社詩友作品創作面向，除漢文化的影響之外，大量表現了苗栗在地風土人情特色。

　　本文探討栗社有關苗栗地方特色之漢詩創作，即以栗社詩友以苗東地方風土及客家人文等研究面向為論述主體。研究方法除文獻查考，尚配合田野調查所得資料佐證，期使本文研究更加完整，文獻資料日治時期有關栗社一手資料，計有筆者透過苗栗縣立文化中心的協助，訪得栗社書記吳頌賢之孫，吳洋明女士，承其借閱所珍藏的《栗社詩集》，此一史料的收集，為本文研究提供詳細的資料。

　　戰後栗社集體創作一手資料則經由栗社書記楊兆龍先生之子楊國鈞先生提供資料，栗社社友陳毓琳先生之子陳運棟先生所編集，栗社於民國 34 年（1945）後之活動紀錄，《栗社擊缽吟存稿》共三冊，係手抄及影印其他刊物有關栗社活動之資料，現存於苗栗縣立文化中心。亦蒙文化中心允借，增益本文戰後栗社集體創作之研究。

　　而苗栗縣重要文史研究學者陳運棟先生長期浸淫於地方史料之編纂,其對栗社研究亦著力甚深,如其存於苗栗縣立文化中心手稿《栗社詩選・苗栗之美・詠我故鄉》一書,係將《栗社詩集》中有關苗栗地理、形勝之詩作集錄,並附作者傳略,資料詳盡完整,蒙陳先生首肯借閱,對本文之研究助益甚深。

　　其他一手資科如筆者於田野調查搜集如栗社社長賴江質先生之子,賴松峰先生借閱筆者其手搞〈栗社一甲子簡介〉,對本文之研究補助甚大。

　　其他文獻資科地方志如《苗栗市志》、《苗栗縣志》、《西湖鄉志》、《頭份鎮志》、《頭屋鄉志》、《頭份鎮志》、《公館鄉志》、《苗栗縣文學史》等。

　　文獻及原始資料不足之處,則藉由訪談社友之田野調查,透過查訪社友後裔及友人方式,如老一輩社友賴松峰先生、栗社社親友如黃俊雄、筆者父親栗社友劉熙春後裔苗栗地方耆老曾九連先生,(兩者為姻親關係,劉熙春之胞弟為筆者父親之姨丈)與栗社等葉元洪先生等,藉由口述資料補充之。

　　研究進路以栗社詩友與時代及苗栗當地社會的關係等外緣研究起始,進而探討作品所呈現之苗栗在地文化特質,觀察作品創作面向,分從:「苗栗著名景觀」、「苗栗風土人情及地方生活」等研究面向探討之栗社詩友作品,期透過本文研究,以了解栗社詩友作品有關苗栗鄉土漢詩創作主題之特色為何。

二、栗社成立發展過程及詩友背景與苗栗地方關係之探討

　　栗社成立蓬勃於日治時代,詩社作品繼承漢詩創作系統,參與社員以臺灣漢人為主,多為苗栗當地客家族群,探究其發展變化與時代變遷,社員文化背景為漢文化及客家文化,及當地文教、社會之客家族群領導階層有密切關聯。

　　從文獻查考及田野調查資料所得,栗社成立的動機,是苗栗地方文人欲藉詩社集會,維持當地傳統文風,此與當時為日人統治臺灣的時代變化有關,也與漢文化中強烈的民族意識,客家文化注重子弟教育之價值觀傳統有關。

　　栗社成立於民國 16 年（1927），時為日人統治臺灣第 32 年，日人治臺在文化上是以同化臺灣百姓為目標，使臺灣人民成為日本帝國之順民，達到政治上統治的目的，從文獻紀錄及日人治臺遺留之文件得知，可知當時日本治臺領導階層是計畫性的消滅臺灣的漢文化及民族意識。

　　出生於日治時期臺北的日人尾琦秀樹，曾對日治時期日本當局治臺的心態提出反省：「五十年的日本統治，一言蔽之，是假借一視同仁、日臺同化的精神教育，將經濟、社會的差別狀態掩飾、並削弱島民抵抗的意志，或以利誘欺騙，而把他們塑造為順從的『皇民』的歷史。」[5]

　　因此日治時期全臺各地漢人，紛藉日當局未全面禁止漢詩之前提下，創立詩社，期保留漢文教育，栗社社長之一胡東海曾記當時情景：「日人統治臺灣，禁讀漢文，唯詩詞不禁」[6]苗栗地方客家族群後裔的有志之士，如彭昶興、吳頌賢、黃運寶等人，在憂慮斯文將喪的前提下，乃倡立栗社，召聚當地文友，期藉詩社運作之相互學習，用以延續漢文教育，從栗社總幹事賴松峰記敘栗社發展的手稿〈栗社一甲子簡介〉，可以清楚觀察栗社成立與苗栗地方文風脈絡的關係。

　　賴松峰是苗栗漢詩重要作家亦為栗社社長之一賴江質之子，資料所得秉承其父長期活躍於栗社，社友人脈深厚，長輩故舊交遊廣闊，栗社活動所知詳盡，〈栗社一甲子簡介〉所記是為第一手資料：

> 山城苗栗，道光以來，文風蔚起，人才輩出，文藝之盛，不亞於臺
>
> 灣其他地區，苗栗的劉獻廷、謝錫光、謝維岳、劉少拔、謝錫朋，

---

5 尾崎秀樹：〈戰時的臺灣文學〉，發表於 1961 年日本《文學》雜誌。今蕭拱中譯，收錄於王曉波編：《臺灣的殖民地傷痕》，臺北：帕米爾書店，1985 年 8 月。
6 胡東海：〈栗社緣由〉，《栗社詩集》第一輯，1996 年，頁 1。

頭份有張維垣、黃鑲雲，後龍的杜式珪，銅鑼的吳子光、丘逢甲、曾肇禎等人，都是個中佼佼者。

光緒乙未年（公元一八九五年），日人佔據臺灣後，極力推廣日本文，對中華文化多加迫害廢禁，地方文人雅士，紛紛建議倡設詩社，藉託吟哦，宣洩懷念故國情懷，企盼藉此延續祖國文化。當時苗栗縣區先後設立之詩社有苑裡的蓬山吟社，苗栗的栗社，竹南的南洲吟社，薰洲吟社，以及後龍的龍珠吟社，其中以栗社創立最早……鈰音不絕，成績斐然，最為山城文人仕紳雅士所稱頌。公元一八八九年，光緒十五年，苗栗縣知事林桂芬及地方宿儒請設英才書院，院址設於文昌祠，院長為苗栗縣宿儒謝維岳擔任……日本據臺，廢除書院，轉為日式教育。

英才書院廢止後……已故苗栗名儒彭昶興，拓墾家黃南球子弟黃運寶、運元、運和兄弟，好友名儒等組成吟哦雅集，倡始於民國初年，當時倡立的宗旨，主要是不滿日人禁止臺灣人學習漢文，地方仕紳雅士有鑑於此，紛紛加入，藉託吟哦，以延續祖國文化。……一時盛況空前，山城詩風丕振。……[7]

　　從記錄中可了解栗社同人欲以鈰音延續漢文化之使命，在當時日人異族統治下，栗社友因漢民族意識與對大陸原鄉之文化認同感情之故，欲藉吟詩寄託故國情懷而創立栗社的緣由。

　　而栗社友冀栗社成為教育苗栗地方後學之所，除與漢文化重視文教的影響外，與栗社所在之苗栗地區為大量客家族裔，重視子弟教育之傳統亦有關係。

---

7 賴松峰：〈栗社一甲子簡介〉，手抄稿，賴松峰先生珍藏。

　　臺灣客家原鄉，多分布於即今中國廣東省，清稱嘉應州、惠州府、潮州府一帶。[8] 此地多山，居民生活不易，欲子弟出人頭地，接受教育求取功名是一途。[9] 另一方面，客家人自五胡亂華起，即自中原長期遷徙，避兵災、戰禍，重子弟受漢文教育，是為充實其競爭生存之能力。[10]

　　從栗社社友多為中國大陸客家重鎮廣東客家移民後裔之背景分析，栗社社員以身為客家後裔，則栗社所在之苗栗地區，為臺灣客家移民之重鎮。

　　如社長之一彭昶興、社友彭松壽為廣東省陸豐縣人，徐何木水祖籍則是廣東鎮平，重要領導者栗社書記吳頌賢、臺灣重量級作家栗社友吳濁流、社長之一賴江質、社友李均郎等，皆是來自臺灣客家移民之大本營——嘉應州，所操持之客家母語，主要是嘉應州屬的梅縣、興寧、五華、平遠、蕉嶺合稱為「四縣五屬」的四縣腔客家方言。[11] 客家移民所祀奉之三山國王守護神，士子所崇奉之文昌帝君，亦皆從大陸原鄉分香而來。[12]

　　栗社友之來臺祖，多來自今中國大陸沿海之廣東一帶，其文化自承中原之華夏文化，包括生活方式、習俗、語文、信仰等，與大陸原鄉有割不斷似臍帶般的血緣關係。栗社詩人賴江質，對其故鄉苗栗及客家文化有豐富之創作，從其作品中，可看出栗社社友身為大陸移民後裔，對原鄉血濃於水的深厚孺慕感情。[13]

---

8 陳運棟：《客家人》，臺北：聯亞出版社，1978 年，頁 115。
9 同註 8，頁 386。
10 同註 8，頁 386。
11 陳運棟：《客家人》，臺北：聯亞出版社，1978 年，頁 149。
12 謝重光：《客家源流新探》，臺北：武陵出版社，1999 年，頁 192：「三山國王是今日粵東民眾，包括移民臺灣和東南亞的粵東人共同信仰的神祇。……到了宋代，三山神信仰卻被粵東客家人或客家先民接過來……演化為自然崇拜與英雄崇拜相結合的三山國王神，而為粵東客家……以及客家和福佬的海外移民……共同信仰。」
13 賴江質著，黃鼎松編：《綠水閒鷗集》，苗栗：苗栗縣立文化中心，1993 年 6 月。

　　苗栗地區，地理環境和原鄉相似，也承繼客家文化重子弟教育之傳統，而居地方領導中心者，自然肩負教育地方後學的責任。

　　從栗社創設者之背景分析，當可對此有更明確之了解。栗社首社長彭昶興，首任書記吳頌賢，顧問鄒子襄，第二任社長黃運寶，其弟黃運和、黃運元等社友，皆是當時地方上的領導人物。

　　彭昶興（字苑香）、鄒子襄，皆是地方宿儒。具文獻記載，彭昶興曾出面協調苗栗地方上難解的稅收問題，使其獲得解決，由此可見彭氏在當地的名望及地位之崇高。彭氏也曾協調文昌祠學產之事，若非德高望重者，則無力介入其中，協調地方之事。[14]

　　吳頌賢之父吳慶才，為地方名儒。吳頌賢隨其父，一直於文昌祠承繼地方子弟教課之業。[15]而黃運寶昆仲，則為地方仕紳。黃氏家族在苗栗開發史上，佔有重要的地位，其家族開發苗栗地區，甚至遠達苗栗今獅潭、南庄遠地區。[16]黃氏兄弟之漢學教育，則師承苗栗著名儒者黃仲明。[17]黃氏兄弟不僅於地方經濟、社會，亦是當時文化勢力之核心代表。

　　吳頌賢曾自述其為栗社首任社長彭昶興，委託任栗社之時，聞彭氏讀聖賢之書，開聖賢之教一語：

---

14 黃鑫松：《苗栗文昌祠》，苗栗：苗栗縣立文化中心，1998年6月，頁7。

15 吳頌賢教課事蹟見吳頌賢謄錄：栗社詩集《第三十三回苗栗街處女會員冒雨夜學詩集》，苗栗：栗社1930年11月9日；黃鼎松編：〈苗栗市誌‧人物篇〉，苗栗：苗栗市公所，1998年2月20日，頁861。文化中心，1998年6月，頁7。

16 黃南球開拓事蹟見曾桂龍總編：《獅潭鄉志開拓篇》，苗栗：獅潭鄉公所，1997年6月20日，頁68-7。

17 黃鼎松：《苗栗文昌祠》，苗栗：苗栗縣立文化中心，1998年6月，頁106：「黃仲明……晚年為黃南球家西席，教其子黃運寶、運元兄弟叔姪……」。

幡然有感，想人生求富有命，求名在志。夫富者，爲子孫安逸之計，
名者，爲身後猶留之謀。輕重之別，不可不愼，遂強任之。[18]

吳氏任職後，盡心維持詩社，提昇地方文風，而尤其自述過程之艱辛：「回
思昔日膏粱美味，今則飯糗茹草，固所願也，又何怨乎」。

栗社社友張集興於民國 21 年（1932）舊曆 8 月初 3，於栗社總會席上發
表之演說紀錄：「本栗社過渡時期，迨一、二年，文昌祀典有力接濟之日，自
可順遂推行，成一地方文化機關，永遠繼續，雖不比雄圖大業，而興觀群怨，
名教綱常，莫不由是而生。……」[19]張集興以 60 餘高齡加入栗社，自敘是為
繫地方文風，使「青年後輩，共登禮樂之門」。

而栗社書記吳頌賢於《栗社詩集》第四十七回所刊載之〈辭職感言〉，則
詳實記述栗社創設者彭昶興倡導栗社，使地方後學可繼續接受漢文教育的苦
心：

昭和二年，蒙前社長苑香先生，乃以栗社書記相招，鄙人固推之再
三，先生竟招之再○，謂余曰：予年已六十餘矣！倡詩社，無非爲
地方後學計也。目今日佛教盛行，聖道寂寞，豈聖道不如佛教之美
耶？非也，蓋老佛有徒，聖人無後耳。予等讀聖賢之書，不能開聖
賢之儒冠矣！何況他人乎！[20]

從《栗社詩集》所記，栗社創社後，其組織、經費、運作，可知完整且良好，

18 吳頌賢謄錄：栗社詩集《第四十七回龜山晚眺詩集》，苗栗：栗社，1932 年 9 月 24 日。
19 同註 18。
20 同註 18。

而栗社歷任社長及書記，運用其對苗栗當地社會的影響力，結合地方資源，努力經營栗社。據《栗社詩集》所記，栗社對社員入社僅要求其認同詩社宗旨，對社友條件並無嚴格限制。[21]

從上簡述可知，栗社之創設者，不僅於苗栗地方漢學代表人物，亦是地方社會領導中心，日人消滅臺灣的漢文化，是斷栗社友文化之根，栗社友面對自身文化被滅絕之恐懼，在情感上自歸向孕育其文化母體之中國文化，成立栗社欲藉同好吟詠互通聲息，其創設栗社，秉承客家族群重視教育的傳統，自有作為地方子弟楷模，引領後學學風之使命感。

栗社成立後，從《栗社詩集》之紀錄可知，組織完整，有社長、副社長、書記、幹事等職。任社長者，俱為栗社社友詩才顯著，亦為苗栗一地名望之士，具年高德劭、凝聚社友力量等能力，成為栗社象徵人物及帶頭力量，因此能突破日治時文網密布之限制，使栗社不斷發展。[22]

而栗社之經費來源，與苗栗當地社會文教、宗親組織緊密契合，除社員繳交之會費外，與栗社淵源甚深之文昌祠捐款亦佔經費之大宗，第四十七回《栗社詩集》（1932）即記彭昶興敘文昌祠補助栗社經費情形：「予年已六十餘矣，倡設詩……且文昌祠財產豐足，必有餘資，可以維持。」[23]

---

21 吳頌賢謄錄：《第三十一回栗社詩集》，苗栗：栗社，1930 年。

22 栗社歷任社長為首任彭昶興、第二任黃運寶、第三任社長為邱雲興、第四任社長為謝長海、第五任社長為賴江質、第六任社長為胡東海，皆是地方名望之士，詩才亦為栗社中佼佼者。資料來源：《第二十一回栗社詩集》。彭賢權、劉統坤等編之《苗栗縣志‧文化建設‧藝文篇》臺灣省苗栗文獻委員會，1972 年 7 月。胡東海、劉淦琳、陳俊儒編集：《栗杜詩集第一輯》，1996 年 11 月。胡東海：〈苗栗縣國學會沿革〉、《國學季刊》創刊號，2000 年 3 月。

23 文昌祠和栗社的淵源匪淺，栗社社友多人和文昌祠有關，《第四十七回栗社詩集》曾記：「文昌祠與栗社不即不離，廟守一律與書記兼辦。」社友鍾建英、湯仕路，江欽火亦曾整頓文昌祠務，訂立「苗栗文昌祠祀典管理規約」，任首屆管理委員。而〈苗栗文昌祠祀典管理規約〉第四條亦記：「本祀為文運昌明起見，其每年所入

　　除上述外，栗社之經費來源也與客家地區重要信仰中心義民廟，及客家族群重視之祭祀祖先聚集地之祠堂如湯家祠等異常捐助栗社，[24]考察《栗社詩集》等文獻資料，可知栗社深受苗栗地方人士重視，才能收到祠廟等信仰中心捐款發展詩社活動。

　　至第三十一回《栗社詩集》（1930）所記，時社員已近「百有餘人」龐大規模，從《栗社詩集》之資料分析觀察，栗社之領導者，確實盡力使栗社發展朝向普及化之方向發展，致力達到延續苗栗地方文風之創社宗旨。

　　而從栗社成員背景分析，與苗栗當地社會之人情、親誼、地緣有密切關聯，從社友居住地分析，栗社大抵以社址文昌祠附近之社友為主，擴充至今苗栗市南、中、北苗等區，再由苗栗市擴大今苗栗縣各鄉鎮，甚至鄰近苗栗之新竹、臺中地區之亦有文友加入栗社。[25]而社友之間存有綿密深厚的人際關係，如血親、師生、姻親、友人，互邀入社，或受推薦入社，不但擴大栗社規模，因社友彼此的交情，亦強化對栗社的向心力，增強詩社的活動力。

　　而從栗社友的職業分析，則反映了苗栗開發、居民生活型態及民風。[26]栗社友黃運寶昆仲之父黃南球，入墾苗栗一地之獅潭、南庄、大湖、泰安等偏遠地區，成為墾首致富，爾後成當地經濟社會的重心。黃氏兄弟以其家世和漢學根基，成為支持栗社的重要力量。

　　租穀各款，凡有益於文學之事，俱得由管理人從中設法支為應用，但百元以上須與評議員議決施行之件。」（見黃鼎松：《苗栗文昌祠》，苗栗：苗栗縣立文化中心，1998 年 6 月，頁 7。）由文獻可如栗社乃是以文昌祠經費補助為創社根基發展起來的情形。

24 《第卅七回栗社詩集》記苗栗義民廟寄附 50 元。《第八十七回栗社詩集》記修文祠寄附 25 元。《第九十六回栗社詩集》記湯家祠寄附 20 元。

25 見表 3。

26 見表 2。

而栗社友多務農從事小成本的商業活動，從事公教職亦多，此因苗栗資源不豐，從事公教者，生活安定，其次與苗栗客家地區民風保守，重視教育以光耀門楣之社會傳統有關。[27]

栗社至民國 26 年（1937）中日戰爭爆發，日當局屬行皇民化運動，禁臺人使用漢語而停止活動，而臺灣光復後，因戒嚴令禁止集會，栗社一度無甚公開活動，民國 86 年改制為苗栗縣國學會，除漢詩外擴增其他創作：如書法、繪畫等項目，仍延續發揚漢文化為主之創社目的，而隨時代變遷，已成文人雅集之集會。[28] 後期栗社友如賴江質、劉淦琳、賴松峰、陳俊儒等，以其個人長期與苗栗一地的深厚淵源及活躍於地方傳統文壇，對苗栗一地的漢詩文風影響甚深。觀察栗社自創社至改制為止的發展，確是影響苗栗一地漢詩創作最深的詩社！

而栗社與苗栗一地的詩社淵源，據《苗栗縣文學史》之記載，苗栗地區最早的詩社活動是清光緒 23 年（1897），苗栗苑裡的蔡啟運與彰化鹿港的許劍漁發起的「鹿苑吟社」，以地為詩社名。爾後有天香吟社之創社，此為純是苗栗人士發起之詩社，由地方名儒彭昶興、吳頌賢、湯慶榮，於苗栗文昌祠（原英才書院）聚會唱和，黃運寶、運和、運元昆仲贊助之。

栗社則於民國 16 年（1927），由彭昶興、鄒子襄、黃氏兄弟發起創社，初創社員多為天香吟社成員，主要目的是為延續日人禁止的漢文教育。此後活動不斷，社員多達一百多人，主要活動地區為苗栗地區。王幼華曾如此描

---

27 見表 2。

28 民國 86 年（西元 1997 年）5 月 20 日，栗社改制為「苗栗縣國學會」。公推竹南詩友亦為苗栗重要漢詩作家陳俊儒擔任首屆會長，原栗社社長胡東海「因年事已高」，則擔任榮譽會長一職。除原有漢詩創作外，另增書法、繪畫，每三個月發行季刊一次。陳俊：〈苗栗縣國學會創辦季刊之緣起與說明〉，《國學季刊》創刊號，2000 年 3 月。

述栗社之活動及影響力：「……栗社後成為本縣歷史最悠久，影響最大的詩社。」²⁹ 蓋栗社成員不少成為苗栗其他詩社之主要推動或創社者。

　　但本文論述主體著重在栗社集體創作之日治時期《栗社詩集》及戰後《栗社擊缽吟存稿》，因此有關這方面之論述留待後續本人有關栗社研究再討論之。

三、栗社之苗栗鄉土漢詩創作主題探究

　　如前所述栗社發展與苗栗一地社會之開發、文教、信仰、領導階層皆有密切關係。而栗社詩友多來自臺灣客家族群聚居之重地苗栗地區，因地緣關係，自日治時代，苗栗一地鄉土性題材即是栗社創作重心，以下分從「苗栗著名景觀」、「苗栗風土人情」等研究面向探討之栗社詩友作品。

　　本文論述栗社之苗栗鄉土漢詩創作主題，著重在栗社集體創作之日治時期《栗社詩集》及戰後《栗社擊缽吟存稿》，另外以栗社重要詩友亦是社長之一的賴江質作品集分析。本文之有關「鄉土」一詞，是著眼於栗社友多與栗社所在地苗栗有深厚地緣及生活經驗之研究視域出發，從筆者所蒐集之資料分析，分析栗社友創作詩題中苗栗一地之山水形勝及風土人情，此為本文論述重點。與本文之所述之「故國之思」不同。

　　本文之所述「故國之思」是指日治時期日人壓抑漢文化，臺灣漢人於傳統漢詩表現對中國原鄉中漢文化之濡慕與文化認同之作品，栗社詩友有關「故國之思」的漢詩創作從筆者蒐集之資料為數甚多，但不在本文論述之列。以下就已上述「栗社友與栗社所在地苗栗深厚地緣及生活經驗之研究視域」，分析栗社友創作詩題中有關苗栗一地之山水形勝及風土人情之創作。

---

29 莫渝、王幼華：《苗栗縣文學史》，苗栗：苗栗縣立文化中心，2000 年，頁 200。

（一）栗社以苗栗著名景觀為創作主題詩作探討

　　栗社詩友集體創作詩題中，許多是以苗栗山、水景為題，表現了栗社友關愛及珍惜斯土的濃厚情感。這部分的作品自日治時期至戰後皆有，茲舉整理詩題如下：日治時期有〈龜山晚眺〉、〈礦山噴火〉、〈將軍山〉、〈九日登象山〉、〈雙蜂插漢〉、〈大洞即景〉、〈虎嶼觀潮〉、〈龍潭泛月〉、〈龍江帆影〉，戰後則有後〈墨硯吞雲〉、〈福星山展望〉、〈龍溪垂釣〉、〈獅山消夏〉、〈明德水庫泛舟〉等。

　　苗栗是著名的山城，境內山多平原少，地勢東高西低，山地面積占全縣面積五分之二以上，境內的山岳勝景甚多，栗社友常以山景為題進行聯吟，如〈雙蜂插漢〉是描繪苗栗八景之一的雙峰山，雄偉的山勢及清幽的景色。〈礦山噴火〉則以產石油之礦山為題，詳敘其壯麗山景及礦山特產──石油火燒的奇景：

　　如椽兩筆插晴空，天地精華萃此，造化鍾靈時吐露，古今難辨孰雌雄。
　　　　　　　　　　　　　　　　　　　　　　〈雙峰插漢〉‧羅吉堂

　　羽翼高張勢不窮，聳峰削得筆如，渾疑龍角參天地，直插晴空入漢。
　　　　　　　　　　　　　　　　　　　　　　〈雙峰插漢〉‧羅吉正[30]

　　礦質本天然，高峰響石泉，火灯光射斗，山色暗迷煙。
　　炎似崑崙下，燒疑赤壁巔，名區多勝蹟，過客望流連。
　　　　　　　　　　　　　　　　　　　　　　〈礦山噴火〉‧邱炳秀

---

30 同註28。

南遶鍾旺氣，噴火自天然，遠望星光接，旋看地勢連。

風來猶吐焰，雨過尚騰煙，富有硫黃礦，允堪八景編。

〈礦山噴火〉・鍾阿坤 [31]

　　苗栗左方為臺灣海峽，故哥哥社友有〈虎嶼觀潮〉、〈漁港晚眺〉等集體詩作。境內有幾條主要河川穿過，其中後龍溪在苗栗市的東北方形成一潭，名曰龍潭，以泛舟賞月著稱，故栗社亦有〈龍潭泛月〉創作：

而散策虎岡眼界開，秋潮一望正瀠洄，千層雪浪兼天湧，萬疊銀山接地來。激彼沙屯疑白馬，憾他苑裡訝春雷，何殊電掣金蛇怒，看到黃昏未忍回。　　　　　　　　〈虎嶼觀潮〉・湯雲生 [32]

櫓聲帆影認歸漁，一片殘霞落日初，水際連天看隱約，有人泛宅傍江居。　　　　　　　　　　　　　　　〈漁港晚眺〉・蔡樹 [33]

後龍溪畔北坑頭，賞月搖船憶舊遊，潭印銀蟾千頃浪，風吹鐵扇一天秋。短篙進水橈聲急，修竹凌空桂影浮，醉伴嫦娥舷上臥，清光滿載任飄流。　　　　　　　　　　〈龍潭泛月〉・張添增 [34]

　　《栗社詩集》中分量最重之《第四十七回龜山晚眺詩集》則以苗栗著名景

31 吳頌賢謄錄：《第六十五回月夜聞杜鵑、礦山噴火栗社詩集》，苗栗：栗社，1934年8月28日。

32 吳頌賢謄錄：《第六十九回賞菊、虎嶼觀潮栗社詩集》，苗栗：栗社，1935年1月1日。

33 吳頌賢謄錄：《第八十八回蔗境、畫梅栗社詩集》，苗栗：栗社，1937年2月15日。

34 湯阿添謄錄：《第九十三回石枕、龍潭泛月栗社詩集》，苗栗：栗社，1937年10月9日。

點龜山為題，淋漓盡致表現龜山附近的景觀及田園景色：[35]

> 黃昏綠樹映霞紅，絕頂憑臨眼界空，龜鎮南方龍鎮北，鳳鳴西嶺鶴
> 鳴東，鐘聲斷續催斜日，笛韻悠揚弄晚風，一幅天然山水景，幾疑
> 身在畫樓中。（鄒錦福）
>
> 輕羅兩袖任風飄，散步龜山洒一瓢，南拱雙峰連疊嶂，北排五指接
> 重霄，搖鞭牧童歸途急，罷釣漁人去路遙，嶺樹層層含落日，殘霞
> 隱約罩長橋。（賴江質）
>
> 龜嶺頻望感何依，一片江山夕照微，迢遞峰巒餘落日，蒼茫天地只
> 斜暉，尋巢島雀紛紛亂，逐利人車漸漸稀，惟有老農勤且勉，徘徊
> 隴上未曾歸。（邱雲蜂）

　　龜山在今苗栗市南方，公館交流道附近，為流貫今苗栗市、公館鄉、銅鑼
鄉等鄉鎮之後龍溪，在苗栗丘陵東緣形成的縱谷地形。在龜山山頂俯視，南有
「雙蜂凌霄」盛譽的雙峰山，北有以泛舟賞月著稱之龍潭，西有鳳嶺山，東南
有五鶴山，前則為墨硯山、出磺坑一地，周圍皆是名山勝景。

　　栗社詩友鄒錦福形容龜山形勝山水連合，今人「幾疑身在畫樓中」。而賴
江質則刻畫龜山夕照時的田野佳景，殘霞長照龜山旁的大橋，橋下後龍溪滾滾
而去，牧童、漁子悠然而返。邱雲蜂則描述龜山附近以農業為主的當地生活型
態，夕照中老農身影徘徊，映照蒼茫暮色，龜山附近田園景色在詩作中盡收眼
底。

---

35 吳頌賢謄錄：《第四十七回龜山晚眺栗社詩集》，苗栗：栗：1932 年 9 月 24 日。

除了苗栗各地景觀形勝，日治時期因有異族統治，感懷山河變色的時代因素，栗社友也承襲中國文學借景抒情的技巧，在描述家鄉苗栗山光水色同時，作品流露對山河破碎、時代巨變的憤衍，對故國之傾慕情感：

橋通彼岸行人急，堤護良田野叟愁，富士峰高餘夕照，令渠瞻仰感難堪。　　　　　　　　　　　　　　　　〈龜山晚眺〉·趙廷琳

歸客搖舟驚急浪，誰人挾策挽狂瀾，自諳國破山河在，風景依然秀可餐。　　　　　　　　　　　　　　　　〈龜山晚眺〉·陳石財

書生恨少安瀾策，志士空餘破浪舟，莫怪靈胥常怒吼，不堪入目是神州。　　　　　　　　　　　　　　　　〈虎嶼觀潮〉·楊少貞

夜闌市街燈吐焰，○教仕女景爭，來苗我亦頻登此，碑記磨看感不堪。　　　　　　　　　　　　　　　　〈將軍山〉·林玉麟[36]

今苗栗市南苗地區的福星山，日治時日人為紀念日本北白川宮能久親王，在乙未衛臺戰時，率領軍隊攻克苗栗，於此山駐軍，名為將軍山，並建神社、刻碑立於山上。栗社友林玉麟面對這苗栗家鄉好山好水，卻看刻著日軍榮耀、臺民血淚的石碑，「碑記磨著感不堪」，心中的沉鬱，盡在詩句中流露無遺。

戰後栗社有關苗栗景觀系列詩作，則因時代社會變遷，無復上述哀痛作品，而將延續地方漢詩文風志願，借遊覽苗栗山川抒發自勉：

---

36 吳頌賢謄錄：栗社詩集《第四十一回將軍山及第四十三回雁聲詩集》，苗栗：栗社，1931 年 1 月 20 日。

沿途嫩草踏青肥，來謁羅公廟貌巍，北望龍溪帆影臥，南瞻佛寺法
雲飛。

苗城擴建新樓閣，栗社高飄舊幟旍，更上山頭舒老眼，中原落日淚
雙揮。　　　　　　　　　　　　　　〈福星山展望〉‧賴江質

將軍山上認依稀，忠烈祠前綠四圍，半壁河山留故壘，四湖煙水靄
晴暉。雙峰聳翠仙根渺，五鶴嵯峨祿閣輝，極目中興新氣象，文風
飄蕩漢旗旍。　　　　　　　　　　　〈福星山展望〉‧胡東海[37]

　　福星山即日治時「將軍山」，戰後臺灣政府於山上建忠烈祠紀念曾旅居苗
栗田寮（今福星里）的抗日志士羅福星，南有法雲寺，四周有名勝雙峰山、龜
山，要社友登臨，回思此山所經歷史滄桑，自有一番感慨。

　　綜觀此系列詩作以聯吟方式歌詠苗栗鄉土自然，範圍廣闊，涵蓋了苗栗山
線及海線之形勝及自然景觀，為苗栗地方文學留下珍貴紀錄，成為栗社集體創
作作品一大特色。

（二）栗社以苗栗風土人情為創作主題詩作探討

　　苗栗一地發展以農業為主，境內多丘陵適合種茶，苗栗名產有所謂「明德
茶」。苗栗竹南靠海，海邊沙土適合種植西瓜。中港溪及後龍溪匯流沖積成苗
栗河谷平原，適於農耕。境內客家族群聚居，自清代移民至苗栗一地，即以日
出而作、日入而息的田園生活營生。栗社友亦多務農，栗社作品中展現了苗栗
地區春耕、採茶且農忙的農業生活型態特色：

---

37 引自楊子淵輯錄，陳運棟編：《栗社擊缽吟存稿上冊》，苗栗縣立文化中心存，
　2000 年。

祇濕花客未肯狂，霏霏寫景撫瀟湘，一犁煙水田禾足，且護東皇放
海棠。　　　　　　　　　　　　　　　　　〈春雨〉・李德昌

瑤池放下護東皇，愛情嬌梨鬥豔妝，金谷園林沾潤澤，耕鋤欣得此
瓊漿。　　　　　　　　　　　　　　　　　〈春雨〉・李德昌[38]

小隱東山下，躬耕樂自由，肩挑池水潤，手摘菜花幽。繼志三〇學，
藏身一虎丘，能安粗糲飽，食力復何求。　　　〈灌園〉・羅吉堂

一肩誠負重，甘霖久長滋，玉稷離離熟，金瓜累累披。生涯欣自結，
大夢少人知，誰解林泉趣，無煩歲月移。　　　〈灌園〉・羅吉正[39]

四月棟花香，農村婦女忙，山歌日當午，戴笠採茶娘。
　　　　　　　　　　　　　　　　　　　　〈採茶〉吳濁流[40]

竹南海岸沙，處處種西瓜，萬頃煙接，寒村四五家。
　　　　　　　　　　　　　　　　　　〈竹南海濱〉・吳濁流[41]

　　苗栗地區因多山地、丘陵，來往客旅以往多靠行走，長途跋涉，因此，民
眾在山路旁多集資設置茶亭，提供茶水，方便客旅休息及解渴，一解旅途勞頓。
栗社詩作亦以（茶亭）為題，表現了濃郁的地方人情特色：

38 〈春雨〉收於吳頌賢謄錄：《第三十六回早雪詩集》，苗栗：栗社，1931 年 4 月 5 日。
39 〈灌園〉收於吳頌賢謄錄：《第四十四回寒山詩集》，苗栗：栗社，1932 年 3 月 24 日。
40 吳濁流：《濁流詩草》，臺北：臺灣文藝出版社，1973 年 1 月，頁 28。
41 同註 40。

道旁小築可停車，一杓新泉興自舒，借問勞勞趨熱客，息肩到此意何如？（黃運元）

莫誤人家築路旁，龍園貯自滿甌香，往來困渴乘涼處，一飲能教解熱腸。（賴江質）

路旁築屋幾星霜，歷歷行人可避涼，亭裡龍園滋味好，聊將甘露泌詩腸。（楊兆龍）[42]

農村生活依循節氣運轉，臺灣每到梅雨時節，天氣半晴半陰，霧氣深重，此時梅子逐漸成熟，〈黃梅雨〉詩題中，[43] 栗社友生動刻畫了當地農家五月風情：

點滴聲聲煙雨深，熟梅時節半晴陰，滂沱洒到江南地，佇看霏霏一樹金。（楊兆龍）

家家簷下滴聲隆，盡日滂沱逐信風，釀得江南無限景，黃金滿樹白濛濛。（湯雲生）

常民生活中，通俗信仰是生活的重心，栗社友〈迎儺〉[44] 詩題中則表現苗栗當地百姓祈求神靈，保佑平安消災的心境：

---

42 同註 40。

43 〈黃梅雨〉收於吳頌賢謄錄：《第六十四回黃梅雨、鍾子期聽琴詩集》，苗栗：栗社，1934 年 7 月 21 日。

44 吳頌賢謄錄：《第六十二回迎儺、楊伯起辭金詩集》，苗栗：栗社，1934 年 5 月 21 日。

一年定數有三迎，禮制儺○古道成，齊獻心香虔意候，疫驅教盡現
清平。（黃春亮）

揚鼓聞響連天，納福驅邪送舊年至，聖當初朝服日，安宗慰祖立階
前。（湯雲生）

　　除生活、節氣、信仰，栗社亦以節慶如端午、除夕，描繪苗栗地區居民慶
祝節日、祈求闔家團圓，平實勤懇的常民生活哲學：

天中節，歌一闋，韻非陽春，音非白雪，若慕曹娥之孝思兮，若昂
屈原之忠烈，妹飛○於江上兮，布橃船於水臬，朱旗颯颯兮，整隊
成列，畫鼓鼕鼕兮，聲響不絕，便娟舞袖，奪罷錦標方徹，飄颻歌
聲，歸來蒲酒正熱。　　　　　　　　吳頌賢・〈端陽競渡歌〉

馬齒添來莫怪頻，明朝泰又轉鴻鈞，年終一事稍堪慰，幸喜門無索
債人。　　　　　　　　　　　　　　江欽火・〈除夕〉[45]

　　而賴江質因終生居住苗栗，以深入苗栗各鄉鎮之體驗，用客觀的寫實手
法，描寫苗栗的風土人情，充滿濃厚的地方特色，其創作可說集苗栗鄉土特
色之大成。如曾以苗栗各鄉鎮地名為題材，作〈苗栗十八鄉鎮市歌〉，[46] 將苗
栗十八鄉鎮名嵌入詩作，充滿了在地地理特性及地方特色：

---

45 吳頌賢謄錄：《第五十二回除夕、馬嵬坡詩集》，苗栗：栗社，1933 年 4 月 8 日。
46 引自賴江質著，黃鼎松編：《綠水閒鷗集》，苗栗：苗栗縣立文化中心，1993 年 6 月，
　頁 46。

通宵三義大湖遙，路隔獅潭想造橋，浴罷泰安公館宿，卓蘭苑裡惹魂銷。

三灣頭份竹南連，景寫南庄雁寫天，苗栗後龍頭屋抱，銅鑼敲破西湖煙。

　　賴江質甚至以地方特產、家鄉建設及地方人物入詩，用字貼切，充滿了鄉野趣味，如〈謝家兩代連登百歲婆〉寫銅鑼謝家連兩代皆有百歲老人的地方人事，寫老人愉悅知足、兒孫滿堂的情景，平淡中充滿濃郁的人情：

新營公所造橋鄉，南北橫拖鐵道長，錦水礦場鄰近地，瓦斯猶見噴池塘。　　　　　　　　　　　　　　　　　　　　　　〈遊錦水〉[47]

喜攀紅棗石圍牆，滿樹低垂路兩傍，食過一回知味好，早來棗摘再來。　　　　　　　　　　　　　　　　　　　　　　〈公館摘寮〉[48]

外埔漁民唱晚歸，烏魚滿載願無違，明朝又得寒流到，再向潮頭網一圍。　　　　　　　　　　　　　　　　　　　　　〈寒流捕烏魚〉[49]

兩代連登百歲婆，兒孫孝順著銅鑼，東山絲竹蕉山月，日夜心懷暢樂多。　　　　　　　　　　　　　　　　〈謝家兩代連登百歲婆〉[50]

---

47 同註 46，頁 51。

48 同註 46，頁 58。

49 同註 46，頁 62。

50 同註 46，頁 64。此二人為栗社友謝長海的伯婆與叔母，二人皆享壽 102 歲，為婆媳關係。參黃鼎頌：〈詩情無限話栗社〉，位於《綠水閒鷗集》，苗栗：苗栗縣立文化中心，1993 年 6 月。

　　栗社以苗栗為題的鄉土詩作，是對生長地方的所見所聞，淳樸且富含地方色彩。賴江質有一首膾炙人口在地方成為名作的作品（苗栗頌），可為栗社這系列寫苗栗客庄風情作品留下最好的註腳：

　　血統相傳一家親，謀生勤儉客家人，安居苗栗神仙境，山作圍牆月作鄰。　　　　　　　　　　　　　　　　　　　賴江質‧〈苗栗頌〉[51]

四、結語

　　栗社此一於苗栗地方長期活動之漢詩詩社，社員與苗栗一地關係密切，自日治時期，有關苗栗鄉土性題材即為栗社社友創作重心，這部分作品涵蓋寫苗栗地方山水之美，包括苗栗山線及海線之形勝，成為栗社詩作一大特色。

　　栗社因社員多來自臺灣客家族群聚居之重地苗栗地區，自日治時代，以苗栗地方鄉土性題材即是當創作重心，這部分作品包括：

　　（一）寫以苗栗地方著名景觀為題，寫苗栗山線及海線之形勝、自然景觀。苗栗自清代有八景之說，爾後栗社友賴江質亦有一系列歌詠鄉土自然的作品，為苗栗之名勝景觀留下可貴紀錄，成為栗社詩作之一大特色。

　　（二）寫苗栗風土人情之創作。如苗栗以農耕為主的田園勞動生活，風俗與節令，此部分之詩作，反映了濃厚之苗栗一地地方生活特色：如其田園詩作，表現當地農耕自足，勞動踏實、自樂不屈之精神。也在詩作中流露描述苗栗客家庄風情之作品，如採茶、茶亭、農忙等情景。而賴江質集苗栗風土人情之大成的系列詩作，皆表現了濃厚的地方人情等特色。

---

51 同註 46，頁 46。

　　綜觀栗社此部分描述地方特色之作品，涵蓋苗栗一地之人文、自然、地理特色，為臺灣文學留下了可貴的資產。

參考文獻

《文化建設志・藝文篇》。苗栗：苗栗縣文獻委員會。

王曉波，1985，《臺灣的殖民地傷痕》。臺北：帕米爾書店。

何來美，〈一代詩仙，綠水先生賴江質〉，影印本，賴松峰先生提供。

吳頌賢、湯阿添，《第二十一回栗社詩集至第一百零三回栗社詩集》。苗栗：栗社。

吳濁流，1963，《濁流千草集》。臺北：集文書局。

林士偉，1968，《苗栗縣志・地理志・地理篇》。苗栗：苗栗縣文獻委員會。

胡東海，1995，《荔園拾耕》，胡東海先生珍藏。

_____，2000，〈苗栗縣國學會治革〉。《國學季刊》，創刊號，1。

胡東海、劉淦琳、陳俊儒，1996，《栗社詩集》第一輯。苗栗：栗社。

張添增，1995，《維中詩稿（上、中、下冊）》，影印本，盧秀珍女士珍藏。

陳俊儒，2000，〈苗栗縣國學會創辦季刊之緣起與說明〉。《國學季刊》，創刊號，1。

陳運棟，《中國詩文之友栗社擊缽吟存稿》，影印本。苗栗：苗栗縣立文化中心。

_____，1978，《客家人》。臺北：聯亞出版社。

_____，1980，《頭份鎮誌・人物篇》。苗栗：頭份鎮公所。

_____，1997，《西湖鄉志・人物篇》。苗栗：西湖鄉公所。

彭實權、劉統坤等，1972，《苗栗縣志》。苗栗：苗栗縣文獻委員會。

曾桂龍總編，1997，《獅潭鄉志》。苗栗：獅潭鄉公所。

黃鼎松，1992，《我們的家都苗栗・史地篇》。苗栗：苗栗縣政府。

_____，1996，《頭屋鄉誌・人物志》。苗栗：頭屋鄉誌編輯委員會。

＿＿＿＿＿，1998，《苗栗文昌祠》。苗栗：苗栗縣立文化中心。

＿＿＿＿＿，1998，《苗栗的開拓與史蹟》。臺北：常民文化公司。

黃鼎松編，1998，《苗栗市誌》。苗栗：苗栗市公所。

楊子淵、陳運棟，《栗社擊缽吟存稿上、中、下冊》影印本。苗栗：苗栗縣立文化中心。

劉淦琳，1995，《思源隨筆》。苗栗：苗栗縣立文化中心。

賴江質著，黃鼎松編，1993，《綠水閒鷗集》。苗栗：苗栗縣立文化中心。

謝重光，1999，《客家源流新探》。臺北：武陵出版社。

鍾建英，1968，《苗栗縣志・地理志・勝蹟篇》。苗栗：苗栗縣文獻委員會。

表 1：栗社社友的教育背景分析表

傳統漢學教育 50 人	吳頌賢 李保忠 李金泰 李德昌 李祥甫 林文興 胡東海 邱雲峰 涂立興 邱炳秀 徐接升 徐梅錦 徐仁輝 張集興 陳景雲 張春華 賴玉溪 彭昶興 湯阿添 湯新喜 湯仕路 葉際唐 鄒錦福 趙廷琳 劉新基 賴復初 謝長海 謝長龍 羅吉堂 羅阿泉 謝廷湖 羅吉正 羅吉頌 王箴盤 江欽火 鄭秀圃 湯源生 湯雲生 黃棣發 吳均安 顏　世 陳俊儒 楊兆龍 劉阿智 麥榮青 劉肇芳 何登雲 彭阿禮 何允技 劉泰坤
公學校 14 人	徐何木水 葉元洪 邱少崧 徐接興 徐海碧　張添增 陳子文 黃金福 楊阿潤 楊阿古 劉阿生 范添喜 范智遠 朱成玉
國語學校 師範學校 15 人	吳揚安 吳建田 邱雲興 徐定標 徐慶榮 黃運寶 黃運和 黃運元 劉熙春 羅樹生 黃肇基 鄭啟賢 鍾建英 黃玉盛 劉天來

表 2：栗社社友的職業分析表

西醫 4 人	徐炳古 周朝棟 劉發祥 羅阿謹
西醫 6 人	李德昌 邱炳秀 湯仕路 趙廷琳 劉淦金 何登雲
商業 18 人	楊阿潤（藥商）　楊兆龍（藥商）　謝廷湖（米商） 邱雲峰（米商）　徐海碧 徐添喜（漢藥） 邱少崧（米商）　江連漢（建材）　朱成玉（照相） 陳漢初 郭兆才（米商）　陳子文（家具） 黃肇基（肥料）　賴江質（布行）　吳頌賢（洋服店） 羅吉堂 鄭秀圃 黃棣發
政治人物 3 人	賴江質 張添增 鍾建英

農業 8 人	胡東海　徐何木水　陳漢初　賴玉溪　吳均安　謝長海 劉何智　賴江質
代書 3 人	吳揚安　楊阿古　涂立興
自由業 10 人	湯雲生　彭阿禮　顏　世　徐貞美　陳景雲　葉際唐　鄒錦福 王篋盤　劉泰坤　范添喜
地主 10 人	黃運寶　黃運和　黃運元　彭昶興　張添增　劉熙春　陳子文 羅樹生　彭松壽　劉阿智

表 3：栗社社友居住地分析表

苗栗市 71 人	李保忠　吳頌賢　邱鴻光　邱雲興　涂立興　徐炳古　徐慶榮 徐仁輝　張正體　陳景雲　彭松壽　彭昶興　湯新喜　黃運寶 黃運和　黃運元　黃肇基　楊阿潤　楊阿古　楊兆龍　鄒錦福 劉發祥　劉泰坤　劉阿生　劉淦金　劉天來　賴江質　賴松峰 賴復初　謝長龍　羅阿謹　范添喜　郭兆才　羅樹生　吳建安 鍾建英　黃棣發　曾舉直　徐成源　葉元洪　劉傳維　林細英 朱成玉　張緯能　劉兆瑞　羅阿華　江芹蔭　劉立德　徐癸華 楊根信　黃水發　邱　森　黃永皇　徐天賜　謝深恩　鄭文登 劉坤生　陳沐榮　謝紫雲　陳章傳　饒東添　劉金鈴　江錦城 彭新才　謝水亮　楊萬富　彭廣福　許錦文　邱阿水　邱慶善 吳順安
公館 24 人	徐定標　徐何木水　徐添喜　邱少崧　張集興　陳漢初　湯仕路 黃玉盛　劉熙春　羅阿泉　謝廷湖　何登雲　江連漢　江煌全 周朝棟　徐清和　陳子文　葉從心　徐貞美　徐國香　葉秋豐 謝石麟　陳香菊　傅孟良
頭屋 23 人	徐接興　徐接升　徐梅錦　徐海碧　湯阿添　范智遠　湯源生 湯雲生　彭阿禮　吳均安　徐才錦　羅德清　徐才錦　徐海瀛 謝開華　彭老錫　湯清明　彭克禮　湯金生　余作木　劉慶蘭 陳松承　陳苑承

銅鑼 19 人	李金泰　李德昌　李祥甫　劉新基　邱雲峰　邱炳秀　賴玉溪 吳揚安　謝長海　羅吉堂　羅吉正　羅吉頌　邱賢郎　吳阿禮 李玉枝　胡寅亮　羅慶遜　謝阿龍　邱德貴
頭份 6 人	陳毓琳　何允枝　麥榮青　陳雲龍　劉紹興　陳湘琳
南庄 1 人	張春華
後龍 17 人	陳玉水　黃金福　趙廷琳　蔡　樹　顏　世　盧炳皇　彭鼎盛 蔡圭山　鄭啟賢　翁獻琛　趙江墩　陳漢霖　沈鎮牆　盧增塏 解耀琛　盧增塔　梁　卻
竹南 3 人	江朝旺　劉承平　陳俊儒
西湖 7 人	吳建田　張添增　鍾阿坤　江欽火　劉阿智　劉肇芳　羅明炎
造橋 4 人	郭添益　彭華驥　曾石五　張阿祥
三義 2 人	彭仁本　徐崑龍
苑裡 15 人	劉添喜　黃啟茂　鄭炳煌　陳維石　陳　巖　梁秋東　楊○荷 陳金安　陳景福　李丁璋　黃增忠　鄭義能　楊少貞　解添福 陳清揚
通霄 6 人	鄭太和　黃傳錦　陳桂枝　黃友盛　耿萬來　詹安
卓蘭 2 人	詹春光　詹立興
宜蘭 11 人	林玉麟　陳石財　張迺西　張春亮　李康寧　李蘆洲　林紹裘 張氄秋　賴仁壽　蘇西○　張嘉成
彰化 1 人	王克士
雲林 1 人	麥炳耀

臺中 15 人	胡東海　蔡錫耀　王鴻謀　張欽木　胡漢樑　黃正雄　王秋鴻 林榮初　張連客　張熙馨　陳藻芬　陳清榮　邱煥郎　莊日安 劉親喜
新竹 9 人	葉際唐　王箴盤　鄭秀圃　劉彥甫　曾煥灶　范根燦　黃　流 謝　碑　范炯亭

苗栗縣現行行政區依民國 39 年地方自治法實施至民國 70 年之改制苗栗市止。居住地分類以入社資料為準。

表 1、表 2、表 3 之資料來源如下：

1. 日治時期第二十一回栗社詩集至第一百零三回《栗社詩集》。
2. 《綠水聞鷗集》、《思源隨筆》等栗社友個人詩集。
3. 地方志如《苗栗市志》、《苗栗縣志》、《西湖鄉志》、《頭份鎮志》、《頭屋鄉志》、《公館鄉志》。
4. 《苗栗縣文學史》。
5. 栗社詩友葉元洪、賴松峰、苗栗地方耆老筆者父親曾九連先生提供。

表 4：栗社以苗栗著名景觀集體創作詩題一覽表

日治時期《栗社詩集》以苗栗著名山景為題創作詩題	〈龜山晚眺〉、〈磺山噴火〉、〈將軍山〉、〈九日登象山〉、〈雙峰插漢〉、〈大洞即景〉
日治時期《栗社詩集》以苗栗著名水景為題創作詩題	〈虎嶼觀潮〉、〈龍潭泛月〉、〈龍江帆影〉、〈秋夜月下泛舟有感〉、〈漁港晚眺〉
戰後栗社詩友以苗栗著名景觀為題集體創作之擊缽吟詩題	〈墨硯吞雲〉、〈福星山展望〉、〈龍溪垂釣〉、〈獅山消夏〉、〈明德水庫泛舟〉

資料來源：

1. 日治時期第二十一回栗社詩集至第一百零三回《栗社詩集》。
2. 戰後《栗社擊缽吟存稿》上、中、下冊，《中國詩文之友》。

表5：栗社以苗栗風土人情集體創作詩題一覽表

日治時期《栗社詩集》以苗栗風土情集體創作詩題 詩題：【時令】	〈七夕〉、〈重陽節〉、〈黃梅雨〉、〈除夕〉、〈臘鼓〉、〈閏七夕〉、〈端陽競渡歌〉、〈元霄雨〉
日治時期《栗社詩集》以苗栗風土情集體創作詩題 詩題：【田園農事】	〈苦旱〉、〈樵歌〉、〈南畝餴○〉、〈久晴思雨〉、〈灌園〉、〈苦雨〉、〈耕讀〉
日治時期《栗社詩集》以苗栗風土情集體創作詩題 詩題：【風俗】	〈迎儺〉、〈茶亭〉、〈角黍〉

資料來源：日治時期第二十一回栗社詩集至第一百零三回《栗社詩集》

表6：栗社詩友賴江質以苗栗風土人情為題創作詩題一覽表

苗栗各鄉鎮地理位置	〈苗栗縣十八鄉鎮市歌詩〉、〈大坪頂瞭望亭鳥瞰〉、〈獅潭分水嶺〉
苗栗各鄉鎮生活特色	〈造橋鄉〉、〈苗栗頌〉、〈卓蘭鎮〉、〈卓蘭風光〉、〈公館鄉〉、〈三義雲霧〉、〈大湖鄉〉、〈獅潭鄉〉、〈泰安鄉〉、〈泰安頌〉、〈西湖風光〉、〈銅鑼覽勝〉、〈頭份鎮風光〉、〈頭份人傑地靈〉、〈遊錦水〉
苗栗地方客家信仰、風俗	〈鬼子坑〉、〈大坪山掃墓〉、〈拜謁三山國王廟〉、〈明德水庫‧端陽競渡〉、〈南苗坑仔底昔年化風區〉
苗栗地方人物、墾拓	〈緬懷埔尾黃滿伯〉、〈斗換坪〉、〈蓬山畫家〉、〈鹽水坑曾阿妹百歲公〉、〈謝家兩代連登百歲婆〉

苗栗地方特產	〈頭屋明德茶〉、〈明德烏龍茶〉、〈尖山米粉〉、〈三灣鄉特產〉、〈三灣糖廠〉、〈探勘油井〉、〈礦坑油井〉、〈公館摘棗〉、〈大湖草莓〉、〈後龍西瓜〉、　〈寒流捕〈寒流捕烏魚〉、〈苑裡帽蓆〉

資料來源：賴江質漢詩作品集《綠水閒鷗集》

吳濁流論：
瘡疤，瘡疤，揭不盡的瘡疤！ [*]

葉石濤

一、

　　當歷史的洪流，以排山倒海的巨大力量，席捲這海島而去的時候，曾經在臺灣文學的舞台上活躍一時的旗手一個個慘然地倒下去，而且似乎未曾甦醒過來。嘹亮的歌聲已不復聽見，光芒殞滅，繼而一段闃然無聲的黑夜降臨。在此黑漆漆的暗夜裡，為了尋覓一絲絲微光，有人在地上拾起被丟棄的旗幟，以微弱的聲音搖旗召喚；召集著夥伴，緩緩地起步，蹣跚地踏上旅途，尋往往日的光輝。果然這些人的心血沒有白費；散落在各地孤零零的靈魂，聽到了召喚聲欣喜雀躍，一個個地加入了這隊伍，最後形成了一隊雄壯的隊伍。鮮明的春天，繁花滿樹的果園，朵朵花蕾一齊怒放，孕育著璀璨收穫的秋天。在這幾乎是年輕一代的隊伍裡，我們卻驚奇地發現，兩鬢發白的老人，以沙啞的聲音喊著，而且他眼目清明，有勁的聲音較年輕人毫無遜色，幾乎覆蓋了所有年輕一代的人。他應該睡在歷史的墳墓裡的，他是屬於過去的一個世代，但他並沒有睡去，以較前堅定的步伐向前走去，似乎歷史之手未曾把他擊倒。他決心再在臺灣文

* 本文原刊登於《臺灣文藝》，1966，3卷12期，頁25-30。因收錄於本專書，略做增刪，謹此說明。作者葉石濤（1925-2008）為臺灣文學家。

學史上寫下嶄新的一頁；猶如那法國詩人華荔黎（Baudelaire1821-1867）幾乎沉默了 20 年以後，再用深刻動人的話語重新開始歌唱一樣。今天，吳濁流剛毅的作家精神，使人刮目相看，扣人心弦，他就是那個老人。

二、

　　吳濁流開始寫作遠溯到民國 25 年，當他 37 歲的時候。他的處女作〈水月〉發表於《臺灣新文學》雜誌。大凡從一個作家的處女作能看得出來這作家的稟賦，潛藏的才華、風格、氣質等諸要素，並能預知這作家將走的路徑和命運，委實很少作家能完全擺脫處女作的束縛，跳出了它的限圍。這好比一闋交響樂曲，它的主旋律雖然在每一樂章裡奏出的樂器改變了，抑或那主旋律也有了多采多姿的變化，然而，仍是那最初出現的主旋律仍然統一著全曲的風格和色調。只要我們憶起了巨匠陀思妥也夫斯基的處女作《貧窮的人們》一直到最末的傑作《卡拉馬助夫兄弟》，抑或紀德的《凡爾德手冊》到晚期的傑作《偽幣製造者》，還不是很明顯的嗎？這告訴我們處女作在一個作家的寫作生涯中所占的位置是何等的重要。因此，如欲解開一個作家作品的秘密，闡明他作品的意義，顯然處女是最佳的鎖鑰。〈水月〉無論在質量或小說的技巧上較他後期的長篇大作《亞細亞的孤兒》和〈狡猿〉實在遜色得多，然則，我之所以特別把這微不足道的短篇小說提出來想加以一番解剖，就是基於上述的原因而來的。吳濁流的〈水月〉提出了令人有興趣的問題，而我以為吳濁流此後所寫的小說大都在風格上同這〈水月〉沒有什麼顯著的變化；他只是更執拗地把問題發掘下去，並且由於加深了人生的經驗，有了較遠大冷嚴的眼光，形成了吳濁流一己的社會觀和歷史觀罷了。可是晚年碩大果實的收穫，其萌芽卻是在那〈水月〉裡面可以瞥見蛛絲馬跡。

　　他發表〈水月〉的那一年，正是義大利法西斯黨吞併阿比西尼亞的一年。

而在三年前納粹德國的獨裁者希特勒業已奪取了政權；歐洲上空覆蓋著險惡的烏雲。在亞洲，日本軍閥正擬發動侵華七七事變，劍拔弩張，兇焰高漲，銳不可當。日、德、義的法西斯主義者正準備把整個世界摧毀征服，人們敏感地意識到戰鼓笳聲之迫近。因此，日本軍閥在臺灣也採取了一連串倒行逆施的政策。為了應付侵華戰爭鞏固後方，他們企圖連根拔掉臺灣人的民族意識，便加緊推行皇民化運動。而臺灣人僅存的一絲絲自由他們也肆無忌憚地加以剝奪了。在臺灣文學史上輝煌一時，列載過許多藝術成就甚高的作品的《臺灣文藝》也在無形的彈壓之下，此年停刊了。再過一年，就在民國 26 年，為了推行皇民化運動，禁止報紙及《臺灣新文學》刊登漢文，不久，《臺灣新文學》也就壽終正寢了。

在這動盪不已的殖民地社會裡，作為臺灣的一個智識分子，縱然他思路不清，無法正確地抓住歷史和社會巨大的趨向，但他仍會有許多深刻地感觸；究竟人是社會環境的動物，他的思考脫不了外來世界的影響。眼看臺灣人喪失自由，過著被人凌辱的生活，當時的智識分子只有兩條路可供他們選擇；直接地參加政治活動，抵抗日本人，保持民族的驕傲，抑或向現實低頭，訓練自己成為「御用紳士」以求令人不齒的榮華富貴。其實這兩條路始終擺在我們面前，不管那一個時代，我們在日常生活中時時刻刻面對著這種抉擇。吳濁流是個頂呱呱的臺灣智識分子，當然對於風雲險惡的社會已有滿腔憤怒的心思。而直到他 37 歲，將達到不惑之年的時候，他把這憤怒開始發洩了；但他是個公學校的首席訓導，為了保持飯碗，他毫無指望直接參加政治抵抗運動。他以文字為工具，詳確地記錄下來他的悲憤以及他周圍臺灣人可悲的遭遇，他們的命運，生和死，抵抗和屈服，正人君子和御用紳士。我不知道吳濁流本身是否曾經分析過他從事寫作的動機。據他一些日後所寫的雜文，似乎是由於一個女同事的貶抑而引起了他的激動，便提筆寫成了〈水月〉。果真如此，這選擇文學之路，

對於富有戰鬥精神的吳濁流而言，並沒有選錯了路。

這時代，社會險惡的潮流，他與生俱來的氣質加上他已到中年的生活經歷，使得他沒有過一段在「象牙之塔」裡作白日夢的文學青年的日子，因此〈水月〉一開始就是一篇結實的寫實主義作品，缺少小說特有的藝術香氣，本來小說就是虛構的，不管作者所持的創作觀念和立場如何，它並非照片，它應該描寫人類真實的生活，但必須是加以重新構成、組織的現實，並且要有理想和藝術濃郁的香氣。

〈水月〉描寫 1930 年代末，臺灣一個受過中等教育的智識分子「仁吉」，在灰色現實生活的重擔之下磨損了銳氣和志向，夢想如泡沫般消逝，以至無聲無息地消失於歷史黑暗之中。仁吉是當時許多智識分子中的一類型；在日本人權力覆蓋之下，他們毫無出路可言，有的就只是一條幻滅之路；忍受日本人作威作福的逼迫，做低級職員忍氣吞聲討生活，得過且過而已。他們沒有前途，失去了歡樂，一連串灰色和頹喪的未來日子正等待吞噬他們。〈水月〉用寫實的手法，栩栩如生地刻劃了這可憐蟲仁吉令人厭惡的失望，海市蜃樓般的求學夢想，及日本人統治者口稱「一視同仁」的欺詐嘴臉。吳濁流的這篇小說〈水月〉似乎缺少了細膩動人的情節，其色調是黯淡絕望的，但正因為如此它才是反映了該時代社會的動向。並且「仁吉」這一種人物，並非從此絕跡了的，他是臺灣智識分子裡的一個鮮明的典型，而在他後期的小說〈幕後的支配者〉裡，我們會重新找到仁吉這一類型的，灰色、頹喪、落魄的蒼白臺灣智識分子。

由於〈水月〉這一篇小說，我們似乎可確定吳濁流的才華，並且亦可以分析出他稟賦所指的方向。因為他是較晚從事寫作的，又是在成熟的中年，因此，吳濁流寫此篇小說的時候，他業已確立了一己的世界觀和人生觀。此後，他寫作的觀點沒有多少改變，他的小說一向建立於堅固的社會觀上，予人以真實的感觸。我特別要提出的是他的思路清晰，兼有堅忍不拔的文學魂。因此在他的

小說裡，他從來沒有向世俗的、市儈的思想低頭過，也沒有向任何違背他立場的現實妥協過。五四運動思潮的菁華給臺灣作家帶來了許多刺激；吳濁流在這時代空氣圍繞之中攝取了科學的精神，驕傲的民族意識，培養了對於日本軍閥熾烈的憎恨。由於他以科學分析的眼光，把握住社會轉變的過程，於是他小說裡的人物無一不具備血肉之軀透露著該時代社會的氣息。他這種特質是現近年輕一代的作家所缺乏的；由於對於時代，社會不具備分析的能力，這一代的作家多少患了貧血症，容易迷失於空中樓閣般虛無飄渺之情節、氣氛之中。後文我提到鍾肇政的長篇小說《濁流三部曲》，我以為鍾肇政所缺欠的真是吳濁流的這一特質。簡而言之，吳濁流的小說有濃厚的社會性。這社會性決定了他的小說的特異風格，與眾不同的鄉土性，但多少也損害了小說應有的藝術性。不過魚和熊掌吾人不能兼而有之，我們也不能太過於挑剔了。

有了這強烈的社會性，加上吳濁流後來當新聞記者的經歷，使得他很可能成為一個卓拔的報紙「專欄」作家，或社會評論家，如同日本的大宅壯一，我國的王鼎鈞、寒爵、何凡一樣，可惜他沒有走上這一條路。這當然是環境限制了他，但吳濁流本身的才能裡，似乎有些理論以外的夢，就是有些純粹、澎湃的情感阻撓著他。

以強烈的社會性來寫小說，這小說的手法必然是寫實的；當然所有的小說須以寫實為基礎，不過現代的寫實已有新的面貌。現代的寫實更注重新鮮的感覺，格調已溶化了詩、繪畫、音樂的特性，更有了心理分析和性。喬伊斯（Joyce）的《尤里西斯》（1922），普魯斯德（Proust）的《探覓已喪失的時間》（1913-1922），甚至卡夫卡（Kafka）的《城堡》、《審判》等 1930 年代的小說無不具備這種特質。可惜吳濁流的寫實是粗獷的，缺乏現代的氣息。這實在也不能怪他，他生長的時代氣氛是如此的落後，只要憶起當時日本文學界尚盤桓於左拉、福祿貝爾的魅惑中一事，我們便不難明白當時臺灣作家處於怎樣

的境遇了。吳濁流縱然有高人一等的才華也不能輕而易舉的超越了時代。在吳濁流後期的傑作〈狡猿〉，他的寫實已到爐火純青的地步，發揮得淋漓盡致，敢媲美於美國作家阿普頓・辛克萊。其實，吳濁流的小說常使人憶起阿普頓・辛克萊的許多巨作，就是少了一些濃厚的世界性和故事性了罷。

　　把臺灣人的命運看作整個人類生活的一環，追求人類的理想主義傾向，將使臺灣作家走向坦坦大道，敲開通從世界文學之門，而這正是每一個作家夢寐以求的課題。從特殊的鄉土發掘出發，發揚人性的光輝，繼而昇華為普遍的，人類共有的人性。毫無疑問的，這是大多數臺灣作家所採取的途徑，而這一條路也是正確的。但只是雙腳陷於誇張的鄉土觀念泥沼裡，久不能自拔，這也使臺灣作家永遠活在閉塞又狹窄的囚籠，變成夜郎自大的狂妄之徒。雖然，世界上幾乎所有偉大的小說莫不是深根於鄉土，流露著醇厚的民族性和脈脈搏動的鄉土氣息，但它們也顯示了人類共有的人性和命運。如巴斯特納克的《齊伐哥醫生》裡有俄羅斯富於詩情畫意的大自然，四季更替的微妙景色。濃烈使人欲醉的斯拉夫氣息，但他刻劃了生長於此時代，此社會智識分子不可言喻的苦悶和哀悒。這憂悒並不限於巴斯特納克一個人，這實在是生為人的，不可避免的悲劇；有思想，有頭腦的現代人共有的苦難十字架。所以，巴斯特納克已超越了俄羅斯的風土和社會，他描摹的是人類普遍的人性，他捉住了人類哀愁的核心，因此他就獲得了諾貝爾的文學獎金。無可諱言的，吳濁流的小說有濃厚的鄉土性，小說的主題永遠是臺灣人及其風土。而常常有些小說是發掘鄉土特殊的制度，風土、人物、歷史和社會，缺乏了高超的人類觀念。因此，有些小說的泥土香頗濃，濃到使人昏昏欲醉。但缺乏了理性主義的火焰，致使他小說裡的人物皆在臺灣的泥土裡打滾，在這小天地裡哭泣、叫喚。

　　但在臺灣文學史上已經成為古典的長篇大作《亞細亞的孤兒》卻是不落俗套，不落窠臼的一部雄壯的敘事詩。這部小說不但寫盡了臺灣社會的諸樣相，

道盡了臺灣人的悲歡離合，迂迴曲折的命運。有瑰麗的鄉土色彩，而且更進一步的指出了臺灣人的意願、應走的路、未來的命運。這部小說隱藏著熊熊燃燒的理想之火焰，已經有了一部偉大小說必備的骨架。可惜，小說的技巧和構成皆陳舊，表現方法迂腐，缺乏新鮮的現代人感覺，阻礙著它躋入世界文學之林。

在〈水月〉一篇裡還閃露著些異彩。那就是諷刺。雖然在這一篇小說裡這諷刺微乎其微，不太明顯，但究竟它是存在的。有人把吳濁流的小說同「官場現形記」相提並論而稱之為譴責小說，就只是看到了這一面。這也難怪，他的小說幾乎都有這種諷刺和詼諧的成分在。而把這特質表現得最有成就的作品，常推短篇〈先生媽〉和長篇〈狡猿〉。

三、

〈先生媽〉寫成於民國 33 年，吳濁流 47 歲的時候；就在他的大作《亞細亞的孤兒》將要完成的前一年。也就是中、英、美公布開羅宣言的第二年，而再過一年，日本便投降，臺灣重歸祖國的懷抱了。這時候，曙光在望，日本人雖然在臺灣如火如荼地展開了皇民化運動，驅使臺灣青年去充當砲灰；但思路清晰的一部分臺灣智識分子已經覺察出日本敗戰的徵象了。從〈水月〉到〈先生媽〉，這中間已流逝了將近 10 年的時光了。這 10 年的歲月中不但世界遭遇了空前的浩劫，臺灣人也嘗盡了苦楚，受盡了日本人的欺凌和剝奪。這是個辛酸的一段時間；很多有抵抗意識的臺灣智識分子冷眼看著皇民化運動。觀察著手拿萬國旗的御用紳士那一副令人厭惡的嘴臉，切齒扼腕，悲憤填胸，無處可洩。吳濁流把這活生生的情景具象化，加以殘酷的諷刺，用令人發噱的詼諧，描畫了御用紳士晝夜的生態。這是一篇無疵可擊的小傑作，用日本作家村上知行的評語來說：「以技巧上一點來論，還沒有世界大作家那樣圓熟，但也不失其價值，確是一篇小傑作。如果，能把它譯成法文或英文有機會發表的話，一

定能夠引人刮目而視。」這篇小說的風格令人憶起了果戈里的有些作品，我以為村上知行將它比擬莫泊桑的《脂肪球》是不太適合的。這小說用〈先生媽〉逗人會心一笑的行為和言語來揭露御用紳士錢新發的虛偽和奴才性，叫人清楚地看到了御用紳士的盧山真面目，令人叫絕。錢新發是日據時代的御用紳士，光復一來臨，歷史的巨大腳步把他踩在地上，黑夜把這些醜陋的嘴臉遮住了。舞台轉動了，但這些人生舞台上的上好演員——御用紳士並沒有死，也不會死；因為這一群吃污穢為生的邋遢不堪的人，就是人類中的一類型，在何時、何地都會死灰復燃，重新以一副奴才的嘴臉粉墨登場的。套用陳香梅著名的作品《半個美國人》一句話，他們該是「半個中國人」，抑或「半個臺灣人」。果然，日據時代的御用紳士改頭換面，以嶄新的姿態再出現於歷史的舞台了。他們豺狼般貪婪兇惡的嘴臉，卻逃不了吳濁流的追逐的眼睛。吳濁流猶如一個細心的科學者，手持明晃晃的解剖刀，針對這些卑鄙不堪的人們，指出了他的病竈，挖出了他黑暗如夜的心腸，唯利是圖的骯髒腦袋。他正確地記錄下來了這些人們的慾情、狡詐、鐵石心腸、阿諛、無人性的諸樣相，卻用的是如哄笑一般諷刺又詼諧的手法。這就是他後期的傑作〈狡猿〉，完成於他 57 歲，民國 45 年的時候。

〈狡猿〉承繼了臺灣文學輝煌的傳統，令人憶起賴懶雲發表於《臺灣文藝》的傑作〈善訟的人的故事〉。這兩篇小說都有共同的特質；那就是以諷刺的手法，揭露了一部分臺灣人的劣根性。可是都沒有達到昇華，象徵的地步。由於時代、社會背景的不同，這兩篇的內容也截然不同。吳濁流的這篇小說是描寫光復到政府推行三七五減租的這一段時間。這一段時間臺灣的社會起了激烈的蛻變。習慣於生活在殖民地裡的臺灣人已經擺脫了日本人專制的影響，逐漸走向現代化、民主化的道路去。但，臺灣人所存有的舊意識，舊習慣還是根深蒂固，無法以短暫的時間來剔除得一乾二淨。在這新、舊觀念的更替中，日據時

代有良心，眼睛雪亮，受盡了欺壓的一群人們仍然無法崛起。而日據時代的一群御用紳士更無法抬頭，時代的車輪壓碎了他們，他們得到了應得的報應；在此間隙之中趁機躍上權勢之座的，卻是一群新的御用紳士，這些人同日據時代的御用紳士，在本質上沒有什麼顯著的差別，就是光復後出現的這些新嘴臉更加現代化、心理化，手段毒辣，其拍馬屁，諂媚更見進步罷了。

　　吳濁流的〈狡猿〉主角是客家人村莊裡的一個日據時代以吹牛角做巫師，藉神幌子賣假藥為生的江大頭。江大頭是浪跡江湖的可憐蟲，日據時代是在社會底層裡掙扎著討生活，搖尾乞憐，常吃日本警察拳頭的小人物。照理來說，他在日本人欺壓之下，應該養成了堅強的民族精神，培育了愛好俠義的江湖好漢的骨氣才對。可是相反的，他卻養成了奴才性，他摸到了一套達到榮華富貴的捷徑。而他所拜師學藝的就是日據時代的御用紳士，委實青出於藍，他的技藝精益求精已到爐火純青的地步。也許他本來有這出類拔萃的才華，就是日據時代得不到賴以茁長的肥沃土壤罷了。他是不折不扣的現實主義者，為目的而不擇手段的人。這一粒罪惡的種籽落進了肥沃的田，他迅速地開始萌芽，開花，結果了。江大頭一帆風順地由鄉民代表而省議員，靠他的卑鄙、狡詐、諂媚步步登青雲，可說享盡了人間聲色犬馬的樂事，但，長袖善舞，毫無廉恥觀念的江大頭也有栽跟斗而毀滅的一天。官商巴結，拉皮條的結果，身敗名裂，鋃鐺入獄了。這小說的結尾寫得令人心折。江大頭雖然陷於縲絏之中哀號呻吟，但這類人是永遠不會消滅的，猶如夏天的蒼蠅，偷穀為生的老鼠，他們顯然會旺盛的繁衍下去。生活在另一個孤獨世界的江大頭仍然痴痴夢想，有一天撈一筆資金美鈔到海外去做寓公。

　　這篇小說把江大頭描寫得栩栩如生，彷彿使人看見那腦腸腦滿的江大頭正在你身旁，喋喋不休的灌米湯，央求你投他的一票。江大頭是這一個時代的英雄、好漢，他是有代表性的典型，他不單單是臺灣人中的一個典型，他也是某

一類中國人真實的寫照。他代表人性脆弱、墮落的一面，而甚至在正人君子之身上，他也可以多少瞥見這劣根性的斑滴。

除了江大頭之外，吳濁流的這篇小說刻畫了許多愚昧懵懂的小人物，描摹了社會制度轉變中發生悖理諸現象；無論在性格的鏤刻，情節之安排，觀察時代、社會推移的過程，皆有獨樹一幟的燦爛成就。

我以為到現在為止，收錄在他的《瘡疤集》或發表於《臺灣文藝》中的許多小說中，〈先生媽〉、〈狡猿〉、〈幕後的支配者〉等可以說是臺灣文學史上值得紀念的收穫。

至於吳濁流的長篇傑作《亞細亞的孤兒》，在前面已略略提過了。而且關於這一篇小說在臺灣文學史上的位置和價值，我在發表於《文星》的〈臺灣的鄉土文學〉及《臺灣文藝》的〈論吳濁流的「幕後的支配者」〉兩篇論評中已有較詳盡的批評，在此不再贅述了。

四、

文學之路本來是險峻的坎坷路，尤其在臺灣，這一條路是用荊棘鋪成，非有唐・吉訶德般身猛的精神，不折不撓的堅強文學魂，實在無法走到底的。吳濁流今年（1966）已是 67 歲的人了，以垂暮之年，他仍保持著清晰的頭腦，旺盛的創造力，為了臺灣作家的前途而貢獻他的餘生，這是令人感動的一件事。尤其從民國 53 年 4 月創刊了《臺灣文藝》，今年剛好滿兩年，第一屆臺灣文學獎也在 4 月 10 日頒獎了。還是值得大書特書的一件事。

吳濁流的一生告訴我們，一個作家除他應有高人一等之才華以外，還要有熾烈的作家精神，繼續不斷的寫作；要成為一個名符其實的作家別無捷徑，你必須拋開一切人間美好的事物，忍受人們的嘲笑，顛倒晝夜，付出整個心靈埋頭寫作。

　　然則，吳濁流不能超越他生長、呼吸的時代。他的思想已染上了過去時代的色彩，他的作家精神未死，他的創造力未衰竭，但我們絕不能期待他再一次有勁的飛躍。臺灣作家較年輕的一代已陸續地登場，另一個黃金時代的幕已啟開了。

戰後吳濁流的認同觀：
情境條件下的臺灣人認同 *

施正鋒

一、前言

　　在後冷戰時代，意識形態之爭因蘇聯的解體而在政治場域消聲匿跡，取而代之的是各種認同之間的爭辯。當前的臺灣雖然取得相當程度的自由化，也沒有明顯的階級或宗教之分歧，然而在邁向民主鞏固的過程裡，國家認同因為與族群認同糾葛不清，連帶造成國家定位無法取得共識。

　　在大戰期間的吳濁流，以自我內省的方式，透過小說《亞細亞的孤兒》（1945）[1] 裡的胡太明，敘述日治時代臺灣知識分子的認同危機，探索他們面對「情境條件」（contingency）的心路歷程。[2] 在白色恐怖時期，他繼續寫了自傳性質[3]的《無花果》（1968）及《臺灣連翹》（1971-73），要為亂世中的臺灣歷史作見證。與《亞細亞的孤兒》一樣，兩書還是由日治時代回憶起，但

---

* 本文原刊登於《吳濁流百年誕辰紀念專刊》，2000，頁 147-164。因收錄於本專書，略做增刪，謹此說明。作者施正鋒現任國立東華大學民族事務與發展學系教授。

1 見吳濁流的自撰年譜（1997e：附錄）。

2 Connolly（1991）提供多種面對情境條件的對策，譬如說認命、感恩、自省、排斥、抗拒或重組。

3 既然是個人自傳，擺脫了小說的營造與鋪陳，也就沒有《亞細亞的孤兒》來得戲劇化。吳濁流的其他作品，請見參考文獻。

涵蓋到戰後最動亂的時期:《無花果》淺嘗 228 事件即止,卻意猶未盡,因此又有嘔心瀝血的《臺灣連翹》。我們可以看到,吳濁流以書寫系譜(genealogy)的途徑,[4] 以政治想像來處理臺灣人的認同問題,[5] 不惜公開個人搜尋自我認同的掙扎,為後人提供洞察歷史關鍵的管道。[6]

在本研究裡,我們也是在做認同的系譜工作,試圖去了解吳濁流的認同,[7] 是如何受到情境條件的制約,以及如何做回應。如果我們將臺灣人認同視為一種社會建構(social construct)的話,建構的過程會左右其最後的內涵(path dependent)。[8] 因此,在嘗試了解吳濁流處理認同的觀點或策略之際,我們將可以同時探究,臺灣人認同在被建構的過程裡,到底有哪些成分出現,以及彼此的相互關係。[9]

不管是針對族群認同,還是民族認同,相關的理論可以約略分為兩大類,「原生論」(primordialism)及「建構論」(constructuralism):[10] 前者主張認同是建立在共同的血緣、生物上的特徵或是文化特質;後者則以為認同都是經過想像、塑造、甚至是捏造出來的,不論其建構基礎為共同的記憶、經驗或是歷史。根據前者,認同是天生的,而且是固定不變的;根據後者,認同是人

---

4 有關系譜途徑,請看 Connolly(1991:181-84)與 Levinson(1998:3)。

5 見 Horton 與 Baumeisetr(1996)對政治想像的闡述。

6 Martin(1995)甚至於認為認同的敘述是一種政治動員。

7 對於吳濁流的研究很多,尤其是針對《亞細亞的孤兒》;有關《無花果》,參考張良澤(1988)林衡哲(1988)、彭瑞金(1986);有關《臺灣連翹》,請參考陳嘉農(1989)。亦請參看鍾肇政(1976)、葉石濤(1991)及呂興昌(1995)的總論。

8 就國家認同而言,究竟是「先族後國」或是「先國後族」,也會影響認同的結構。參見施正鋒(1998:216-19;1999:3,註5)。

9 譬如說,互斥、互補或相互切割。

10 有關原生論,請看 Isaacs(1975)及 Smith(1986);有關建構論,參考 Anderson(1991)及 Bhabha(1990)。Horton 以及 Baumeister(1996: 19)則分別用 realism 及 voluntarism。亦見 Wurgaft(1995)對 essentialism 及 anti-essentialism 的討論。

為的，或可使用理性選擇的方式取得，甚且會隨著情境（context）的變動而具有高度的可塑性。[11]

我們以為，這兩種解釋並非不可相容的，甚至可以互為表裡。具體而言，認同的建構往往是建立在想像中的共同原生特質，因此，表面上看起來是原生的本質式論述，有可能是在進行認同建構的工程，譬如羅香林所作的客家人認同大敘述（施正鋒，2000）。不過，共同原生特質的多寡與認同的強度，或是建構成功的機率並不必然成正比，因為這些客觀的共同點，可以經過選擇性認知而賦予神話般地解釋，也有可能是憑空杜撰而來。

另外，在稍早的合成模型裡（Shih, 1998），我們嘗試提出兩種刺激認同產生的中介變數：一為菁英或領導者的角色，也就是他們透過理性考量或計算得失之後，最後決定要進行如何動員、要選擇衝突還是妥協；二為情境上的政治制度、社會結構還是政府政策，尤其是不平等的結構關係。其實，兩者在我們進行實證觀察之際，往往是相互倚伏，也就是說：結構關係並非客觀存在的，而是經過菁英的主觀認知後，才有可能刺激認同的動員；相對地，情境上的脈絡無非菁英企圖心的體現（施正鋒，1998：75-76）。在認同建構的過程中，中介變數具有強化或減緩的作用，因此，它們雖然不能算是獨立變數，卻是不折不扣的情境條件。

我們在先前的研究裡（施正鋒，1999），大致將臺灣人的認同解構歸納為三個面向：「原生面向」的漢人血統主義及華人文化主義；「結構面向」的反日本殖民主義及反外省人的族群主義；「建構面向」的官式民族主義及獨立建國意識。在這裡，我們將根據稍早的概念架構（施正鋒，1998），以兩個方式

11 根據 Connolly（1991），認同決定於情境條件（identity as contingency）。亦參見 Levinson（1998）的修正看法。究竟認同是否可以經過選擇而來，請看 Levinson（1998）、Martin（1995）與 Connolly（1991）的討論。

做比較：首先，我們將透過《無花果》及《臺灣連翹》來看吳濁流所觀察到構成臺灣人認同的面向，是否在戰前、戰後兩個時期有所差異。其次，我們以他寫作的時間做為切割點，比較他在戰爭前、後的認同觀是否有別；也就是看他在這兩本書所表現的認同觀，是否有別於《亞細亞的孤兒》。在總結之前，我們將設法解釋影響變動的可能因素。

二、構成戰前臺灣人認同的面向

吳濁流在《無花果》便開宗明義提出臺灣人的認同問題：「究竟臺灣人是甚麼？」他理所當然地回答：就人類學的觀點，大部分臺灣人是漢人[12]的後代；就歷史學而言，這批人無疑來自中國，[13]他們或因明亡、不堪滿清暴政而亡命來臺，也有前來尋求新天地者（《無花果》34-5）。表面上，他似乎十分篤定臺灣人的認同，卻處處顯現尋求確認的努力，尤其是面對日本認同所呈現的差異，勢必產生兩股互向拔河的認同競爭，尤其是在《亞細亞的孤兒》中。

在作品中，他表現一貫強烈的反抗意識。究竟這種「反抗心」從何而來？「是自身外來的，還是本來就存在於體內的呢？抑或是由於殖民地的緣故，自然就發生的呢？」（《無花果》40-41）他認為是與生長的環境有關，除了他自己的經驗，更有來自祖父提供的歷史記憶，尤其是《馬關條約》給臺灣人帶來的衝擊。祖父除了教誨故鄉在廣東省外，也不時提醒先人開墾斯土的心血，[14]更不滿仕途在日本統治下受阻（《無花果》42-44）。由此可見，他的民族意識至少含有三種成分：對祖國的懷念、對日本殖民統治的嫌惡及對土地的愛；這

---

12 吳濁流的用語是「漢民族」、「漢族」。
13 吳濁流原本的用字是「大陸」。為避免指涉對象的歧異，本文一概用「中國」取代。
14 包括與原住民的短兵交接（《無花果》44）。他的用字是「番人」。

些恰好可以使用原生、結構及建構三個面向來考察。我們分述如下。

（一）原生面向

　　認同的鞏固往往建立在對於「他者」（other）的建構，而他者的建構又要透過「差異」（difference）的認知及定義（Connolly, 1991：64）。在吳濁流的歷史重建工程裡，日本人及滿洲人都是原生上的異族。如果日本是強盜的話，清朝又是甚麼？吳濁流點出：「臺灣人並沒有把清朝當作祖國看待」，因為「清朝是滿洲人的國，不是漢人的國」；臺灣人的祖國是明朝，那才是漢人的國度。雖然沒有說明他們到底是在具體的體質特色、還是在抽象的氣質上 [15] 與漢人有所差異，無疑，他儼然將前者視之為 Connolly（1991：199）所謂的「邪惡的他者」（evil other）。

　　吳濁流強調臺灣人有強烈的「祖國愛」，「臺灣人的心底，存在著『漢』這個美麗又偉大的祖國。」表面上，「這祖國愛，因為是抽象的，觀念型的感情，用言語是不能說明的」（《無花果》39），事實上，他以近乎原生的血緣關係來思念祖國：

> 眼不能見的祖國愛，固然只是觀念，但是卻非常微妙，經常像引力一樣吸引著我的心。正如離開了父母的孤兒思慕並不認識的父母一樣，那父母是怎樣的父母，是不去計較的。只是以懷念的心情愛慕著，而自以為只要在父母的膝下便能過溫暖的生活。以一種近似本能的感情，愛戀著祖國，思慕著祖國。　　　　（《無花果》40）

---

15 我們在這裡想到的概念是 predisposition，也可翻譯為一般性的傾向。若譯為風格、素質，恐怕有負面的弦外之音。

　　因此，每當彗星出現時，祖父會把童稚時期的吳濁流叫醒，因為他相信將會有革命，彷彿是期待殖民統治要瓦解。講到中國的革命，又似乎滿希望待祖國前來解救。[16]（《無花果》55），這種思慕代表著臺灣人的期待：

　　臺灣即使一時被日本所佔領，總有一天會收復回來。漢民族一定會
　　復興起來建設自己的國家。老人們即使再夢中也堅信總有一天漢軍
　　會來解救臺灣的。　　　　　　　　　　　　　　　　（《無花果》39）

　　從文化上的差異來看，老一輩的人因不諳日語而視與日人接觸為畏途，這是可以了解的（《無花果》75），然而，令人匪夷所思的是，從小接受日本教育的吳濁流竟也選擇抗拒日本認同的策略，認為臺灣人與日本人彷彿是無法水乳交融，「臺灣人是臺灣人，日本人是日本人，兩者之間有一條鴻溝，自然隔成兩個社會。」（《無花果》76）

　　或許，由於公學校的經驗，從小讓吳濁流「對日本人盲目害怕起來，並且認定日本人，不論是那一個，都是無血無淚的民族。」或許，因為「在臺灣的四五十萬日本人，就像警察那樣，經常以猜疑的眼光去看臺灣人」，臺灣人一提到日本人，「不管是如何親近的，也有著看不見的隔閡，無法去除那一層界限，因此從不曾有過肝膽相照的交談。」（《臺灣連翹》29、151）

　　不過，除了採取排拒的認同策略之外，被殖民者偶而不免有企圖超越認同差異的玄想。譬如說，面對日本色彩比較淡薄的校長，彼此平日相處融洽，吳濁流很難抗拒誘惑，幾乎撤下他的自我認同防線。終於因為文化上的差別，

---

16 不過，他對於羅福星被處死只敘述家人的嘆息，卻沒有自己的看法，因為祖父已死
　　（《臺灣連翹》27-28）。

吳濁流猛然驚醒，忍不住大呼：「番仔到底還是番仔，跟我們是不同的。」因為，「民族與民族間的距離，習慣與傳統不同，想法自然也不同。」（《無花果》99）

吳濁流對漢人祖國的思慕，下意識移轉到革命成功後肇建的中華民國。因此，對他來說，殖民者所謂的「暴支應懲」，其實是日本人入侵臺灣人的祖國。卻因「殖民地下的臺灣人沒有叫祖國的自由，完全像奴隸一樣，而且又被置身於不能不向祖國的敵人忠誠的地位。」（《臺灣連翹》93）

既然吳濁流在認同上無法取得妥協，為了求得心靈上的撫慰，終究要親自回到祖國去尋求出路。當一個人軀體被放逐之際（dislodged），往往是他醞釀新認同的契機。一登陸上海，卻因語言不通，讓他覺得身處外國（《無花果》122）。繁華的上海並不是他想像中的天堂，只待了三四天，他就失望了，因為「洪水般的野雞，乞丐的奔流」。不過，短期內，他仍然體會到「做一個中國人的悲慘」：「祖國啊，多麼可悲可憫，我在心中緊灑憤恨的淚水。」（《無花果》122）

吳濁流原本期待一旦離開臺灣，「就和飛出籠中的鳥一樣自由」。然而，果真來到中國，雖然不用再硬被採取日本人認同，卻不意味著他有取得新認同的自由，反而發現臺灣人左右為難的立場，不得不面臨「認同斷裂」（disjuncture）的困惑，也就是個人所作的自我了解，與他人所作的評價或認知有所差距（Levinson, 1998）。對他最大的打擊，是同學章君好言相勸他佯稱廣東梅縣客家人，不要公開自己的臺灣人身分，因為不論是重慶還是汪精衛政權，都懷疑臺灣人為日本人的走狗、間諜。更令他尷尬的是，臺灣人即使有日本籍，但在戰爭期間同樣不受到日本人信任（《臺灣連翹》104-7）。

在這認同斷裂的深淵裡，前者雖承認吳濁流的臺灣人認同，卻不是他所願意接受的（misrecognize）；後者則根本拒絕賦予他日本人的認同。儘管他好

意解釋，這是日本人以夷制夷的離間政策所造成，不願怪罪「祖國的人士」，不過，仍難掩飾其失望之情（《無花果》125）。由此可見，在尋求自我了解、及抗拒外在定位的拉鋸戰中，若是光依賴別人的觀點來看自己，不免有可能迷失自我認同。

吳濁流當年外出臺北就讀國語學校師範部，開始接觸到大都不會客家話的鶴佬人，[17] 不知是否也有類似的經驗？畢竟，操相同的語言，並不是民族認同的必要條件。[18] 由此可見，文化上的差距未必不可縫合。相對地，臺灣人及日本人之間相似的特質，也有可能遠多於相異處。或許，由於不平等的結構作祟，任何些微的原生上的差異，都可以用來合理化不滿的依據。

在吳濁流的眼光中，客家人「有鄉下佬的土氣，不輕易與人妥協，又十分自大。但是一旦必要的時候，隨時都能團結起來。」（《無花果》65）他以為這種團結的心理、彼此的信賴感，是「本能地，自然地發生的，沒有理由的」感情（《無花果》65）。其實，這就是客家人的集體認同感，應該是體認到自己為「少數民族」而產生的，而非天生自然。

他對於自己的客家認同，似乎有些許難以言喻的覥腆；雖然有要好的鶴佬同學，還是與客家同學較親密（《無花果》74）。他承認自己「雖不願隱藏在這樣狹小的世界觀中，卻也無法從中自拔出來」，因而忙著解釋未曾與鶴佬人吵架過（《無花果》65）。其實，擁有客家的族群認同，並不妨礙同時具有臺灣人的民族認同；同時，族群間的齟齬也不一定完全是負面的。我們甚至於可以說，堅實的族群認同，是進一步塑造民族認同所不可或缺的基礎。

---

17 書中的用法是「閩南人」。
18 當然，使用相同的語言，也不是民族認同的充分條件。

（二）結構面向

連吳濁流自己也覺得不可思議，為甚麼像他未曾接觸過祖國文化的人，竟也會對中國有思慕之情呢？（《無花果》39-40）除了祖父的記憶傳承外，表面上看起來是原生面的感情，可能有一部分建立在對殖民結構的不滿：[19]

所謂的國家愛這個觀念，往往成為亡國人民之後，才會熾烈起來，也就是由於失去祖國而令人更加憧憬嚮往。　　（《無花果》162）

這種心情，是只有知道的人才知道，恐怕除非受過外族的統治的殖民地人民，是無法了解的吧。　　（《無花果》40）

對他來說，臺灣人在日治時代遭受到雙重的壓迫，一為殖民政策對集體的剝削，一為民族偏見對個人的侮辱。「在殖民地的桎梏下，自由被剝奪，生活形同奴隸，毫無指望。」「一旦淪為殖民地之後，不但有政治上的差別，還有教育的不均等，待遇和機會的不平等，然而這些敢怒不敢言的種種心酸卻必須承受。」面對政治、經濟、教育上的不平等，吳濁流的反應是不服、不滿、嫌惡、憤怒、苦惱，有時候「禁不住像抓一、二個日本人痛揍一番（《無花果》79、120、162、88-91；《臺灣連翹》62）。

在日常生活中，日本人與臺灣人的差別、甚至於對立、鬥爭，是逃不過吳濁流敏銳的觀察，譬如說四湖公學校有六名教員，日本人擔任校長及教導主任，呈現的是上下間的垂直分工（《無花果》87）。只不過，非經歷過殖民統治的當代讀者，恐難判斷究竟這是普遍的情況，抑或是多愁善感的教員所選擇

---

19 我們知道，原生以及結構因素的關係，可能是相互強化，也有可能是缺一不可（interactional）；這要留待未來進一步作有系統的實證考察。

認知的特例？譬如說由獅潭左遷而來的日籍校長，因為不夠圓滑而得罪上級以及地方人士，然而，他對日本人也毫不通融（《無花果》99-100），也就很難指控其歧視臺灣人了。相較之下，吳濁流在關西公學校的經驗，因為與日本人的接觸更加頻繁，差別待遇的不平就更具體而微，譬如宿舍的分配，以及薪水的差別（《無花果》106-7）。

　　不管如何，當時臺灣人認同的政治表現，就是被日本人歧視。日復一日面對 Connolly（1991）所謂的「認同獨斷」（identity dogmatism 或 Appiah（1994）所謂的「認同暴虐」（tyranny of identity），臺灣人的下位認同不斷地被提醒，倒也在無可奈何中獲得鞏固。

　　不過，情境的不同也左右著吳濁流對認同差異的反應，尤其是在離鄉背井之際，不得不重新思考自己對日本人的評價。譬如說，他發現京都的日本女性與臺灣所見不同，既沒有優越感、也不會歧視臺灣人；[20] 他也訝異竟然有日本貴族會主張民主；而太田秀穗校長更是能同情了解臺灣學生（《無花果》71-73；《臺灣連翹》40）。如果臺灣不是殖民地、如果臺灣人不被歧視，吳濁流是否願意接受日本人的認同？

　　又如，他在南京大陸新報擔任記者的那段時間，雖然是自我流放，卻讓他心曠神怡，因為同事間並無偏見或差別待遇，甚至於與同事上野竟成為莫逆之交，這完全與他在公學校的經驗迥然不同，彷彿嶄新的日本認同已融合而成（《無花果》129-30）。為甚麼此間的日本知識分子如此高尚？是因為戰爭的緣故，讓他鄉的日本臣民拉近距離，超越了血緣上的藩籬，宛如美國的黑人及白人，經過韓戰、越戰的共同鎗林彈雨經驗，終於凝聚了共同的認同感？[21]

---

20 他的用詞是「人種的差別觀」。
21 進一步來說，如果日本贏得戰爭，日本人是否有更多的機會善待臺灣人？

還是，純粹是他的專業能力受到賞識？可惜，吳濁流並未提供足夠的敘述供我們判斷。

此外，不公平的結構可能超越原生的血緣關係。老一輩的讀書人也因日本人的政策而前途受阻，再也沒有機會考秀才、舉人、進士。同樣地，當時臺灣人最高只能當到「巡查補」，因此就常理而言，要想透過唸書來求上進、發展，幾乎是不可能的（《無花果》75；《臺灣連翹》17）。因此，臺灣人如果僥倖能當到巡查補，會被視為「吃日本屎」而憎恨，因為日本警察如果是帝國主義的看門狗的話，那麼，「做日本憲警的走狗的兒子，那是族人的恥辱，都認為到不如殺給豬吃的好。」（《臺灣連翹》17、23、50）

其實，吳濁流相當坦白，他遇事或許可以不分臺灣人還是日本人的區別，只問對或錯。然而，面對決構性的阻礙，即使臺灣人有意願超越原生特質的差異，他們又有選擇的自由嗎？又如，規範果真可與民族認同劃清界線？譬如說，甚麼叫做正義、公平，也都難逃認同差別的制約。終究，他不得不承認，即使沒有差別待遇，民族問題還是存在的（《無花果》107）。

（三）建構面向

更重要的是，既然「臺灣是臺灣人所開拓的，並沒有借用清朝的力量」，是滿洲人自己在甲午戰爭敗給日本，又不是漢人戰敗，清朝憑甚麼將漢人的臺灣割讓給日本呢？（《無花果》35、39）為甚麼臺灣人會自動自發對抗日本人的征服？吳濁流強調，作子孫的人有義務去捍衛祖先開發的土地，「怎樣的大敵來都無所謂，要勇敢地作戰。一旦村中有敵人攻進來，大家都要合力拚命戰鬥」：

> 在不知不覺中灌流在臺灣人的血液中。保衛自己的村莊是自己的義務，這種觀念，不知何時，在無意識中，已混入血液中。具有這種

精神，一但有了外敵，自然就要顯露出來。因此，聽到有日軍來臨，
便湧起抗日的思想，變成抗日行動，自動地馳赴抗日陣線參加抗戰。
所以，不必有命令。勝與負也是他們所不考慮的，只認為沒有盡到
自己的職責，就對不起祖先，一死也在所不辭。

（《無花果》38-39）

　　村民不只與原住民作戰、也與新竹人作境界之爭，又要抗拒盜匪的侵襲，
更要對抗日本軍。這些犧牲的先民，就是「義民爺」，這種保鄉衛民的感情、
意識，他稱為「義民廟精神」（《無花果》46-47）。這種對土地展現的鄉土
之愛，就是萌芽中的民族主義。

　　日本人的優越感或是偏見，比歧視更微妙而無法具體指控，因此，是不是
個案並不重要，因為民族意識還是可以用其他理由來合理化。即使他本身並沒
有特別遭到歧視，為甚麼也要反抗日本人的所有作為？他猜測，「這就是所謂
的民族意識吧。」因為：「祇要是日人所作所為，不論好壞都一律視為不當。
統治者與被統治者的心理，有如婆媳之間的不正常。」（《無花果》101）

　　不過，吳濁流倒是相當很清楚，日本人的同化政策就是要消滅臺灣人的民
族意識（《無花果》75）。對於自我認同受到壓制，他自然耿耿於懷：

所謂一視同仁、內臺融合，口號倒蠻像回事，實則為政者不時都在
暗地裡阻止內臺融合。這當然不外是發自民族偏見，日本人的那些
為政者都是認為大和民族的血比漢民族得更優秀。

（《無花果》104）

　　透過結構不平等的認知，原本視為理所當然的個人認同受到政治化，並且

開始擴張為集體認同。吳濁流遺憾自己未能如願念醫學校，並非只有自己無法操縱個人的命運，而是臺灣人的集體命運如此，「臺灣全島，就像在波浪上浮沉的小舟，被命運的波浪撥弄著。」因為在運動會中嘲笑日本人督學無能，吳濁流與一群臺灣人教員被羞辱打頭，竟然沒有人怪罪他為始作俑者，「共同命運」的集體認同感油然浮現（《臺灣連翹》33、100-1；《無花果》114）。祖父宿命般地訓誡他：

> 臺灣是一個孤島，周圍都被海包圍著，想逃也逃不出去。我們完全和籠中的鳥一樣，並不之甚麼時候會被殺死，是我們的命運可悲。
>
> （《臺灣連翹》25）

雖然民族自決的理念會在午夜夢迴時浮現，但是面對殖民的結構，卻似乎是毫無出路，因為「對日本的巨大力量，個人的力量等於是個零」，「面對日本的強大武力，臺灣人等於是雞塒裡的雞而已，註定無能為力了」，「抵抗只有破滅」（《無花果》98、108；《臺灣連翹》78）。然而，這並不全然是失敗主義，因為：

> 雖然五十年間被壓制在日本人的鐵蹄之下，但是臺灣人還是沒有屈服，卻經常在做精神上的對抗。好像在學校也好，在運動場上也好，各機關團體也好，時常都在努力著不輸給日本人而競爭著。至於日本人，一直都持著優越感而自負比臺灣人優秀，但臺灣人以為自己是漢民族而比日本人的文化高，於是在前意識中做了精神上的競爭。換一句話說，可以說是日本人和臺灣人在臺灣的五十年間做了一種道德的競爭。
>
> （《無花果》161）

　　從武裝抗爭到精神上的競爭，臺灣人堅持對土地的愛，不滿殖民結構的歧視，偶而也將感情投射在久未謀面的祖國。然而，坦白而言，自決的理念只是短暫的漣漪，未能構成臺灣人認同的堅實基礎，是否因為菁英的努力不夠？還是日本人的壓制太過於綿密？抑或是日本人的認同政策並非完全封閉，讓臺灣人菁英分子有接受同化的機會？

三、構成戰後臺灣人認同的因素

　　由於國民黨政權本質上是漢人的正統，與漢裔臺灣人是所謂的「同文同種」，正好提供社會科學家千載難逢的機會作實驗控制，尤其是在中華民國政府退守臺灣之後（1949）。也就是說，在抽離原生因素（即日本異族）的干擾後，臺灣人與日思夜夢的祖國正面大規模接觸，讓我們可以更能有效而客觀地評估，到底不平等結構是如何影響集體認同的產生。

　　就 228 事件的報導，除了因為新聞記者的身分，「視野比較廣闊」而「站有很方便的立場外」，吳濁流本人更有強烈的使命感，擔心事件的真相被歪曲 （《無花果》34）。不過，228 事件只是「外生變數」（exogenous variable）。所謂外生變數，是指超越我們的解釋模型所能控制的因素，或因為外部環境的變動，給政治體系帶來的衝擊，譬如說，短期內的大量人口移入。在這裡，外生變數是一種特殊的情境條件，意即在類似的脈絡之下，它不一定可以再度複製。 然而，外生變數也不全然是「偶發因素」（random variable），意思是說，它的出現並非毫無章法而無法合理解釋。

（一）原生面向

　　戰後，吳濁流以為臺灣是「完全解脫而回到祖國的懷抱，已經不是殖民而是真正的祖國的人民了。」在心情上，「就像是小鳥飛出鳥籠一般。」也因為

物資的引入，飢餓的臺灣人久旱逢甘霖，頓時「陶醉在抗戰勝利和光復的喜悅
之中」，並且熱切企盼接收人員前來，「那種心情，就像是等呀等的，人家不
來還是在等」（《無花果》161-62、164；《臺灣連翹》152）。

　　當吳濁流第一眼看到祖國部隊寒酸落魄的軍容時，就難掩意外與失望之
情；不過，外表或氣質上的差異，並不妨礙認同聚合的嘗試。他的表達方式是
有「奇異的感覺」、「強烈的感情」，相當的含蓄。他甚至於嘗試去作善意的
解釋，只要能打敗日本軍就滿足了，「那寒滄的樣子，正是民族精神的實體
啊」。然而，一般臺灣人[22]還是不免要拿尺來比一比，反而是日本兵「裝備
完善威風凜凜」，「心中似乎有一種不滿足的感覺」（《無花果》171；《臺
灣連翹》154）。那就是幻滅的開始。

　　在日常生活上，臺灣人及外省人之間因有語言不通，或習慣、規範的差異，
往往造成隔閡或誤解。此外，軍人蠻橫的行徑，接收人員的戰地徵用心態，甚
至於結婚對象的競爭，也令臺灣人十分嫌惡（《無花果》184-88、198-99；《臺
灣連翹》155）。

　　當彼此的接觸越頻繁，臺灣人免不了將外省人與日本人比較起來。在吳濁
流的印象裡，這些接收人員良莠不齊，尤以投機分子及亡命之徒為多，他們「擁
有現代知識者少而古代官僚作風者多」，卻又以貪污為能事，臺灣人自然瞧不
起。他又回想在報社服務時的外省人同事，「都狡猾不肯盡責任」。更令他無
法釋懷的是，外省人大多以抗戰有功而處處表現優越感，心態上自負而又鄙視
臺灣人。

　　彼此的猜忌在228事件中一覽無遺，尤其是廣播傳來的消息，總令人半信
半疑，甚至於懷疑是否為緩兵之計而捏造出來的。吳濁流更引用當時的雜誌分

---

22 吳濁流的用詞是「本省人」、「本地人」。

析，懷疑長官公署暗中策動毆打外省人，陰謀以苦肉計來造成中央派兵鎮壓的藉口（《無花果》220-21；《臺灣連翹》187）。從此，「同床異夢，本省人是本省人、外省人是外省人的心理隔閡，一如日本時代本島人與日本人的關係。人人都必定保持一定距離，以為安全。」（《臺灣連翹》223）

儘管如此，臺灣人只覺得是陳儀相當固執、無能、不老實、無仁慈心，對於祖國仍心存寄望，毫無怨恨（《無花果》227）。吳濁流以為，陳儀當時若能開放一部分日產工業給臺籍公司經營，應該可以舒緩臺灣人知識分子的不滿，更可以收納普遍失業的臺灣青年（《無花果》197）。果真個人的特色，可以超越經濟結構的制約？

在這個認同斷裂的情境下，臺灣人的認同被污名化、邊陲化。然而，認同不只受到他人的認知所左右，同時還包含對自我的解釋及定位。為了要合理化其內舉不避親的排他性人事安排，外省人藉口「臺灣人受到奴化，非再教育便無法使用」，也讓後者覺得是存心羞辱，不服氣地反譏前者為「只知道睡覺和吃而什麼也不會幹」的豬（《無花果》175、177、188-89；《臺灣連翹》157-58、171、184）。

面對臺灣人、外省人間的對罵，吳濁流樂觀地認為不過是小孩子吵架，因為大家「同樣是中國人」。同樣地，他以為228事件只不過是兄弟間的鬩牆而已（《無花果》189、226）。然而，惡言相向的背後，反映的不只是刻板印象、或是文化差異，更牽涉到赤裸裸的資源分配及政治結構的壟斷，豈是逡巡不去的原生血緣關係所能超越？

（二）結構面向

臺灣人與外省人最大的矛盾，在於外省人除了順手接收了日本人的職位，更大舉安插生疏、甚至於不適任的親戚，譬如說長官公署，連工友都不用本地人；他們不敢、或不願起用能力較高的臺灣人，頂多以女性職員當花瓶，顯

現缺乏自信的窘態。臺灣人認為政府不信任他們，自然沮喪（《無花果》175-77、187；《臺灣連翹》170）。

　　知識分子原本高度期待，他們戰後的際遇一定會比日治時代順遂，結果只有少數人能僥倖進入公家機構，而且多為閒缺；「與日本時代一樣，政府機關的上層部分，由外省人取代了日本人，而臺灣人依然是龍套的角色。」此外，過去的薪水差別待遇依然延續下來，也讓他們大為不滿。如果與殖民地無異，那為何要「光復」呢？又算是哪一種「天下為公」呢？雖是後悔，卻又認命般相信這些不是自己所能主導，也只能心灰意冷了（《無花果》178-79、195-96、210；《臺灣連翹》158）。

　　青年人最為失望，尤其是由中國或南洋解甲的軍夫、軍屬，幾乎是人人前途茫茫。那些原先派駐海南島、廣東者，受到中國人的報復蹂躪尤甚於日本人，好不容易千辛萬苦回到臺灣，竟發現遺缺全由無能而傲慢的外省人所控制，自然憤懣（《無花果》209-10；《臺灣連翹》171）。

　　日治時代流離祖國的臺灣人，戰後紛紛倦鳥歸巢，恰好給臺灣人認同又一次試煉的機會。吳濁流的好友章君流亡中國，不得已替汪精衛政權工作，並不一定出賣臺灣人，很難說是「臺奸」，返臺後卻被檢舉為「漢奸」；荒謬的是，章君倉皇藏身處竟是中國。在這認同斷裂的節骨眼，吳濁流覺得身為夾縫中的臺灣人左支右絀，因為如果當年章君不避走中國，很有可能就要上中國戰場，而且免不了槍口要指向祖國，又當何罪？

　　吳濁流也不滿，如果對於日本軍隊都採「以德報怨」，為何還要為難苦命的同胞呢？同樣的，如果他心目中的民族主義者林獻堂都可能被檢舉，豈不半數以上的臺灣人都要入獄了？「這種胡亂的做法比起對付曾經是敵人的日本人還要慘酷。」（《無花果》190、178-79）他當然百般無奈：

> 臺灣人在異族的鐵蹄下喘息了五十年，現在好不容易回到祖國的懷
> 抱，和大陸同胞一塊兒過一家團圓，共敘天倫之樂的生活之際，不
> 但沒有安慰，反而擊來一記鐵鏈，於是動搖了人心，不由得令人想
> 到好像恐怖政策的前奏似的。　　　　　　　（《無花果》179）

　　在這企盼被接受的心境下，吳濁流對自己的認同又開始懷疑。是因為臺灣人的認同被阻礙，還是自己選擇排拒呢？抑或是，臺灣人因為認同受阻，只好選擇排拒的途徑？不管如何，被排拒的經驗一再累積，臺灣人的認同在陰錯陽差中，逐漸獲得凝聚淬煉。

（三）建構面向

　　外省人認為臺灣人忘恩負義：要不是他們八年抗戰，臺灣人要永久當日本人的奴隸。臺灣人則以為，兄弟之間不應該有特權。更何況，「臺灣是我們的故鄉，……像你們這樣拙劣的政治是沒有辦法的，讓我們來代替，好好做給你們看吧。」吳濁流表示，這是相當單純的想法（《無花果》26-27）。雖無露骨的民族自決語調，卻已充分表現本省人與外省人之間，集體認同的分野了然於胸。

　　我們在《無花果》或《臺灣連翹》裡，看不出吳濁流有推崇民族自決的蛛絲馬跡，反而在《亞細亞的孤兒》暗藏脫離中國的弦外之音。[23] 他對於日軍策動御用紳士進行臺灣獨立，反應是出乎意料的憤怒（《臺灣連翹》150）。乍看之下，他彷彿對祖國仍有濃厚的感情，因此無法真正進行認同的「重新配置」（reconfiguration）。當然，也有可能是因為推動者令他嫌惡；因此，如果排

---

23 請參考施正鋒（1998：102）的分析。

除日本軍人、或是被皇民化的臺灣人，他或許會有更高的評價。或者是說，在白色恐怖的氛圍下，對任何臺獨訴求舉動的譴責，就已經是在作散播臺獨意識的努力，足以構成殺頭的罪名了？

　　除了自己的認同，吳濁流也思考「二世日本人」的認同放逐。這位女老師因接受本島人的提親而被調走，旋因丈夫戰死而被迫遣回鹿兒島的夫家，最後卻因被當作外國新娘而排斥（《無花果》103-4；《臺灣連翹》86-88）。為甚麼她會被日本人視為外國人？吳濁流猜測是因為她必定有某些「臺灣的」關係，也就是「她出生於臺灣，吃了臺灣米兒長大的。」（《臺灣連翹》90）然而，他是否願意接受臺灣出生的日本人？

四、認同變動的分析

　　我們先前以《亞細亞的孤兒》為文本，間接去了解吳濁流在大戰結束為止的認同觀，發現他筆下描寫的臺灣人，雖然已有原生式的認同，尚未有明顯的建構論觀點（施正鋒，1998）。在中國人認同以及日本人認同的競爭過程裡，太明原本以為認同是建立在原生的漢人血緣、或是華人的文化上，而日本殖民者所加諸的不平等結構，彷彿也強化了他的信念；面對認同的衝突，除了武裝抗爭外，回歸祖國似乎是有為者的唯一選擇。然而，兩度祖國之行，徒然只讓太明體會到臺灣人命運的悲哀。若非日本戰敗，我們懷疑臺灣人是否會進一步發展出獨立建國的思想。

　　在《無花果》（210）裡，吳濁流帶著建構式的觀點指出：「臺灣人本來就是臺灣歷史和環境下所產育的，所以自然而然會有一種特質。」然而，除了自然及人為的環境，他的歷史建構仍有濃厚的原生論外貌：臺灣人的祖先是來自中原的漢人，因不願臣服入侵的異族而南遷福建、廣東，進而東播臺灣或遠渡南洋。總而言之，他認為這些人的特色是追求自由而向外發展，再不就是對

抗異族，是「漢族中最不屈服異族的人們」。

在《無花果》以及《臺灣連翹》裡頭，他對於日治時代臺灣人認同的描述，呈現了三大意象：祖國情、反殖民政府及土地愛。祖國代表的是血緣及文化上的聯繫，是徬徨無助中的一線希望，也是幻滅的根源。日本殖民政府代表的是異族，也帶來不公平的結構，更是負面的「重要他者」（significant other）。[24] 開墾表達了對土地的愛，也顯示土地所有者的正當性，卻未能正面揭櫫民族自決的理念。

相對地，吳濁流描述在戰後回到祖國懷抱的臺灣人，雖然真正與祖國來的外省人接觸，卻爆發胸口淌血的 228 事件。族群間的差別待遇，撕裂臺灣人原本對祖國毫不保留的感情，也切斷原本血緣至高無上的思考。臺灣人對土地的熱愛仍然不變，依然未有明顯的自決訴求。

令人費解的是，為甚麼在戰後發生的 228 事件，竟會牽扯到日治下臺灣人的境遇？尤其是用相當多的篇幅來陳述？是否他開始質疑漢人祖國的重要性？抑或嘗試去比較國治及日治的異同之處？

回想日治時代，儘管從小聽大人訴說殖民政府濫殺抗爭者的故事，畏懼日本人如怕鬼般，連小孩子聽到日本警察都不敢再哭，現在卻是被回味成「夢一般的黃金時代」，自然是對戰後「不意討生活那樣侷促的感覺」不滿（《臺灣連翹》15、18-20）。除了對未經文明洗禮的過去，透露鄉愁般的眷戀外，同時也在表達對戰後的政治現實、社會現狀不滿。

與《亞細亞的孤兒》時相較，吳濁流在《無花果》以及《臺灣連翹》開始注意到菁英的角色。首先，在第一次世界大戰結束後，由於留日臺灣菁英的努力，發行《臺灣青年》雜誌，島內的知識分子得以接收外來的思潮，也體會

---

24 有關「重要他者」的概念，見 Triandafyllidou（1998）的說明與運用。

到惡法的壓制及差別待遇是不公平的。當然，這也要歸功新型的傳播媒體出現，可以無遠弗屆，讓居於窮鄉僻壤的他也可以吸收到臺灣人文化運動的氣息（《無花果》78-80）。

　　然而，在吳濁流的眼中，臺灣青年雖然受到民族自決的思潮影響，「真正地與這新思潮發生共鳴，徹底去追求它的熱血卻稀薄。只過是漫然地談談說說，一如流行感冒罷了。」（《無花果》70）如果我們的了解沒有錯的話，他認為即使不待西方思潮的鼓舞，處境為殖民地的臺灣原本就有相當的矛盾；然而，光有矛盾，並不意味著民族意識就會產生。

　　吳濁流也注意到菁英間的競爭，同時也提醒我們要小心處理認同的合併（collapsed）。根據他的詮釋，228事件爆發前的政治鬥爭，並非單純的本省、外省人間的對立而已，各自內部也有激烈的派系競爭。譬如說，對所謂「三刀」的訕笑，其實是他省人士對福州人盤據官僚體系的不滿，本省人並不懂箇中矛盾（《臺灣連翹》186-87；《無花果》209）。可惜他自己並未進一步發揮。

　　此外，戰後「半山」由中國回臺，自我放逐的認同原本可以取得復原，竟也鄙夷臺灣人的認同。這些人起先被當作民族英雄來歡迎，後來因際遇不同而產生內、臺兩派的對立；除了有人以奴化為由批鬥本土知識分子外，也有人在228事件中，「竟也和外省人沆瀣一氣，出賣本省人」（《無花果》209；《臺灣連翹》208-10、157-58、193-94、222、234）。基本上，吳濁流認為半山在當時扮演了相當負面的中介角色，大致評價不高。

　　他解釋戰前臺灣學生組成各同姓會，乃基於漢人「傳統自然產生的團結」，並非根據民族自決所產生的民族意識（《無花果》73）。他也因此坦承，即使看到報導說文化協會的成員被檢舉，因為其中沒有熟人而不會為之沸騰（《臺灣連翹》73）。同樣的，戰後臺灣人歡迎祖國來的接收人員，除了根據鶴佬或客家族群外，也再度看到同姓宗親會的模式（《臺灣連翹》153）。由凝聚的

方式來看，臺灣人的認同仍有相當強列的宗族意識，只能算是「前民族主義」
（pre-national）或「次民族主義」（sub-national）。

五、結論

透過臺灣人的共同經驗的大描述，跨越了時間、空間及文化上的差異，嚴
肅檢驗臺灣人在面對情境條件所作的選擇，吳濁流其實是在嘗試塑造嶄新的臺
灣人認同，企圖進行臺灣民族意識的重新建構，為臺灣民族運動作動員。因
此，他的《亞細亞的孤兒》、《無花果》及《臺灣連翹》，當然是臺灣民族文
學（national literature）。

隨著情境條件的變動，被壓制的臺灣人不斷思考認同的自我定位，一再企
圖擺脫他者恣意硬加的認同，不願接受外人的社會結構，以及分類囚籠所制
約，尤其是面臨認同斷裂之際，正是臺灣人進一步尋求認同凝聚、提升的契機。
在日治時代，原生面向的臺灣認同與結構面向相互強化，臺灣人因此有流亡祖
國的選擇。在戰後，結構面向壓制了原生的關係，逼使臺灣人要用心思考，到
底臺灣人的認同要如何重新建構。

如果比較臺灣人菁英的角色，吳濁流在戰爭前至少看到啟蒙性的文化運
動、以及民族自決理念的推介，戰後的描述反而是集中在彼此間你死我活的鬥
爭，除了觀察到諸如「建立三民主義的模範省」般吶喊外，缺乏能號召人心的
正面訴求。戰前的吳濁流除了對祖國有思慕之情，更是絕對地反日本皇民化、
反殖民統治；在戰後，他雖然對前來接收的外省人有所保留，卻無明顯的反中
國態度。

根據 Connolly（1991：174）所述，面對支配者硬加給的認同，即使我
們選擇逃避的方式，依然會被視為偏離的認同；如果我們不想屈服，終究還

是要作抗拒努力。他認為，最後只有靠政治才能拯救我們免於沉淪了（Only politics could save you now.）。這時，或許就是否開始思考「甚麼是中國人？」「甚麼時候開始不當中國人？」的時候。

參考文獻

呂新昌，1995，《鐵血詩人吳濁流》。臺北：前衛。

吳濁流，1971，《泥濘》。臺北：遠行。

_____，1977a，《亞細亞的孤兒》。臺北：遠行。

_____，1977b，《功狗》。臺北：遠行。

_____，1977c，《波茨坦科長》。臺北：遠行。

_____，1977d，《南京雜感》。臺北：遠行。

_____，1977e，《黎明前的臺灣》。臺北：遠行。

_____，1977f，《臺灣文學與我》。臺北：遠行。

_____，1988，《無花果》。臺北：前衛。

_____，1989，《臺灣連翹》。臺北：前衛。

_____，1991，《吳濁流集》。臺北：前衛。

林衡哲，1988，〈三讀《無花果》〉，收於吳濁流《無花果》，頁 231-55。臺北：前衛。

張良澤，1988，〈《無花果》解析：從《無花果》看吳濁流的臺灣人意識〉，收於吳濁流《無花果》，頁 7-32。臺北：前衛。

陳嘉農，1989，〈為吳濁流《臺灣連翹》出版而寫〉，收於吳濁流《臺灣連翹》，頁 5-13。臺北：前衛。

鍾肇政，1976，〈以殖民地文學眼光看吳濁流文學〉。《臺灣文藝》53 期。

彭瑞金，1986，〈從《無花果》論吳濁流的孤兒意識〉。《臺灣文化》2 卷：15-19。

施正鋒，2000，〈客家人由中國遷徙臺灣〉，高雄市研考會委託計劃第一章。

_____，1999，〈臺灣意識的探索〉，《臺灣政治建構》。臺北：前衛。

_____，1998，《族群與民族主義：集體認同的政治分析》。臺北：前衛。

葉石濤，1991，〈吳濁流論〉，收於《吳濁流集》，頁 269-82。臺北：前衛。

Anderson, Benedict, 1991, *Imagined Communities: Reflections in the Origin and Spread of Nationalism*, rev. ed. London: Verso.

Appiah, K. Anthony, 1994, "Identity, Authenticity, Survival: Multicultural Societies and Social Reproduction," in Amy Gutman, ed. *Multiculturalism*, pp. 149-63. Princeton : Princeton University Press.

Bhabha, Homi K., 1990, "Introduction: Narrating the Nation," in Homi K. Bhabha, ed. *Nation and Narration*, pp. 1-7. London: Routledge.

Connolly, William E., 1991, *Identity\Difference: Democratic Negotiations of Political Paradox*. Ithaca: Cornell University Press.

Fanon, Frantz, 1967, Black Skin, *White Masks*. New York: Grove Press.

Horton, John, and Andrea T. Baumeister, 1996, "Literature, Philosophy and Political Theory," in John Horton, and Andrea T. Baumeister, eds. *Literature and the Political Imagination*, pp. 1-31. London: Routledge.

Isaacs, Harold R., 1975, *Idols of the Tribe: Group Identity and Political Change*. Cambridge, Mass.: Harvard University Press.

Levinson, Natasha, 1998, "Unsettling Identities: Conceptualizing Contingency," in Susan Laird, ed. *Philosophy of Education* 1997, pp. 61-70. Urbana, Ill.: Philosophy of Education Society.

Martin, Denis-Constant, 1995, "The Choices of Identity." *Social Identities*, Vol. 1, No. 1, pp. 5-20.

Shih, Cheng-Feng, 1995, "The Emergence of Basque Nationalism in Spain: Struggle for Peace in a Multiethnic State." *Peace Research*, Vol. 30, No. 3, pp. 41-58.

Smith, Anthony D., 1986, *The Ethnic Origins of Nations*. Oxford: Basil Blackwell.

Triandafyllidou, Anna, 1998, "National Identity and the 'Other.'" *Ethnic and Racial Studies*, Vol. 21, No. 4, pp. 593-612.

Wurgaft, Lewis D., 1995, "Identity in World History: A Postmodern Perspective." *History and Theory,* Vol. 34, No. 2, pp. 67-85.

跨時代跨語作家的戰後初體驗：
龍瑛宗的現代性焦慮（1945-1947）^{*1}

柳書琴

一、前言

　　1937 年以〈植有木瓜樹的小鎮〉入選日本中央文壇《改造》徵文而登上文壇的龍瑛宗，為日據後期臺灣重量級日語作家。其作品具有濃厚私小說屬性，蒼白浪漫卻不乏對殖民社會批判的深度，與同為當時中堅作家、以現實主義為基調的張文環、呂赫若、楊逵相較，擁有殊異風格。1947 年 228 事件以後龍瑛宗與多數戰前作家一樣，迫於政治社會情勢、文壇變化、語言改換、家庭生計等各種艱難，有過近 30 年輟筆的沉潛時期。但是在 1999 年辭世之前，他也曾先後於戰後初期（1945-1947）、合庫退休後的數年（1976-80 年代前期），締造了個人戰後文學生涯的兩次高峰。²

---

* 本文原刊登於《臺灣文學學報》，2005，4 期，頁 73-105。因收錄於本專書，略做增刪，謹此說明。作者柳書琴現任國立清華大學臺灣文學研究所教授。

1 本文為本人國科會計畫「從戰中到戰後：臺灣跨時代、跨語作家研究」結案成果之一，曾於修平技術學院主辦的「戰後臺灣文學學術研討會」（2002.10）宣讀，承蒙國科會人文處資助，並蒙論文講評人靜宜大學趙天儀教授諸多教示，謹此致謝。

2 龍瑛宗沈潛的 30 年間，文學相關文稿僅〈左拉的實驗小說論〉（《龍安文藝》1949）、日文小說〈故園秋色〉（1952，未發表）、〈日人文學在臺灣〉（《臺北文物》1954）等寥寥幾篇。不過此間他未停止文學之閱讀與構思，退休後旋即以日文撰寫〈媽祖宮的姑娘們〉（1977）、〈夜流〉（1977）、〈夜黑風高〉（1977）、〈紅塵〉

　　1945 年日本戰敗，臺灣人從殖民地統治中獲得解放。然而跨越時代，對龍瑛宗等出生於殖民統治下的臺灣人卻充滿挑戰，包含戰後復原、語言更換及種種社會變遷之適應。對不同世代、階級或教育背景的臺灣人，時代課題造成的衝擊各有不同。就語言更換的影響而言，從現存的戰後初期報刊雜誌可見，語言更換對日語作家的衝擊大於漢語作家，對日語中堅作家[3]的負面衝擊又明顯大於日據末期才登上文壇或摸索創作的日語青年作家。[4]因此在戰後初期報刊上現身的戰前作家，多為漢語作家、日語青年作家，日語中堅作家僅限少數因家學、私塾教育、個人專業領域、祖國經驗（留學、工作等）而通曉中文者，譬如：黃得時、楊雲萍、王白淵、吳新榮、張冬芳等。在戰前日語中堅作家中，呂赫若為極少數快速克服語言障礙者，但 228 事件後投身政治解放運動。王白淵 20 年代即能以漢文寫作、1933 至 1937 年的旅華經歷更使其中文表現不成問題，然而戰後活躍於媒體的他關懷重心已非文學。同樣地，張文環從1944 年開始接觸地方政治，1946 年當選第一屆省參議員後全心投入地方事務，1970 年以後才以日文創作復出文壇。

　　漢文基礎薄弱的龍瑛宗，跨語能力相當有限。戰後初期他曾嘗試中文書寫，但日文仍占壓倒性多數，1980 年〈杜甫在長安〉推出後才完成他個人定

（1978）、〈斷雲〉（1979）等含中長篇小說在內的新作。此外他亦積極嘗試中文創作，推出〈斷雲〉（1980）、〈杜甫在長安〉（1980）、〈勁風與野草〉（1982）等中文小說。80年代中期以後龍氏創作減少，以雜文、憶往、舊作翻譯居多。參見許維育〈戰後龍瑛宗生平寫作年表〉，收錄於《戰後龍瑛宗及其文學研究》（清華大學中文系碩士論文，1998 年 6 月）。

3 戰前日語中堅作家，主要指30年代登上文壇的《福爾摩沙》系列作家王白淵、張文環、巫永福等；以及不屬此系統、但同樣於30年代成名的楊逵、呂赫若、陳垂映、黃得時、楊雲萍、吳濁流、鹽份地帶作家、風車詩社同人等。

4 戰前日語青年作家，指 40 年代出發的青年作家或學生作家，以葉石濤及銀鈴會諸人最具代表。

義的中文創作，此後他清一色以中文書寫，達成個人跨語書寫的願望。[5] 在日語未受禁止的 1945 至 1947 年間，他深受臺灣光復、新時代來臨之激勵，秉持強烈的文學使命感，先後發表隨筆、評論、詩、小說多篇，並以擔任編輯之《中華》雜誌及《中華日報》日文版文藝欄為舞台，孜孜於文藝及文化運動，堪稱戰前日語中堅作家中除了楊逵以外，極少數曾於戰後發揮豐富文學歷練，企圖有意識地「接續」並「拓展」戰前文學及文化發展的作家。1946 年 10 月《中華日報》編輯工作受日文報紙雜誌禁令影響而結束，他逐漸失去發表工具與舞台，228 事件爆發後作品銳減，此後由於任職合庫與 50 年代社會不安，終於輟筆到退休為止。

　　龍瑛宗終其一生熱愛文學，但是在大戰前後慘澹經營，稍能發展文學的時間不過 10 年而已（1937-1947）。時代的撥弄也使他戰後與晚年的文學努力顯得步履蹣跚，成就受限。如龍瑛宗一代出生於殖民統治下、經歷戰火與光復等激烈社會變遷的「跨時代跨語作家」備極艱辛。然而他們的活動除了具有文學或藝術成就之外，在各類型「文學跨越行為」中其實亦潛藏了許多值得探索的意義。臺灣文學史上「跨越語言的一代」早經詩人林亨泰的提出，不過論者多將眼光集中於「銀鈴會」或其相近世代（譬如，鍾肇政、廖清秀等），亦即戰前日語青年作家或日語文藝青年；觀察重點也多止於語言轉換的困難、技巧或速度差異等「跨越行為」之表層現象。對於戰前日語駕馭能力幾近純熟、文學觀與世界觀相對穩健的日語中堅作家，亦即語言轉換更形困難、價值衝擊更為複雜的一群，由於多屬「（不／不完全）跨越語言的一代」，而未予注意。此外，「跨語」（或未能／未能充分跨語）現象實為「跨時代」現象的一環，跨越行為背後深層的思想與價值變化或許更值注意。

---

5 參見許維育《戰後龍瑛宗及其文學研究》，前揭文，頁 113-114。

　　本文擬以 1945 至 1947 年龍瑛宗的各式發表稿為中心，觀察身為少數活躍
於戰後的文學者，他如何以文學者的思維面對充滿激烈變遷的「新時代」？如
何思索跨越時代的課題？有關龍氏戰後初期的文學活動及其社會關懷，最早展
開研究的朱家慧、許維育等人，已提出不少重要意見；[6] 本文將把重點集中於
作家對新時代的認知、思考如何影響其戰後初期的文學活動此一面向。筆者認
為，綜觀龍氏戰後初年諸稿，「殖民性的清理」、「現代性的追求」、「封
建性的批判」是其根本關懷，也是他此期的思想主體與行動依歸。此一關懷與
他幾經辯証地觀察新時代、新政權，從而對臺灣及中國的社會文化有所反思有
關。他對現代社會的追求與呼籲，以幾近焦慮的程度反映於文藝活動之中，在
擔任《中華日報》日文「文藝欄」與「文化欄」期間尤為明顯。當時他企圖以
文藝運動落實現代啟蒙的理想，在活動表現上略有重評介輕創作的傾向。本文
嘗試由此觀點對戰後初期龍瑛宗的社會關懷、文藝理念、文化改造理想，提出
統合性的解釋。

二、樂觀的民族主義者：初臨光復的龍瑛宗

　　臺灣光復三個月後，定居臺北的龍瑛宗開始密集發表文稿，至次年春以
前，共計發表了〈民族主義の烽火〉（1945.11）、〈青天白日旗〉（1945.11）、
〈文學〉（1945.12）、〈汕頭から來の男子〉（〈汕頭來的男子〉1945.12）、〈太
平天國〉二回（1946.1、4）、〈中美關係和其展望〉（1946.1）等六篇。包含
短篇小說、隨筆、短評、歷史掌故在內的這些文稿有一個共通的特色，就是充
滿著樂觀的民族主義色彩。

---

6 朱家慧《兩個太陽下的臺灣作家：龍瑛宗與呂赫若研究》（臺南市立藝術中心，2000
　年 11 月）。

〈民族主義的烽火〉與〈太平天國〉標舉洪秀全太平天國運動對創建民國的影響。龍瑛宗再三強調：太平天國運動為抗拒滿清異族統治與列強帝國主義侵略而發起，是「中華民族自救更生運動」、「（中國）民族主義的發端」、「有意識的民族主義」、「民主主義的烽火」。他並認為「偉大的中國民眾像不死鳥一樣」、「太平天國的民族精神由國父孫文的革命運動繼承，再傳至蔣委員長，才終於完成我們的民族革命。」文中自述幼年從父執輩口中聽聞太平天國及孫文革命逸事，便以民族英雄視之。[7]戰後龍瑛宗隨即為文頌讚兩位客家先烈偉業，顯見「光復」此一重大歷史事件對他內心沈潛的民族記憶產生了強烈的召喚，並促使他將「臺灣光復」投射到中國近現代史「民族匡復（反清）」、「解除殖民（反帝國主義）」的系譜上加以評價。

「太平天國運動→辛亥革命→抗日→臺灣光復」，民族屢屢由剝而復、從殖民復歸的歷史，形成龍瑛宗「中國民眾像不死鳥一樣」的歷史詮釋，也奠定他此時樂觀的中國民族主義信念。此期諸稿以各種形式，顯現此種樂觀的中國民族主義信念。其中〈中美關係和其展望〉，便有相當代表性。在這篇時勢論稿中，他將中國視為與美國同樣充滿潛力的「未來國家」，並認為由於兩國皆曾對民主主義做出貢獻，工業發展的階段互不矛盾，因此擁有合作的共通點。文中除了流露龍瑛宗對中國戰後發展的樂觀、中國將以大國姿態維繫亞洲和平的信心，也顯示他對祖國政府民主主義性質的信賴。[8]

小說〈青天白日旗〉以上街賣龍眼的農民父子為主角，描述臺灣人由畏縮的「被殖民者」一躍成為昂首挺胸的「中國人」之光復體驗。內容一如其標

---

7 本書原為作者 1996 年於成功大學歷史所提出之碩士論文。許維育《戰後龍瑛宗及其文學研究》一書，與陳萬益教授主持的「龍瑛宗全集蒐集整理計劃」相互配合，使向來一麟半爪的戰後龍氏文學活動有了完整面貌。

8 參見龍瑛宗〈民族主義の烽火〉，《新青年》1：3，1945 年 11 月；〈太平天國〉，《中華》創刊號、2 號，1946 年 1 月、4 月。

題，朝氣蓬勃的街道、百姓生龍活虎的表情與笑靨、青天白日旗聖火般的登
場……，各場景交互散射光燦活躍的光復氣氛。題材、手法與戰前龍瑛宗最具
代表的知識分子題材、私小說手法、蒼白黯淡的氛圍，明顯不同。「阿炳」對
光復的第一體認是未來不會再有徵糧以及被日警毆打的慘事。末尾充滿光復感
動的他更向兒子訓示道：「你要記住做日本人的時候，假如有什麼傑出的才華，
還是得不到一官半職。現在時勢變遷了，端看你的用功如何，便可以做官了，
你要專心唸書才對。」[9]小說顯現龍瑛宗對光復後臺灣社會的發展、民眾生活、
人民的社會參與，充滿光明信心。

　　另一篇小說〈汕頭來的男子〉，龍瑛宗則以其擅長的私小說文體、舒緩的
抒情筆法，在一片歡欣中追念一位不及躬逢光復的憂國青年。臺灣青年「周福
山」憤慨日本殖民統治，赴祖國投靠叔父從商，卻發現日本帝國主義者與不肖
臺商狼狽為奸，欺凌祖國人，自己無異共犯。因此體認到投考軍校才能貢獻祖
國，不過後來因語文能力差、盧溝橋事件爆發返臺，願望未能實現。返臺後他
對戰爭局勢、中臺前途依然備極憂心，然而在黑暗的戰時下卻難有作為，最後
空懷建設祖國的熱情病逝於空襲、疫病與貧窮之中。[10]龍氏筆下的「周福山」，
是「黎明前夭逝的理想主義者」，他的死與〈植有木瓜樹的小鎮〉（1937）中
在闇夜長眠的「林杏南長子」之死一樣令人嗟歎。不過「林」等待的是社會主
義明日世界，「周」則是「回歸祖國」。經歷 8 年戰事，在大東亞戰爭落幕後，
龍瑛宗此刻的「黎明願望」似乎帶有更多的民族主義成分。此外，小說中曾強
調在百無可為的黑暗局勢中，「年輕人投效以祖國是專心讀書」。臺灣青年奮
發他日必為祖國所用，此看法與〈青天白日旗〉如出一轍，在在顯現龍瑛宗對

9 彭智遠（龍瑛宗）〈中美關係和其展望〉，《中華》創刊號，1946 年 1 月。
10 龍瑛宗〈青天白日旗〉，《新風》創刊號，1945 年 11 月。引用龍氏自譯文，發表於《路
　　工》48：5，1983 年 5 月。

祖國與新時代的樂觀信念。

如上所述，1945 年間龍瑛宗樂觀的中國民族主義信念，反映在他對中國政權之民主主義性質、中臺戰後社會發展、民眾生活、人民社會參與的信心上。除了對戰勝統一的祖國充滿關懷與信賴之外，他也相當關切臺灣人在「新時代」的發展問題。除了前面述及的「奮發有用論」之外，他還在〈汕頭來的男子〉及同期發表的隨筆〈文學〉中，從臺灣人及文學者兩角度提出臺灣人自我調整的課題。

〈汕頭來的男子〉中，龍瑛宗坦然提出殖民統治下臺灣人主動或被迫扮演日帝幫兇的問題。同時刊載於《新新》創刊號的隨筆〈文學〉也論及同樣問題，顯見龍氏對此問題的留意。

> 試回顧一下臺灣吧！臺灣無疑是殖民地。在世界史上殖民地，文學能夠繁榮的一次也沒有。殖民地是與文學無緣的。
>
> 儘管如此，臺灣不是有文學嗎？不錯，有過像文學的文學。然而那不是文學，明白吧。
>
> 有謊言的地方就沒有文學，只有戴著文學假面具的假文學。我們首先非自我否定不可。我們非再出發不可。非走正道不可。[11]

龍瑛宗在〈青天白日旗〉、〈汕頭來的男子〉、〈文學〉及同期諸稿中，陸續發表光復禮讚，以及對臺灣人、臺灣文學的批判與省思。這些言論卻影響了近人對他的評價。

最早對龍氏戰後初期文學活動進行探討的朱家慧，將〈青天白日旗〉、〈汕

---

11 龍瑛宗〈汕頭から來の男子〉，《新新》創刊號，1945 年 12 月。

頭來的男子〉與呂赫若〈故鄉的戰事（一）：改姓名〉、〈故鄉的戰事（二）：
一個獎〉、〈月光光〉，視為一系列的「日本經驗的反省小說」。她認為：

> 臺灣知識份子在面臨歷史軌道逆轉之際，除了歡欣與憧憬之外，還
> 多了一份高度的警覺性，一方面以文化人的使命感投身於臺灣心靈
> 的重建工作，另一方面也小心翼翼地揣摩新歷史的價值觀，企圖在
> 「日本化」與「中國化」的夾縫，尋求一個平衡的位置。[12]

因此她認為這些小說的出現，顯示戰後帶有「高度警覺性」的臺灣作家，
「在中國民族主義的一元思考下，試圖重組臺灣的歷史經驗，完全否定日本文
化，以示臺灣人的忠誠度。」[13] 對龍氏戰前參與「大東亞文學者大會」等文學
活動有相當認識的學者林瑞明，也以「有交心表態之嫌」質疑〈青天白日旗〉
的創作動機，並以「驚弓之鳥的哀鳴」予〈文學〉負面評價。[14] 陳建忠教授則
以龍刻劃了「臺灣人置身祖國與日本兩個敵對國家夾縫中的卑微心態」，是戰
後初年最顯著「背負著原罪意識的陰影來創作小說者」的觀點，繼承並拓展朱、
林說法。[15]

相較於以上傾向負面的評價，系統研究龍氏戰後文學的許維育則有意提出

---

12 龍瑛宗〈文學〉，《新新》創刊號，1945 年 12 月。本稿中使用的譯文除特別標明
　者之外，均為作者自譯。

13 朱家慧《兩個太陽下的臺灣作家：龍瑛宗與呂赫若研究》，前揭書，頁 230。

14 同註 12。

15 林認為龍氏戰前曾出席「大東亞文學者大會」，有「感謝皇軍」一類言論。戰後「如
　此言論，反映出害怕被新來的政權檢舉、清算的不安。」參見林瑞明〈戰後臺灣文
　學的再編成〉，《臺灣文學發展現象：五十年來臺灣文學研討會論文集（二）》（臺
　北：行政院文化建設委員會，1996 年 6 月），頁 41。以及林瑞明《臺灣文學的歷史
　考察》（允晨文化，1996 年），頁 288-289。

肯定說。她主張龍氏這些文稿的目的在促進祖國對臺灣的認識，「他是以代替全臺灣人的立場發言，他不要臺灣人與祖國重逢之後，因為被當作日本人、被當作漢奸這類『認同的危機』，而發生誤會衝突。」[16] 拙文在大致肯定許維育論斷的前提下，企圖揭示龍氏比許氏所見更為複雜的思想轉化過程。去年（2002）10 月拙文宣讀之後，陸續又有學者呂正惠、關西大學博士生王惠珍等人，從不同脈絡針對龍瑛宗戰後文藝活動進行再考（容後述）。諸說紛陳，正足以說明跨時代作家心靈之複雜，及多重評價、詮釋之必要。

從 1945 年間的文稿來看，龍氏對新政權及社會未來發展充滿信賴，歡欣、感觸並不矯情，對社會的反省或思考似乎也不止於忠誠宣示。細讀文本甚至可以發現，龍瑛宗的思考與反省，於大我層面多，個人利害層次少。「周福山」對自己憤慨日本、投奔祖國，卻以「臺灣籍民」身分陷入另一種日帝幫兇的尷尬處境有所反省，而想另有作為。主人公「我」固然說過：「我們生於不幸星辰之下，揹著幫兇的任務」，但是他們隨即苦心思考「我們冀望祖國勝利」，那麼「我們該有／能有什麼作為」？小說中龍瑛宗無多顧忌地提出了殖民治下臺灣人主動或被迫扮演幫兇的問題。不過人物塑造顯示，有良知的臺灣人不易掙脫的殖民宿命、荒謬乖離的命運、堅持消極抵抗或靜待來日的孤忠、生不逢時的悲哀，才是他亟欲揭示的重點。戰後初期龍瑛宗的小說輕薄短小，質量不如戰前，不過對人物思想及心理變化的掌握仍不失力道。〈青天白日旗〉以今昔之比刻劃流轉於歷史洪流中無力小民於「光復」之際的心理衝擊，及其對新舊時代的愛憎和期望。〈汕頭來的男子〉則展現了日據時期臺灣人存在的幾種慘淡姿態。與狐假虎威與殖民主共謀的臺灣人相較，龍瑛宗格外疼惜為祖國與臺灣的未來焦慮不已，潔身自好或不幸齎志以歿者。上述作品皆顯示，臺灣甫

---

16 陳建忠〈被詛咒的文學？戰後初期（1945-1949）臺灣小說的歷史考察〉，收錄於陳義芝主編《臺灣現代小說史綜論》（聯經，1998 年 12 月），頁 38-39。

告光復龍瑛宗便以整體性的眼光關懷臺灣跨時代前後的若干社會像，並開始思考臺灣人跨時代的社會處境及精神心理變化問題。

　　藉由小說，龍瑛宗表達他對戰前後臺灣人處境與心理變化的觀察思考；在隨筆〈文學〉中他則以文學者的身分反省戰前文學的內涵問題。「有謊言的地方就沒有文學，只有戴著文學假面具的假文學。」在「漢奸總檢舉」與「奴化說」造成的不安空氣尚未沸沸揚揚的 1945 年，龍瑛宗對戰前文學的批判，或許應視為他對文學場域內的殖民污漬之自我清理。而這種行為與他在小說中流露出的對臺灣人幫兇角色的自覺與企圖超越，正是一體的。「我們首先非自我否定不可。我們非再出發不可。非走正道不可。」龍瑛宗以少有的果決口吻慷慨陳辭，是否如先前研究所指，只是為了個人安危，意圖抹消戰前罪行呢？

　　針對這一點，黃英哲教授曾以〈文學〉一文為據，指龍瑛宗為「戰後首先對臺灣文學提出反省」的人，提出龍氏曾思考「臺灣文學的發展在殖民統治下受到了基本的限制」的問題，可惜未針對此一觀點多作闡釋。[17]

　　呂正惠教授去年發表的一篇文章，詳細針對龍瑛宗後半生的文化意識進行了再檢討。文中，他對龍瑛宗從「殖民地感傷作家」到「戰後初期認同中國的熱情知識分子」之間的轉變及其內在連貫性，作了詳細的論證。他的主要觀點如下：

> 　　戰後龍瑛宗的第一個引人注意之處是，他在光復初期，因復歸於本民族而產生興奮之情，一直努力要擺脫以前那種小知識份子的感傷氣息，企圖向民眾文學靠攏。他迅速的認識到，臺灣必須和全中國同其命運，並殷切盼望中止內戰。他的行動能力遠比不上呂赫若和

---

17 許維育《戰後龍瑛宗及其文學研究》，前揭文，頁 24。

　　楊逵，但他對大局的了解跟他們不分上下。這一切都證明，日據時
　　代那種感傷文學主要是時代使然。在殖民統治下，他心靈所受的創
　　傷不下於當時任何反抗型的作家。[18]

　　以上兩位教授的研究觀點或許不盡相同，但是他們都提示了——臺灣文學在殖民統治規限下，曾經產生某些發展限制與質相分歧的問題。這些問題往往成為戰後初期臺灣文學重新出發之際，在繼承文化遺產之前，必須先行清理與再思考的重要課題。

　　依文本所見，至少在 1945 年間龍瑛宗對「新時代」有強烈意識與樂觀期望，屢次流露對新中國、新臺灣、新國際關係之思考，以及參與「新歷史」創造的熱情。以〈文學〉為例，該文開宗明義即表明應思考「文學與新中國建設」之關係，隨後並明白提出文學的用處「就是參與新中國的心理建設」。1946年以後他也確實積極投入這項工作。由此可見，龍瑛宗當時極可能是基於參與新時代精神建設的前提，提出清理戰前文學內涵的呼籲。依此類推，他同期的小說在論者注意的「反省戰前經驗」或「戰後交心表態」等表相背後，應該還存在更主要的關懷，亦即他對臺灣人跨時代調適問題的整體性思考。

　　在激變的時代中，龍瑛宗並非沒有絲毫時代惶惑與個人焦慮。相反地，比起當時「陶醉於亢奮中」的呂赫若，大談「我們輕鬆了，多士濟濟」而打算歸農的張文環，1945 年的龍瑛宗儘管顯得樂觀，行為與言談仍顯得相對謹慎。[19]

---

18 參見黃英哲〈試論戰後臺灣文學研究之成立與現階段日據時期臺灣文學研究問題
　　點〉，收於《臺灣文學發展現象》（臺北：行政院文化建設委員會，1996 年 6 月），
　　頁 209-227。
19 引自呂正惠〈一個堅忍的臺灣作家的後半生〉，夏潮聯合會、臺灣大學東亞文明
　　研究中心舉辦，「臺灣殖民地史學術研討會：日本殖民統治時期」，2003 年 3 月
　　29-30 日。

不過這種態度不全然出於他對個人戰前表現的顧慮，除了個性因素以外，內省式的思考模式及其對戰後臺灣文化改造問題的關懷也有相當關係。

　　對日據時期養成世界觀的知識分子而言，新時代的來臨直接衝擊他們的價值系統，過去的思想與行為表現一併受到挑戰。龍瑛宗正是快速意識到臺灣人及臺灣文化面臨了前所未有的價值跨越與重構，從而企圖探索適應之道的人。在新政權尚未由上而下進行國策性的文化重編之前，他已開始思考臺灣人如何適應新時代、新時代文學應具備何種社會功能等問題；同時也意識到文化重編與心理建設的必要性，而有一些自發性的重審與調適行為。他提出的清理與重建，顯然不同於日後部份外省人士提出的奴化批判，以及國府推動的中國化政策，而這種內向性的自我批判思考，在他對新政權的性質有了更深的認識之後，也將有所調整而漸趨全面。

三、以哭當歌：憂心忡忡的戰後社會觀察者

　　時序進入 1946 年春以後，龍瑛宗的光復熱與祖國熱開始褪去。

　　他的轉變，表現在〈兩人乘り自轉車〉（〈兩人乘坐的自行車〉1946.2）、〈台南にて歌へる〉（〈在臺南歌唱〉1946.3）、〈生活と鬥ふ小孩子〉（〈和生活奮戰的小孩們〉1946.3）、〈ドン・キホーテ〉（〈唐吉訶德〉1946.5）、〈「飯桶」論〉（1946.5）、〈ハイネよ〉（〈海涅喲〉1946.6）、〈飢饉と商人〉（〈飢荒與商人〉1946.7）、〈中國認識の方法〉（〈認識中國的方法〉1946.8）、〈理論と現實：よく現實を觀察せよ〉（〈理論與現實：好好觀察現實〉1946.8）、〈ロスチャイルド家：大金持になる秘語〉（〈羅斯柴爾德家族：致富之秘〉1946.9）、〈薔薇戰爭：台胞は奴化されたか〉（〈薔薇戰爭：臺灣被奴化了嗎〉1946.9）、〈心情告白〉（1946.11）、〈內戰を止める〉（〈停止內戰〉1946.10）、〈台灣はどうなるか〉（〈臺灣會變成怎樣〉

1946.10）等詩、隨筆、評論之中。民族主義思維的淡化，對民眾生活、人民的社會參與、中臺現勢及其發展憂心忡忡，是這些文稿的共通特徵。

〈兩人乘坐的自行車〉是 1946 年 3 月龍瑛宗前往臺南擔任《中華日報》日文編輯工作[20] 前，發表的最後一篇文稿。展示在一位徘徊街頭的失業者面前的是獅子陣、酒女、舞女、霓虹燈充斥的酒池肉林，以及空襲後流行的男女共乘腳踏車的特殊風景。面對街景中充斥的各式異象，他首次以嘲諷的口吻流露出對光復社會的負面觀感。[21]

〈在臺南歌唱〉與〈和生活奮戰的小孩子們〉等南行後的最初文稿，同樣映照出作家眼下的暗澹街景：

> 來到古都臺南，我忽然想起阿爾及利亞。（中略）高砂町昔日曾是
> 鄭成功時代臺南唯一的繁榮街市，現在卻沈寂了。被轟炸過三次，
> 如您所見已成廢墟。在那裡，街市爲著生活的艱難而喘息著，街上
> 的小孩也不能像昔日般天眞地耽於遊戲，他們是吃著甘薯的、勇敢
> 的小生活戰士。三月的季節風從上空徐徐吹拂著那白色的廢墟和那
> 些孩子們。[22]

1946 年春包括龍氏友人在內的一批批日本人被遣送回國，他也為追逐生計舉家遷徙到陌生地臺南。他不只一次在文章中吐露為謀食而浪居的感傷，以及時代更替造成的離情。物換星移、時代容顏快速轉換，此時的他也因各種內

---

20 許維育《戰後龍瑛宗及其文學研究》，前揭文，頁 26。

21 《中華日報》「文藝欄」於 7 月 25 日改為「文化欄」。前後兩欄的編輯工作均由龍瑛宗擔任。

22 龍瑛宗〈二人乘り自轉車〉，《新新》第 2 號，1946 年 2 月 1 日。

外因素漸失開朗，[23] 而把自己比喻為「被流放到異地的悲哀詩人」：

> 臺南是沒落的貴族
> 以亨利 · 海涅的方式向臺南打招呼
> 臺南便微微一笑
> 我滿懷傷悲
> 同志臺南喲
> 我的歌也滿懷傷悲 [24]

南國鮮明的風土，予憂鬱傷感的他一股異國情調之感。然而與此同時歷劫沈淪、滿目瘡痍的古都，以及社會經濟凋零下喘息營生的人們，更深深刺激了他敏感的神經，使他滿懷悲哀。不待多久，戰後的蕭條也使他成為為生活掙扎的市井小民之一。「我已看不見臺南的異國情趣。我也成為混雜在平凡市井小民中的一人，行走於臺南的街道上。」[25] 顯然，戰後民眾生活困苦，社會發展不如龍瑛宗事前預期，個人生活的前景也不樂觀。

比起 3 月甫到臺南時「歌聲充滿傷悲」，6 月的他進而瀕臨「無歌」狀態。

---

23 龍瑛宗〈生活と鬥ふ小孩子〉，《中華日報》，1946 年 3 月 21 日。

24 龍瑛宗自 1945 年 6 月結束《臺灣新報》編輯工作之後，一直到 1946 年 3 月擔任《中華日報》編輯部日文編輯員之前，幾乎在失業狀況。《中華日報》工作頗適合龍氏發揮，依常理推測此時赴任新職心情應不致黯淡至此，可能有其他原因。〈台南にて歌へる〉、〈ある女人への書翰〉均提及他與某位（日籍）已婚女士的友誼。家屬曾表示，當年他似曾有位頗能交流文學心得的「紅粉知己」，戰後返日。依文稿記述，該女離臺時龍正前往臺南赴任，兩人背道而馳，不及話別。因此筆者推測，龍氏此時心情黯淡，與此事可能也有部分關係。

25 龍瑛宗〈台南にて歌へる〉，《中華日報》，1946 年 3 月 15 日。另外，龍氏也曾在《女性素描》一書的〈第二封信：關於臺北與臺南〉一文中，提到初到臺南的他充滿感傷，把自己想像為如海涅一般，「被流放到異地的悲哀詩人」。參見，龍瑛宗《女性を描ふ》（大同出版社，1947 年 2 月），頁 43-44。

〈海涅喲〉

海涅喲
在世界盡頭的小島
有一位想念你的
可憐的詩人

那位詩人
是無名的詩人
吃著稀飯的
不歌唱的詩人

海涅喲
在臺灣的舊街裡
有一位想念你的
可憐的詩人

那位詩人
是無名的詩人
在光復的陰翳下哭泣的
不歌唱的詩人[26]

---

26 《女性を描ふ》，前揭書，頁 44。

　　在飄浪、感傷、悲觀之餘，來到臺南三個月後的龍瑛宗儘量讓自己融入現實，並密切注意社會的發展。此刻他越越發現眼下的光復社會，陰影滿布、光明褪盡，與現代世界脫軌、封閉落伍，經濟與精神雙重貧困，恍如被文明世界遺棄的孤島。

　　此一圖景顯然出於一雙失望的近代主義者之眼，曾幾何時龍氏樂觀的民族主義者面貌已悄然隱褪。對戰後社會的認識日益增加，龍瑛宗越發體認「光復」非但未開啟更寬闊的新世界，相反地臺灣與現代世界通聯的大門正日益閉塞。這使他此時的心理狀態，除了悲觀之外更多了焦躁之色。1946 年夏秋之間，他開始嘗試婉轉提出個人社會觀察的意見。

　　5 月到 8 月間他發表了〈唐吉訶德〉、〈認識中國的方法〉、〈理論與現實：好好觀察現實〉等稿，呼籲以「正確的方法」觀察新政權及戰後新社會。〈唐吉訶德〉一文中，比較哈姆雷特「懷疑性、神經質、內省性」與唐吉訶德「熱情樂天、自負、富實踐性」之差異。他肯定唐吉訶德類型者的優點，但認為社會太多這類型的人並非好事，因為空有行動力，不抱持探求真理的精神，無法妥善認識目標或對象，徒致行動覆敗。文末，他呼籲「親愛的臺灣的唐吉訶德喲！要好好認清風車，不要錯失喲！」[27]〈唐吉訶德〉旁及現實問題，〈認識中國的方法〉則明白指陳正確認識中國的必要性。龍瑛宗認為，「因為我們毫無疑問的是中國人，中國的命運就是我們的命運」，現在「中國處於動盪的旋渦中，危如累卵。於今救中國、探求中國復興的血路，首先應正確地觀察中國現實，究明中國應走的必然的歷史進路」。那麼如何究明中國問題呢？他認為，須摒除先入為主的觀念，秉持科學的歷史觀，參考中、日及西方有關中國社會經濟文化的研究，從現實中進行省察，尤應注意中國獨特的封建性、官僚

---

27 劉春桃（龍瑛宗）〈ハイネよ〉，《中華日報》，1946 年 6 月 1 日。

主義及國際情勢等層面。[28] 龍瑛宗認為「現實是認識中國最好的教科書」，〈理論與現實〉一文也呼籲臺灣同胞，雖然理論與現實同樣重要，但是在考察臺灣問題時「更應多觀察現實」。[29]

除了呼籲以正確方法觀察新政府及其領導下的社會現實之外，此時他也翻譯大陸作者撰寫的〈「飯桶」論〉一文，間接對文中批判的中國大官耽於逸樂百姓卻極其困苦一事表示應和。7月與9月先後發表的〈飢荒與商人〉、〈羅斯柴爾德家族〉等短文，則以西方社會名例，藉古諷今，影射戰後臺灣奸商囤積居奇、哄抬糧價，導致百姓瀕臨餓死邊緣，以及為富不仁者亂發戰亂財等不義現象。他將歷史案例與臺灣現況相比，提出「如果臺灣『食』的問題不能解決，那麼未來必定很暗澹」之警告，呼籲政府嚴厲取締奸商。[30]

龍瑛宗自日據時期便相當關心知識分子的出路問題，1945年抱持「奮發有用論」的他，對光復後臺灣人民的社會參與充滿信心，然而次年他的想法便有了轉變。在〈私の大學〉（〈我的大學〉1946.6）文中，他指出國家前途／文化／天才／人才晉用之間的重要關聯。他認為：能夠拯救中國的是「文化」，能夠拯救中國文化的是「天才」。但是現在的中國卻輕視文化、輕視天才，只注重學校教育與文憑，無異扼殺人才。[31] 在〈人才の扼殺：人事問題に關して〉（〈人才的扼殺：關於人事問題〉1946.8）中，他再次為文批判戰後臺灣學歷至上的人事政策。他認為：「人們多將『新臺灣建設』，當作創造『新的合理的歷史』的同義語」，但是從人事問題看來，卻非如此。能夠「創造歷史」的

---

28 R（龍瑛宗）〈ドン・キホーテ〉，《中華日報》，1946年5月13日。

29 彭智遠（龍瑛宗）〈中國認識の方法〉，《中華日報》，1946年8月8日。

30 風（龍瑛宗）〈理論と現實：よく現實を觀察せよ〉，《中華日報》，1946年8月22日。

31 參見風人著、龍瑛宗譯〈「飯桶」論〉，《中華日報》，1946年5月30日；龍瑛宗〈飢饉と商人〉，《中華日報》，1946年7月25日；R（龍瑛宗）〈ロスチルロスチャイルド家：大金持になる秘語〉，《中華日報》，1946年9月5日。

優秀人才不一定出自學校，他呼籲社會正值勃興之際應打破形式主義與學歷主義，勿使俊才埋沒於陋巷。[32]

　　把「新臺灣的建設」等同於「新的合理的歷史」，可見龍瑛宗對戰後社會的發展曾有過高度期待。然而，從上列文稿可見，1946 年以後他不再相信中國為「未來大國」，對於早先有關光復後新歷史的發展、民眾生活、人民的社會參與等方面的樂觀看法，也作了修正。他捨棄光復初時「全盤肯定」、「想當然爾」的孺慕觀點，不斷從各種中外讀物及歷史經驗認識中國、分析臺灣現勢。他不斷摸索客觀看待新社會的方法，除了為文表達對個人及社會全體發展的憂慮之外，也開始旁敲側擊地批判新政權及其統治下的亂象。臨近政府廢止日文報刊（1946.10.24）前的一、兩個月，身為《中華日報》日文組主任的龍瑛宗對現實的警示與批評更趨積極，直截了當。

　　10 月龍瑛宗對戰事再起充滿焦慮，〈戰爭乎和平乎〉一文對戰後和平表相下潛藏的危機提出警告。他表示，二次大戰在形式上已告終結，但戰爭餘波並未完全平息，印尼、菲律賓、西歐、中國各地仍有戰火。全世界命運都受美蘇影響，孤島上的臺灣人應對國際動向有所認識。[33]10 月底他針對中國現況發表〈停止內戰吧〉一詩，痛切呼籲停戰，從事和平建設，解除民眾長期以來的痛苦。

　　　〈停止內戰吧〉
　　　停止內戰吧
　　　內戰起來老百姓將越越痛苦

---

32 R（龍瑛宗）〈私の大學〉，《中華日報》，1946 年 6 月 13 日。

33 風（龍瑛宗）〈人才の扼殺：人事問題の關して〉，《中華日報》，1946 年 8 月 8 日。

會瘦、瘦、瘦死喲

沒有老百姓成什麼國家

停止內戰吧

可憐的百姓

含著眼淚含著眼淚

渴望安居樂業

停止內戰吧

內戰起來將使百姓

從黑暗中出生而依舊黑暗

不得不趕赴墳場

停止內戰吧

和平、奮戰、救中國

在自由和繁榮之上

建設我們的美麗新中國 [34]

　　日文欄刊行最末日，龍瑛宗並未如同版其餘稿件發表日文欄廢止對個人創作或生計問題的影響，而持續以沉重的憂慮發表〈臺灣會變成怎樣〉一文作為對讀者的警語。「我們臺灣會變成怎樣呢？」他認為影響臺灣命運的因素可從內、外方面來考量。外部因素方面，一受中國整體政治發展所制約，二受美

---

34 龍瑛宗〈戰爭課か和平か〉，《中華日報》，1946 年 10 月 3 日。

蘇主宰的世界政治所影響；內部因素方面則是「本省創造自己歷史的意志與力量」。他指出臺灣可能發展的路線有三。一、特殊狀態路線；二、與國內各省同等政治狀態的路線；三、愛爾蘭式獨立路線。他對三種走向有如下分析：

> 第一種路線即現在臺灣正艱苦行進著的這種路線，第三種路線我認為現在臺灣的歷史條件與環境尚未成熟。因此對全中國以及臺灣都好的路線是第二種路線。達成第二種路線的可能性以國共和平談判為重要關鍵，如果和平談判破裂、內戰長期化，那麼臺灣同胞、當然還有全國同胞，則必須覺悟到將有更悲慘的黑暗日子，中國將面臨有史以來空前的危機。
>
> 我們要回想最偉大的國父孫中山先生的話：「和平、奮鬥、救中國」、「革命尚未成功，同志仍須努力」。[35]

1946 年以來龍瑛宗持續呼籲臺灣同胞認清國際情勢與臺灣現況，最後終於以少見的大膽發言揭示臺灣發展的可能方向。他多次呼籲「自己的命運需用自己的手去開拓不可」、[36] 臺灣人應以「創造自己歷史的意志與力量」決定臺灣前途。而此時的他也以他所贊同的第二種路線，明白揭露光復後臺灣與內地各省政治權力不平等、內戰將持續影響臺灣社會發展、臺人應警醒爭取自己權利的諸種事實。

如前所述，龍瑛宗赴南任職前後便時常流露低沉的情緒，之後雖因對現實關注加深而稍顯積極，但是因戰後社會不安、失望引發的悲觀與焦慮並未紓

---

35 彭智遠（龍瑛宗）〈內戰を止める〉，《中華日報》，1946 年 10 月 23 日。
36 龍瑛宗〈台灣はどうなるか〉，《中華日報》，1946 年 10 月 24 日。

緩。在「名作巡禮」系列的多篇文稿中，都可以看見他試圖壓抑悲觀，追求「暗澹中的一絲光明」的態度。此時的他表面上充滿「戰鬥精神」，[37] 實際上卻帶著困境求生、勉力為之的成分。[38] 他離職後發表的〈心情告白〉一詩，充分流露這種心境。

　〈心情告白〉
　我
　以異國的腔調
　　唱起了歌

　我是
　真正的中國人
　真正的中國人

　我的
　心裡在哭泣
　為了百姓
　為了百姓[39]

---

37 R（龍瑛宗）〈海燕〉，《中華日報》，1946 年 10 月 23 日。

38 許維育曾在其前揭論文中，以「戰鬥到聲嘶力竭」描述龍氏《中華日報》時期的思考與寫作。

39 譬如：〈フンでの死〉（《中華日報》，1946 年 5 月 9 日）一文中，龍瑛宗談到：意識死，方能知道人生的重量，而深入禮讚。我們必須肯定人生，否定生，那麼我們的社會只有破滅一途。〈老殘遊記〉（《中華日報》，1946 年 6 月 1 日）一文，則談到世上所有傑作，都是作者靈魂哭泣的產物。〈阿Q正傳〉（《中華日報》，1946 年 5 月 20 日），談到果戈里晚年陷入神秘主義，但是堅持現實主義者精神的魯迅則奮戰到最後，在暗澹中燃燒一絲光明。

龍瑛宗為了內戰再起、「新的合理的歷史」遙遙無期，充滿憂慮。因而為文呼求停止內戰、廣納人才、民眾警醒。他以哭當歌，為故鄉殘敗、民眾困苦悲歌，為和平短暫戰後社會封閉退卻哭泣，也為自己的不合時宜傷悲。

1946 年以後龍瑛宗逐漸體認新政權的限制，文稿中的遣詞用字也日趨謹慎，流露警覺性。但是面對艱辛的中臺現狀質問「誰不流滂沱的淚為國家前途憂慮呢？」[40] 的他，卻沒有刻意噤聲獨善其身。然而即使如此，1946 年底他也不得不認識到，只能以舊征服者的語言發出嚶嚶憂時之調的自己，在日文禁止後失去了工具與舞台，日趨動盪的社會更將把他愈愈拋離文藝運動的軌道。

綜上所述，戰後龍瑛宗在高度的光復熱與祖國熱驅使下，對戰後社會發展與民眾生活抱持高度關心，對社會變化敏感的他，不斷從各方面補充、調整、修正自己對新政權及新社會的認識。這些努力卻使他無法成為一個長久歡欣的民族主義者，1946 年初以後他便在日趨變調的光復社會中喪失了對祖國政權的樂觀信任。此後他以《中華日報》為舞台，焦躁地呼籲正確觀察中國現實的重要性，並積極傳布文藝運動的藍圖與願景，而從一位樂觀的民族主義者變成一個憂心忡忡的民主主義者。

四、文藝運動與社會改造：龍瑛宗對現代社會的呼求

以龍瑛宗為碩博士論文研究對象的王惠珍，在她的研究中曾這麼寫道：

> 初自殖民地體制的枷鎖中解放出來的臺灣社會百廢待舉，客觀環境
> 並不容許龍瑛宗太過沈溺於個人的浪漫感懷憂傷中。「中國的命運

---

40 龍瑛宗〈心情告白〉，《中華日報》，1946 年 11 月 17 日。

即是我們的命運」，將臺灣問題回歸到中國問題的範疇中思索，積極地思索臺灣文化如何在殖民時代所累積的文化基礎上，營造新文化進而與提昇祖國文化，共同建設新中國。這是戰後初期臺灣智識份子共同面臨的難題，急待突破的困境。[41]

王惠珍指出龍瑛宗此時的主要關懷及思考模式，這部分也正是本節將逐一梳理的。

喪失對祖國政權的樂觀信任後，龍瑛宗反而逐漸能在激烈的社會變遷中冷靜思考。他嘗試控制自己悲觀的情緒，以奮戰者之姿提出社會觀察的省思與建言。也正是從那時開始，他對中國封建性的反省才與他對臺灣殖民性的清理產生對應，形成若干精神建設與文化改造觀點，使他對戰後中、臺社會的發展問題有了更全面的思考視野。

1946 年以後龍瑛宗在論述中漸漸以「中國」一辭代替充滿民族主義情感的「祖國」一辭，對社會現勢提出批評。然而這並不意味他此時對祖國或中國的認同有明顯轉變，至少在 228 事件爆發前他仍流露對國家的高度認同。「因為我們毫無疑問的是中國人，中國的命運就是我們的命運」、「如果中國滅亡了，我們也將滅亡」，此時龍瑛宗中臺命運共同體的思維與「天下興亡，匹夫有責」[42] 的愛國心，比之〈汕頭來的男子〉一文所流露者，並無顯著差異。有所不同的是，他不再認為民族匡復必然能開啟新時代，對祖國政府創造「新的合理的歷史」的能力感到懷疑。對新政權產生疑慮的同時，龍瑛宗的社會思考

---

41 龍瑛宗〈文化を擁護せを：臺灣文化協進會成立を祝ふ〉，《中華日報》，1946 年 6 月 22 日。
42 王惠珍〈浴火鳳凰：關於龍瑛宗的臺南時期‧兼論《女性素描》〉，「張文環及其同時代作家學術研討會」論文，國家臺灣文學館、國立文化資產保存研究中心籌備處主辦，靜宜大學中文系承辦，2003 年 10 月 18-19 日，頁 183-204。

也產生了轉變，他逐漸從信任政權的力量轉而信任民眾的力量，民族主義的熱情也次第被民主主義的知性所取代。此時他最關心的就是，如何以民眾的意志與努力，進行深層的社會文化改造的問題。龍瑛宗曾提到魯迅痛恨中國社會的劣根性因而有種種批判，然而他卻是「真正最愛中國的人」。[43]1946 年期間龍氏似乎也就是出於「清理封建性」、「啟蒙群眾」的心理，透過《中華日報》「文學巡禮」、「知性之窗」等專欄，持續提出其精神建設與文化改造的意見。

基本上，他的精神建設與文化改造觀點，建構於他對中國社會性質（包含政權、社會、人民）的認識上，而體現於追求現代社會的主張之中。〈太平天國〉（1946.1）、〈個人主義の終焉：老舍の「駱駝祥子」〉（〈個人主義的結束：老舍的駱駝祥子〉1946.3）、〈阿Q正傳〉（1946.5）等文章顯示，光復後龍瑛宗積極從各種日文讀物，特別是中國新文學名作去認識中國。他對中國的關切主要在近現代中國的歷史演進及其社會性質兩方面，五四以來中國知識界對這些議題的思考似乎給他不少啟示。隨著時間進展，他的中國認知日漸增長、蛻變。

早期龍瑛宗在〈民族主義的烽火〉與〈太平天國〉等文章中分析近代中國的歷史困境，曾將民族革命視為結束封建統治與列強殖民的重大成就，對革命後的社會發展抱持相當樂觀。這些文章顯示，當時他的主要關懷在民族革命，尚未注意到社會改革層面的問題。到了〈個人主義的結束〉一文發表時，龍瑛宗仍流露政治新局面必能引發社會新氣象之線性思考，不過另一方面他也開始認識到中國／中國人的悲劇背後有更為複雜的社會文化問題，亦即封建性的問題。綜合〈個人主義的結束〉與〈阿Q正傳〉兩文，他認為：中國的悲劇是特殊歷史背景下的產物。滿清異民族的征服、列強帝國主義的侵凌、軍閥割據

---

43 引號中幾處引文，皆出自〈中國認識の方法〉，前揭文。

的禍害，強化了中國社會的封建性格，同時造成中國人充滿拜金思想、極端利己主義的扭曲性格。唯有消滅封建社會，才能解除中國與中國人的悲劇。欲消滅封建社會，則必須促進民眾「自我意識的覺醒」，並使其自我意識昂揚到「社會意識」的層次，亦即促進「近代意識」的萌芽。此乃戰後龍瑛宗對現代性問題的初步思考。

　　1946年中期以後，隨著國際局勢與中臺情勢的動盪，龍瑛宗益發有意藉由省察中國文化的落伍性格尋找方策。他認為「現在中國正面對深刻的社會危機，其象徵的文化也瀕臨危機」。[44] 他甚至不客氣地指出，雖然中國曾有優秀文化，但是亞細亞生產模式使中國經濟停滯，導致社會上層建築的政治與文化也腐敗、停頓了。「我們中國人不能不坦承，現代的中國文化在世界上是一點都不值誇耀的落伍國家。」[45] 因此，他呼籲以「科學的世界觀」反省中國獨特的封建性、官僚主義，究明「中國應走的必然的歷史進路」。[46] 那麼，什麼是「科學的世界觀」、什麼又是「中國應走的必然的歷史進路」呢？龍瑛宗認為：「科學的世界觀」是「近代性自我的覺醒與確立」，亦即「知性的解放」之後的產物。「科學的世界觀」是「現代文明的原動力」、「建構歷史的力量」，也是達成「政治民主化」的必備條件。至於「中國應走的必然的歷史進路」，他認為那也就是「民主化的道路」。[47]

　　龍氏的主張顯示，1946年以後他已認識到民族革命（漢族中興、抗日勝利、臺灣光復等）不能解決中國（及臺灣）的所有悲劇，社會文化的落伍性格

---

44 〈阿Q正傳〉，前揭文。
45 〈文化を擁護せよ：臺灣文化協進會成立を祝ふ〉，前揭文。
46 彭智遠（龍瑛宗）〈中國古代の科學書：宋應星の「天工開物」〉，《中華日報》，
　　1946年9月12日。
47 〈中國認識の方法〉，前揭文。

才是影響國家強弱興亡的關鍵。因此他對社會國家發展的思考，也逐漸從民族主義轉向民主主義。龍瑛宗對政治民主化的思考，與他對光復後臺灣未與國內各省達成政治平等的特殊狀態有關。不過其關懷卻不止如此，民主化問題只是他有關中國現代化問題思考的一環。龍瑛宗所言的「知性的解放」，簡言之也就是民眾近代意識的啟蒙與確立。他認為，知性的解放與政治民主化息息相關。中臺同胞正因為欠缺「文藝復興」以及「近代性自我的覺醒與確立」之過程，所以無法邁向民主主義的道路。[48] 這樣的社會使他感到悲哀，「封建社會不允許有知性的覺醒，所以民眾一直被迫陷於無智之中。因此東洋人的知性是沈睡的，東洋人的表情是悲哀、無智的。」[49] 他十分憂慮中國社會的落後性格將限制國家社會的未來發展（連帶影響臺灣），更擔心中國、臺灣將與當代社會疏離，落後於現代社會之外。他文章中多次強調的文藝復興、知性解放、近代性自我的覺醒與確立、科學與工業革命、民主主義，綜而言之也就是西方現代化運動的主潮。這些論述正反應了他對祖國政府領導下的中國與臺灣缺乏現代性，有著強烈的焦慮。

如上所述，龍瑛宗認為中國富強之道，就是必須克服封建性，也就是要現代化，包括工業化（科學力）、民主化（政治力）、文藝復興（文化力）、民眾知性啟蒙等。對身為文學者、副刊編輯的龍氏而言，他尤其關心文藝復興與民眾啟蒙兩方面。龍任職《中華日報》期間，積極設立專欄引介世界文學、推廣文化議題、鼓勵青年作家、關注女性文化教養、有意識地對讀者進行知性啟蒙。從種種努力看來，顯然他曾經有意引發風氣，促成一次「戰後臺灣的文藝復興」[50]。在社會動盪、政治熱高漲的戰後初期提倡文藝運動，龍瑛宗並非不

---

48 R（龍瑛宗）〈新劇運動の前途〉，《中華日報》，1946 年 10 月 15 日。
49 參見龍瑛宗〈知性のために：お別れの言葉〉，《中華日報》，1946 年 11 月 17 日；及〈文化を擁護せよ〉，前揭文。

解箇中困難。他也曾說過，在米價高騰的時代，「若沒有做好餓死的心理準備，就無法談文學」。[51] 但是正因為體認到中國社會的落後性格與民族革命、政治革命的有限性，他不得不憑藉文學與文化的力量以現代啟蒙落實深層改造。

龍瑛宗高唱「擁護文化」。「文學巡禮」與「知性之窗」中發表的文章，多次闡述文學與文化、文學與新時代、文學與國家、文學與現代化之間的重要關聯。「文學是創造、建設美好社會的必要基礎之一」，「文化團體或文化人必須利用一切機會，使一般大眾認知文化的重要性」。他認為：不需要文學的時代，是悲哀的社會。整天想著吃不可能產生文化，那樣的社會將盜賊橫行、發展停滯。我們應該以「高度的文化力」打開現今社會的不安定，驅逐這樣的「非理想社會」。此外，他還呼籲政府或文化組織，正視文化人多於社會底層沈淪的事實，使文化人獲得最低程度的安定生活，並使被埋沒的俊才為國家社會所用。[52]

龍瑛宗以現代性觀點對政治力與文化力的重估，連帶使他看待臺灣歷史與面對中日文化的態度有了轉變。如前所述，1945 年龍瑛宗曾在〈文學〉、〈汕頭來的男子〉等文稿中，對臺灣社會在殖民統治荼毒下扭曲生成的殖民性進行反省。然而 1946 年 9 月當他在〈薔薇戰爭：臺灣被奴化了嗎〉[53] 一文檢討當時頗敏感的「奴化說」時，卻以英法百年戰爭為例，說明「文化力」比「武力」更具征服力，臺灣人並未被奴化。

---

50 〈知性のために：お別れの言葉〉，前揭文。

51 朱家慧曾以「臺灣主導的中國文藝復興」一詞，說明龍瑛宗的這種企圖。但筆者認為龍的主要關懷在臺灣，故僅以「臺灣的文藝復興」稱之。

52 《女性を描ふ》，前揭書，頁 43-44。

53 〈文化を擁護せよ：臺灣文化協進會成立を祝ふ〉，前揭文；及《女性を描ふ》，前揭書，頁 45-48。

　　我們臺灣人是有五千年文化的漢民族，絕不是非洲或南洋的未開化
　　民族。換言之，我們臺灣人的文化能力決非日本人可以打敗的，這
　　一點我們臺灣人必須清楚認識不可。

「那些對臺灣人是否被奴化議論紛紛的外省人，大可不必擔心了吧。」他
不僅否定「奴化說」，甚至還在〈日本文化に就いて：これからの心構へ〉（〈關
於日本文化：今後的心理準備〉1946.10）一文，從對外來文化的吸收能力方
面，不諱言地表示：「日本文化雖有種種弊害，卻比中國文化的水準高，『中
國是文化落伍的國家』。」他呼籲日本報紙雜誌廢止後，仍應對日本文化保持
關心，從日本文化吸收的外來文化中，圖中國文化的向上與進步。[54] 由此可見，
龍瑛宗對文化高低的判定相當程度根據於現代化程度的高低，而他此時對「奴
化說」的否定，與他對中國社會落後性格的發現，無疑是互相牽涉的。
　　1947 年 1 月龍瑛宗回到睽違 10 個月的臺北城。〈臺北的表情〉是 228 事
件爆發前他發表的最後一稿，也很可能是他以中文撰寫的第一篇稿件。[55] 在這
篇隨筆中他寫到除了轟炸過的傷痕還未完全恢復以外，臺北的表情變了。臺北
卸下了「日本的表情」，換上「上海、福州的表情」，也就是「祖國的表情」
了。起初他看見臺北「有兩種相反的表情」，一邊是憂鬱的地獄，一邊是歡呼
的天國。最後他發現，臺北根本沒有固有的表情，「因為臺北沒有鞏固的歷史
與文化」。[56]

54 R（龍瑛宗）〈薔薇戰爭：臺胞は奴化されたか〉，《中華日報》，1946 年 9 月 19 日。
55 龍瑛宗〈日本文化に就いて：これからの心構へ〉，《中華日報》，1946 年 10 月 23 日。
56 〈臺北的表情〉發表以前，龍瑛宗曾在中日文對照的《中華》雜誌上發表〈太平天
　 國〉、〈中美關係和其展望〉、〈楊貴妃之戀〉等中文稿，但極可能是雜誌社委人
　 翻譯的。另外，1949 年龍發表〈左拉的實驗小說論〉時，曾自註是作者初次使用中
　 文發表的文稿，不過筆者仍不排除稍早發表的中文稿〈臺北的表情〉係他本人所撰
　 的可能性。

〈臺北的表情〉顯示，文化的主體性問題從 1945 年〈文學〉一文發表以來到 228 事件前，一直是龍瑛宗的根本關懷。在稍後出版的單行本《女性描》（《女性素描》1947 年 2 月）一書中，他也再次論及文化主體性及中、臺文化建設的相關問題。龍瑛宗寫到：臺北乃臺灣文化的中心，但是日據時期的臺北文化不過是「殖民地的文化」、「政治性的變形文化」，無法發展成「真正的文化」。至於戰後，由於臺灣命運受限於中國政治、臺灣文化受到中國落伍文化的牽制，因此也無法發展出真正的文化。對此，他強調「切斷中國的落伍文化的枷鎖者，必須是中國人；切斷臺灣的落伍文化，必須是臺灣人。所有成果不可能由等待獲致，必須經由戰鬥獲得。」[57]

龍瑛宗似乎認為，臺灣人擁有固有漢文化，因此經歷殖民統治並未被奴化。不過殖民統治與多次的政權轉移影響臺灣文化的發展方向，使臺灣文化欠缺主體性，卻不能漠視。相對地，中國的社會文化中也有沉重的封建性問題，必須加以正視。由此可見，他對社會文化的批判與反省不局限於臺灣，對臺灣文化殖民性遺留問題的反省，也未因為對中國社會文化封建性問題的發現而轉移或終止。殖民性清理與封建性清理，在他有關戰後精神文化重建的思考中或有遲速，卻是相對應的兩面。他所希望的，無疑是中國人、臺灣人都能對此一重大時代課題有所認識，共同為新時代文化的建設挺身戰鬥。

日文欄廢止、編輯工作結束，使 1947 年春佇立臺北橋凝視夜間臺北的龍瑛宗充滿感慨：

> 臺北的夜裡，卻有豔婉的美，但是我已經疲倦了。從前我時常抱個希望來在這裡徘徊著，但是，現在的我是很多的回想比希望更加多倍在我的懷裡還生著，他使我感著疲倦。[58]

---

57 龍瑛宗〈臺北的表情〉，《新新》2：1，1947 年 1 月。

「色情的特別的表情」、城市「虛無的哭笑」，在貧富對立的臺北夜空扭曲著。社會精神的頹廢，主體性匱乏的文化，讓高呼文藝復興、民眾啟蒙的龍瑛宗充滿無力感。

初抵臺南任職時，他曾以懷才不遇的心情書寫如下一段感言：

> ……少年的我不想成為大政治家或大企業家，只想當個作家，寫下我一生點點滴滴的淚與歡樂，然後走向我的墓地。
>
> 然而帝國主義的枷鎖縛住我的手腳，我無法歌頌，悲傷也只能偷偷揮著浪漫主義的旗子。雖然年少時的我曾野心勃勃想活躍於文壇上，但雄圖大志已殘酷地破滅了，為了生活流浪復流浪、落魄又落魄，在遙遠的臺南徬徨不已……[59]

1947 年回到臺北的他，面臨文藝舞台的縮減，語言轉換的危機，個人文學進路的迷茫，以及再次轉業等生計問題，何止懷才不遇，文學活動能否持續已大有問題。

王惠珍相當精要地將龍瑛宗臺南時期的創作書寫，概括為以下三方面：一、對殖民地文學的反省；二、中國認知的重構；三、關於女性觀的論述。[60] 綜觀龍瑛宗 1945 至 1947 年初的文筆活動與思想發展，戰後一年半期間龍瑛宗從一個民族主義者漸進為一個民主主義者，與此同時他的思考焦點也從（針對臺灣人的）殖民性清理轉為（針對中國全體社會的）封建性清理之層面。對此時的他而言，「民族主義者／民主主義者」、「清理殖民性／清理封建性」之間，

---

58 《女性を描ふ》，前揭書，頁 43-44。
59 同註 57。
60 《女性を描ふ》，前揭書，頁 64-65。

有階段性遞變，卻並無矛盾。殖民性清理或封建性的清理，也不過是龍瑛宗在其現代性關懷之下，先後針對臺灣、中國不同歷史發展下形成的落伍文化進行批判的產物而已。對中、臺灣社會文化落伍性格有所體認的他，有意藉文藝運動對民眾進行現代性啟蒙，貢獻於新時代新國家的精神及文化建設。因此將主力投注於現代文藝的引介、文化議題的推動等文藝啟蒙工作。此時他的創作不多，[61] 各篇手法、風格、議題相異，顯示仍在摸索新階段的創作方向。另外，在語言轉換方面也未多做準備。1946 年 3 到 10 月，是戰後初期龍瑛宗最活躍的階段。他以《中華日報》日文文藝欄與文化欄為舞台，不遺餘力地營造文藝啟蒙風氣，幾乎未遑顧及個人發展。就這樣，充滿焦躁和憂慮地行到人生的轉振點，開始了長達 30 年的文學蟄伏期。

五、結論

現有戰後初期的相關討論中，有幾種普遍被接受的解釋。一、從 1945 年到 1947 年 228 事件爆發前，光復熱與祖國熱有由熱趨冷的「退燒現象」。二、臺灣文學作品從帶有「原罪意識（自我反省）」到形成「批判性寫實主義（批評新政權）」，呈現批判對象由內趨外的現象。[62] 三、從 1945 年到 1947 年，臺灣人民對祖國政府的認同感逐漸下降。上述三說互為表裡，說明臺灣人在解殖復歸的時代轉換中產生的失望情緒、否定態度與認同流變。

透過以上討論，可以發現 1945 年 8 月日本投降到 1947 年 228 事件爆發的一年半左右期間，龍瑛宗的思想與精神狀態，大體上與上述一、二點說法符合，

---

61 王惠珍〈浴火鳳凰：關於龍瑛宗的臺南時期・兼論《女性素描》〉，前揭文，頁 203。
62 除了五首詩之外，只有〈青天白日旗〉、〈汕頭來的男子〉、〈燃燒的女人〉（〈燃える女〉，1946.4）、〈悲哀的鬼〉（〈悲哀の鬼〉1946.10）等四篇短篇。

第三點則由於他 228 事件後文稿銳減，尚待更多證據方可論斷。不過，在龍氏光復熱祖國熱退燒及其批判之眼由內而外的轉變後面，不只是認同是否減弱的問題，而是其思考模式如何深化、理性化、全面化的問題。掩蓋於龍瑛宗的失望情緒與否定態度之表象下的，是更多被論者忽略的，一位有強烈社會認同感的作家面對時代跨越時的改革熱望，以及因此衍生出的對臺灣及中國之過去未來的各種樂觀或悲觀的思考。

龍瑛宗追求現代社會的渴望與他對新政府、新時代、新國際情勢的認知與判斷有關，更與他對臺灣社會前途的關心密不可分。比起個人安危、創作發展或語言轉換，此時他更關心文藝復興、社會改造的問題。身為一位文學之路坎坷的「跨時代跨語作家」，他的戰後初體驗顯現一位對新時代、新社會充滿熱忱的作家，在艱難中不懈地觀察、學習、摸索、修正，企圖從文化人位置對社會轉換做出貢獻的姿影。

在面臨歷史軌道轉換之際，龍瑛宗有歡欣、有憧憬、有過悔罪意識，不過他不汲汲營在「日本化」與「中國化」的夾縫尋求一個有利位置，而是基於文化人的使命感投身民眾精神的重建與啟蒙工作，努力揣摩「創造合理新歷史」、「建設現代社會」的可能性。戰後龍瑛宗由樂觀的民族主義者變成憂心忡忡的民主主義者，其批判焦點從「清理殖民性」到「清理封建性」。他的種種轉變，除了記錄戰後臺灣知識人變幻不定的社會體驗與認同變化，更顯示一位崇尚現代性的時代跨越者對新社會的幾番思索。

至於像龍瑛宗這樣在帝國統治下教育、成長，高度認同西方近代文學、日本文學的文化知識分子，如何接受、認知、形構他自以為是的現代理想，這樣的現代性具有什麼樣的特色及意義，則是可以放在多元現代性觀點上，進一步研議的課題。

參考文獻

一、徵引文獻（依刊載順序排列）

【1945 年】

龍瑛宗，〈民族主義の烽火〉。《新青年》1：3。1945 年 11 月。

＿＿＿＿＿，〈青天白日旗〉。《新風》創刊號。1945 年 11 月。引用龍氏自譯文，發表於《路工》48：5，1983 年 5 月。

＿＿＿＿＿，〈汕頭から來の男子〉。《新新》創刊號。1945 年 12 月。

＿＿＿＿＿，〈文學〉。《新新》創刊號。1945 年 12 月。

【1946 年】

龍瑛宗，〈太平天國〉。《中華》創刊號、2 號。1946 年 1 月、4 月。

彭智遠（龍瑛宗），〈中美關係和其展望〉。《中華》創刊號。1946 年 1 月。

＿＿＿＿＿，〈二人乘り自轉車〉。《新新》第 2 號。1946 年 2 月 1 日。

＿＿＿＿＿，〈生活と鬥ふ小孩子〉。《中華日報》。1946 年 3 月 21 日。

＿＿＿＿＿，〈台南にて歌へる〉。《中華日報》。1946 年 3 月 15 日。

＿＿＿＿＿，〈フンデの死〉。《中華日報》。1946 年 5 月 9 日。

R（龍瑛宗），〈ドン・キホーデ〉。《中華日報》。1946 年 5 月 13 日。

龍瑛宗，〈阿 Q 正傳〉。《中華日報》。1946 年 5 月 20 日。

風人著、龍瑛宗譯，〈「飯桶」論〉。《中華日報》。1946 年 5 月 30 日。

劉春桃（龍瑛宗），〈ハイネよ〉。《中華日報》。1946 年 6 月 1 日。

龍瑛宗，〈老殘遊記〉。《中華日報》。1946 年 6 月 1 日。

R（龍瑛宗），〈私の大學〉。《中華日報》。1946 年 6 月 13 日。

龍瑛宗，〈文化を擁護せよ：台灣文化協進會成立を祝ふ〉。《中華日報》。1946 年 6 月 22 日。

＿＿＿＿＿，〈飢饉と商人〉。《中華日報》。1946 年 7 月 25 日。

風（龍瑛宗），〈人才の扼殺：人事問題に關して〉。《中華日報》。1946 年 8 月 8 日。

彭智遠（龍瑛宗），〈中國認識の方法〉。《中華日報》。1946 年 8 月 8 日。

風（龍瑛宗），〈理論と現實：よく現實を觀察せよ〉。《中華日報》。1946
　　年8月22日。

R（龍瑛宗），〈ロスチャイルド家：大金持になる秘語〉。《中華日報》。
　　1946年9月5日。

彭智遠（龍瑛宗），〈中國古代の科學書：宋應星の「天工開物」〉。《中華
　　日報》。1946年9月12日。

R（龍瑛宗），〈薔薇戰爭：台胞は奴化されたか〉。《中華日報》。1946年
　　9月19日。

_____，〈戰爭か和平か〉。《中華日報》。1946年10月3日。

R（龍瑛宗），〈新劇運動の前途〉。《中華日報》。1946年10月15日。

R（龍瑛宗），〈海燕〉。《中華日報》。1946年10月23日。

彭智遠（龍瑛宗），〈內戰を止める〉。《中華日報》。1946年10月23日。

龍瑛宗，〈日本文化に就いて：これからの心構へ〉。《中華日報》。1946
　　年10月23日。

_____，〈台灣はどうなるか〉。《中華日報》。1946年10月24日。

_____，〈心情告白〉。《中華日報》。1946年11月17日。

_____，〈知性のために：お別れの言葉〉。《中華日報》。1946年11月17日。

【1947年】

龍瑛宗，〈臺北的表情〉。《新新》2：1。1947年1月。

_____，《女性を描ふ》。大同出版社。1947年2月。

二、中文專書及論文（依著者姓名筆畫排列）

王惠珍，2003，〈浴火鳳凰：關於龍瑛宗的臺南時期・兼論《女性素描》〉。
　　「張文環及其同時代作家學術研討會」論文。臺南：國家臺灣文學館、國
　　立文化資產保存研究中心籌備處主辦，靜宜大學中文系承辦

呂正惠，2003，〈一個堅忍的臺灣作家的後半生〉。夏潮聯合會、臺灣大學東
　　亞文明研究中心舉辦，「臺灣殖民地史學術研討：日本殖民統治時期」。

朱　家，2000，《兩個太陽下的臺灣作家：龍瑛宗與呂赫若研究》。臺南：臺
　　南市立藝術中心。

林　瑞，1996，〈戰後臺灣文學的再編成〉。收於《臺灣文學發展現象：五十年來臺灣文學研討會論文集（二）》。臺北：行政院文化建設委員會。

＿＿＿＿，1996，《臺灣文學的歷史考察》。臺北：允晨文化。

黃英哲，1996，〈試論戰後臺灣文學研究之成立與現階段日據時期臺灣文學研究問題點〉。收於《臺灣文學發展現象》。臺北：行政院文化建設委員會。

許維育，1998，《戰後龍瑛宗及其文學研究》。新竹：清華大學中文系碩士論文。

陳建忠，1998，〈被詛咒的文學？戰後初期（1945-1949）臺灣小說的歷史考察〉。收於陳義芝主編，《臺灣現代小說史綜論》。臺北：聯經。

揚帆啟航：
殖民地作家龍瑛宗的帝都之旅 *

王惠珍

一、前言

　　日治時期臺灣日語作家中，龍瑛宗（1911-1999）是少數未曾留過學的作家，因此他進入文壇的模式和其他留日作家的經歷截然不同。當王白淵、張文環、劉捷、吳坤煌等留日學生在東京創辦《福爾摩沙》，積極從事文學運動時，[1] 他只不過是位默默無名的銀行小職員，臺灣文藝界的圈外人。他於 1937 年 4 月以處女作〈パパイヤのある街〉（植有木瓜樹的小鎮）榮獲第九屆《改造》懸賞創作佳獎之後，才正式進入文藝界。《改造》是當時日本文壇四大綜合雜誌之一，所以這篇獲獎作品受到整個文壇高度的關注，自 1937 年 3 月底到 5 月各大報章雜誌的文藝版或文藝時評專欄中，皆不時可見各方評論家的意見。[2] 各家雖然褒貶不一，但因〈植有木瓜樹的小鎮〉的高曝光度，業已為龍取得進入日本中央文壇的入場券。

* 本文原刊登於《臺灣文學研究學報》，2006，2 期，頁 29-58。因收錄於本專書，略做增刪，謹此說明。作者王惠珍現任國立清華大學臺灣文學研究所教授。

1 柳書琴，《荊棘的道路：旅日青年的文學活動與文化抗爭──以「福爾摩沙」系統作家為中心》的第五章〈妖魔之花〉（新竹：國立清華大學中文所博士論文，2001 年 7 月），頁 227-390。

2 請參閱《戰鼓聲中的殖民地書寫：作家龍瑛宗的文學軌跡》（臺北：臺大出版中心，2014 年 6 月）第二章〈殖民地文本的光與影：以〈植有木瓜樹的小鎮〉為例〉。

在此之前，龍瑛宗未曾在臺灣的文藝刊物上發表過任何作品，因此他的獲獎消息在臺灣引起一陣嘩然。臺灣島內的報章雖以「中央文壇的慧星」、[3]「臺灣文壇的新人」[4]斗大的標題報導龍的獲獎消息，但島內的評論者對〈植有木瓜樹的小鎮〉一作的評價似乎譏諷多於肯定，[5]初登文壇的他為此承受不少心理上的壓力。另一方面，龍登臺的時機亦不佳，1937年7月爆發中日戰爭，情勢未卜，臺灣文壇陷入一片沉寂，可發表的文藝空間甚為有限。返臺後，他利用在帝都之行中建立的人脈關係，試圖拓展自己可能的發表空間，藉以磨練自己的寫作技巧和提升作品的水準，期待自己成為一名文學家。

此次帝都之行的種種，雖歷經數十年寒暑，但仍深深地烙印在龍瑛宗的記憶之中，為他所津津樂道。本文將利用龍瑛宗收藏的書信資料和回憶文等，互文考證考究細說龍瑛宗的帝都經驗，以便解開他的記憶密碼，探討他如何利用這次機會建立與改造社、文藝首都社的互動關係？並進一步說明龍瑛宗此行在他的文學活動中的積極意義，釐清殖民地作家與宗主國文壇的互動關係。

二、與改造社的交流

龍瑛宗在獲知得獎後，隨即向臺灣銀行請假，於6月1日[6]抱著愉悅的心情，在基隆港搭乘朝鮮郵輪「新京丸」，航向神戶港，踏上首次的帝都之旅。

3 〈中央文壇の慧星／「パパイヤのある街」の作家／龍瑛宗君を訪ふ〉，《大阪朝日新聞》「臺灣版」，1937年4月6日。

4 〈臺灣文壇の新人／颯爽、檜舞台に登場／劉君の「パパイヤのある街」／「改造」懸賞創作に入選〉，《臺灣新民報》，1937年。

5 請參閱同註2第二章之四「臺灣文壇對〈植有木瓜樹的小鎮〉的評價」。

6 根據昭和12年6月1日《臺灣日日新報》的「今日の船」的記載中，當日啟航前往神戶的船隻只有朝鮮郵輪「新京丸」。又根據昭和12年（1937）6月6日《神戶又新日報》的「けふの神戶港」的記載，當日有來自基隆港的「新京丸」入港。由此可推算龍瑛宗是在6月1日搭船前往日本。

在 6 月 6 日中午 11 點抵達神戶港，隨即轉搭特急電車「燕號」，於當晚 9 點抵達東京，[7] 下榻於本鄉駒込千駄木町 57 的愛靜館。[8] 翌日一大早便前往改造社拜訪社長山本實彥（1885-1952），展開他的旅日行程。

（一）與山本實彥社長之間的互動

改造社於 6 月 17 日在京橋區西銀座之四「樽平」[9] 舉行「改造當選者會」的聚會，同時宴請龍瑛宗和另一位懸賞創作獎得主渡邊涉。「改造當選者會」原為「改造フレンド俱樂部」，主要是由「《改造》懸賞創作」獎與「《文藝》文藝評論懸賞」獎得主所組成的團體。平常會員大都固定於每個月的 20 號前後聚餐，當天改造社的編輯人員也會列席，場地則於當日才商定，改造社社長山本實彥也經常到會捧場。[10]

從龍瑛宗所收藏寄自山本實彥的明信片與信件中，發現龍在得獎返臺後，透過書信仍持續與山本社長保持聯絡。[11] 在書簡中山本社長對他多所期許，鼓勵他多寄些文稿至改造社。山本在 1938 年 1 月前往南支那途中過境臺灣，當時兩人也曾於臺北相約見面。關於此次會面，龍曾回憶到：

> 突然回想起戰前的事，現在已經倒閉的改造社的山本實彥先生突然
> 來到臺灣，我到臺北火車站的鐵道飯店去拜會他，當時他正在與臺

---

7 龍瑛宗，〈TOKYO・あかげつと〉，《文藝》5 卷 8 號（1937 年 8 月），頁 79-83。

8 此地址是根據改造社寄給龍瑛宗的昭和 12 年 6 月 13 日〈郵戳〉的明信片上的住址。在本文筆者所使用的書簡，承蒙「龍瑛宗全集」計畫主持人陳萬益和家屬的協助，得以閱讀龍瑛宗所保留的書簡內容，在此致上謝意。其原件目前藏於國家臺灣文學館。

9 同註 8。

10 高橋丈雄，〈《改造》當選者會〉，《文藝》3 月號（1934 年 3 月），頁 59。

11 1938 年 8 月 28 日（明信片）、1938 年 11 月 19 日（書信）、1938 年 11 月 28 日（書信）、1938 年 11 月 29 日（書信）、1938 年 12 月 4 日（書信）、1939 年 1 月 4 日（明信片）、1939 年 1 月 30 日（書信）。

灣總督府的長谷川總督府通電話，他告訴我「臺灣對我而言，因緣
匪淺的地方，事實上我的父親追隨西鄉從道來臺，最後在石門喪生，
這趟想無論如何都得到石門去憑弔一番。」[12]

　　根據〈《改造》發刊以前的山本實彥：〈臺灣事件〉的連坐〉〈《改造》
発刊以前の山本実彦：〈台湾事件〉の連坐〉[13]，可知山本還曾在 1914 年與
板垣退助伯爵相偕來臺，他們為了支援政友會的殖民政策，成立所謂的臺灣同
化會，也就是臺灣人與日本人得以自由通婚，該會想以混血的方式確立領臺的
政策。但是 1917 年 4 月山本在故鄉參選第十三回眾議員選舉時，卻因臺灣事
件而被牽連，被臺灣總督府檢舉，引渡來臺下獄，最後無罪獲釋。臺灣事件的
真相至今仍未釐清，但這次選舉抹黑事件，卻留給他揮之不去的陰影。總之，
無論於私於公，山本實彥社長是位與臺灣有著某種特殊淵源關係的人物。

　　居住在臺北的龍瑛宗，偶爾也會接待訪臺的改造社記者。例如 1939 年 1
月改造社的大森先生來臺時，他便親自接待，陪同他環島。1939 年 11 月改造
社的特派記者中山省三郎（1904-1947）與海軍作家部隊一起在前往廣東途中
過境臺灣。中山帶著山本實彥的介紹信拜訪龍瑛宗，並致贈自己所翻譯的俄國
象徵主義作家索洛古伯（1863-1927）[14]的短篇小說集《かくれんぼ·白い母》。
對改造社而言，當時的龍瑛宗是他們與臺灣文化界接觸交流的重要窗口，企圖
培養他成為臺灣的張赫宙吧。

---

12 龍瑛宗，〈潮州鎮にて〉，《今日之中國》7 卷 11 期（1969 年 11 月），頁 79-80。
13 関忠果等編，〈《改造》發刊以前の山本実彦：〈台湾事件〉の連坐〉，《雜誌『改
　 造』の四十年／付・改造目次總覽》（東京：光和堂，1977 年 5 月）。
14 歐茵西，《俄國文學史》（臺北：中國文化大學出版部，1980 年 9 月）。

（二）與改造社編輯部人員間的互動

　　龍瑛宗曾提及在「一九三七年東京銀座的一家咖啡店，與日本《改造》社
主編水島先生喝茶，之後來了兩位作家與水島氏寒喧，經水島氏介紹，我才
曉得他們是日本文壇的新進作家，高見順氏與石川達三氏。」[15]、「於上野的
喫茶店，《改造》編輯員水島告訴我，這次徵文有全國八百餘篇參加，其中，
石川達三也投了稿，不過，石川的作品隨即當選第一屆〈芥川賞〉。」[16]根據
1937 年《改造》4 月號「編輯消息」欄的記載，徵文篇數的確多達八百多篇，
但石川達三早在 1935 年就以〈蒼茫〉一作榮獲第一屆〈芥川賞〉。之後，該
作品也被改拍成電影，但於 1937 年 5 月在臺遭到禁演。[17]同時，1937 年也曾
在東京與石川達三有一面之緣，時境過遷，在時間點上出現了誤差。根據以上
的兩段回憶，《改造》主編水島治男（1904-?）可能是改造社編輯部負責接待
龍瑛宗的主要人物。在他的引薦下，讓龍瑛宗有機會見到日本文壇上一些成名
作家。

　　龍瑛宗在隨筆[18]中曾提及，在某次聚會中曾與《文藝》的編輯酒匂郁見
過面談過話。[19]酒匂郁可能也列席當時的歡迎會，並在餐會上向他邀稿，所以
他將在東京所撰寫的〈東京 · 鄉巴佬〉（原題〈TOKYO· あかげつと〉）
寄至改造社，隨即被刊載在的《文藝》8 月號。

　　在龍瑛宗 1939 年 1 月 1 日的日記上寫著：「改造社的大森先生以快遞送出

15 龍瑛宗，〈文學隨筆〉，《自立晚報》（1986 年 7 月 2 日）。

16 龍瑛宗，〈一個望鄉族的告白我的寫作生活〉，《聯合報》（1982 年 12 月 16 日）。

17 〈臺灣は特種檢閱『蒼茫』にあらし〉，《日本學藝新聞》第 31 號第 6 版（1937
　　年 6 月 1 日），頁 160。

18 龍瑛宗，〈知人の死〉，《臺灣新民報》（1939 年 4 月 8 日）。

19 《文藝》，文藝雜誌，（東京：改造社，1933 年 11 月 -1944 年 9 月）。因應文壇文
　　藝復興而刊行的雜誌。

社長的電報」，大森先生與龍瑛宗、黃得時相偕從 1 月 1 日起環島 5 天，在 1 月 6 日的日記中，他又寫到「與黃先生一起在山水亭招待大森先生。」之後，龍便以環島 5 天的日記為底稿，將旅途中所見所聞撰寫成〈臺灣一周旅行〉，[20] 於 1 月 23 日將稿件寄至改造社的雜誌《大陸》。[21] 由此可知，這篇文章的發表可能是應改造社的記者大森先生之邀，為日本讀者撰寫的紀行之文。

（三）小說〈黃家〉的刊載

〈黃家〉（《文藝》8-11）延續〈植有木瓜樹的小鎮〉的主題，探討在殖民地臺灣社會中，小知識分子的苦悶與處境的作品。1940 年年初龍瑛宗將這篇小說寄至改造社時，並未馬上獲得刊載的機會。根據保高德藏寄給龍瑛宗的明信片內容（郵戳 1940 年 2 月 5 日）「下次遇到佐藤先生時，再向他詢問有關你寄至《改造》的作品。」又從保高回覆的明信片（郵戳 1940 年 5 月 12 日）得知，〈黃家〉的刊載曾被擱置一時，之後，才在《文藝》刊出。

龍瑛宗將〈黃家〉視為是〈植有木瓜樹的小鎮〉的姊妹作。關於當時的評價，他曾回憶說：「《改造》中有關《文藝》等的讀者數問卷調查，結果〈黃家〉的評價不高也不低，點數中等。點數最高的好像是岡本かの子的〈老妓抄〉」。[22]

根據《文藝》12 月號〈讀者認可什麼？〉的輿論調查和〈《文藝》11 月號的記事〉，其中〈島木與阿部對談「生活的文化」〉（原題：島木・阿部對談〈生活の文化〉）的得票數最高 288 票，小說欄的得票數中，芹澤光治良的〈稲をつくる詩〉（種田詩）最高，岡本かの子的〈富士〉得票數則為 76 票，

---

20 龍瑛宗，〈臺灣一周旅行〉，《大陸》2 卷 5 號（1939 年 5 月 1 日），頁 176-185。
21 《大陸》，綜合性雜誌（東京：改造社，1938 年 6 月 -1941 年 12 月）。在中日戰爭爆發後，專門報導中國和戰地時事的一般性刊物。
22 龍瑛宗，〈自序〉，《夜の流れ・夜流》（臺北：地球出版社，1993 年 5 月），頁 2。

龍瑛宗的得票數的確「不高也不低」44 票。

　　而且在《文藝》的 12 月號的「文藝時評」中，評論者對〈黃家〉提出了以下的評語：

> 致力於描寫地處偏僻的臺灣大家族，但是人物的描寫技巧不甚熟
> 練。以纖細的筆觸，很誠摯地描繪出具地方性的特異哀愁，但整體
> 而言缺乏嚴謹度，未能跨越同人雜誌小說稚嫩的階段。

　　可見，龍瑛宗雖然將〈黃家〉視為〈植有木瓜樹的小鎮〉的姊妹作，但這篇作品並未能獲得評論者的肯定，讀者的反應也相當平淡。

　　除了上述的幾篇文章之外，龍瑛宗也曾在改造社的刊物上發表過隨筆〈臺灣と南支那〉（《改造》19-15 南支那號）、〈葉書隨筆〉（《文藝》6-9）、〈南方だより〉（《改造》20-10）、〈地方文化通信臺北市〉（《文藝》7-5）。這些作品大都是配合雜誌編輯所寫，以報導介紹性的內容為主。

　　就改造社出版媒體而言，他們希望保有在臺的聯絡據點，而龍瑛宗個人在獲獎返臺後，面對蕭寂的臺灣文壇，則需要在日本內地的發表機會，以延續他的創作活動。雙方各有所需，在互惠的原則下，維繫著某種良好的互動關係。從他們的互動中，可窺得殖民地作家與宗主國雜誌媒體間的依存關係。但返臺後，龍未主動積極地前往日本文壇尋求可能的發展機會，因此與改造社的關係也日漸疏離。1940 年之後，臺灣文壇日漸復甦，《文藝臺灣》等文藝雜誌相繼創刊，因此龍將發表空間轉移至島內，經營新的發表空間，不再積極寄稿給改造社。他與日本內地雜誌媒體的關係，在進入太平洋戰爭之後，主要改經由《文藝臺灣》同人的引薦，出現在「臺灣文學特輯」和「殖民地文學特輯」中，關於這方面的問題將另闢篇章再行探究。

三、與文藝首都社的交流

龍瑛宗在此趟旅次中另一個重要的收穫，就是與文藝首都社建立互動關係，相對於改造社商業市場趨向的考量，《文藝首都》主編保高德藏（1889-1971）卻是單純因個人的殖民地經驗，愛屋及烏熱情真摯地對待來自殖民地的作家，以下試就龍瑛宗與《文藝首都》社的交流情況進行說明。

（一）《文藝首都》與主編保高德藏

《文藝首都》刊行時間自 1933 年 1 月至 1970 年 1 月，主編保高德藏（1889-1971）。這是一份為集結未見經傳的文學青年，默默地培育他們的文藝雜誌。[23] 這本雜誌在停刊之前，落實該創刊理念，確實培育了不少新人作家，例如：芥川獎得主半田義之（〈雞騷動〉，1939 年 6 月）和芝木好子（〈青果の木〉，1941 年 10 月）、芥川獎候選人金史良（〈光の中に〉，1939 年 10 月）等人。

維繫這本雜誌如期發刊並非易事，全憑藉著保高德藏自我犧牲的精神，在資金短缺和紙張統制等隨時可能停刊的危機下，克服萬難持續發行，是當時相當難得的同人雜誌，甚至可將這份雜誌的出刊歷史，視為在主流出版媒體外文學家們的奮鬥史。

主編保高德藏 1889 年出生於大阪，1915 年畢業於早稻田大學英文科，同學中有青野季吉、西條八十、坪田讓治、直木三十五、細田民樹等人，早一兩年的學長有廣津和郎、宇野浩二、谷崎精二等人，皆是活躍於當時的日本文壇的知名作家。他們曾為了支持保高德藏的文學理念，友情贊助參與《文藝首都》

---

23 同人雜誌是指雜誌的編輯發行，全由該雜誌會員出資贊助，其主要目的在於提供會員作品的發表園地。

的作家對談活動，此事曾傳為文壇佳話。[24]

　　保高的妻子保高みさ子在傳記小說《花果的森林——小說「文藝首都」》（《花実の森——小説「文芸首都」》）[25]中，詳述保高德藏如何鍥而不捨發行《文藝首都》，並勾勒出圍繞在他身旁的文學青年群像。其中，對保高少年時期的朝鮮經驗亦著墨不少。其中提到：

> 保高的父親是事業心很重的野心家。在 1910 年日韓合併前後，日俄戰爭的戰勝國日本國內的許多「ひと旗組」（創業集團）抱持著一攫千金的夢想前往朝鮮，他的父親便是其中的一位。從九州用汽船搬運煤炭銷往朝鮮。
>
> 當時在朝鮮，日本的殖民地政策已陸續進行，朝鮮民眾受到總督府政治的壓迫，無教養「ひと旗組」蔑視，嚴酷而不當的對待。不難想像年僅十七歲感覺敏銳的他如何接受這樣的情境。這也成爲他走向文學之路的原點，如此的經驗轉化成他對朝鮮和朝鮮民族無限的深愛之情。
>
> 後期，自從他創辦《文藝首都》之後，之所以能夠與張赫宙、金史良等朝鮮作家深交，是因爲他對朝鮮民族的苦惱、那個國家所處的狀況，都能深入了解感同身受。
>
> 在朝鮮時期的保高是孤獨的。
>
> 因爲在野心家大阪商人的父親或是拜金主義的「ひと旗組」的日本人中，只有他一個人脫離而出。當時他以平等的態度與窮苦的下層

---

24 栗坪良樹，〈文芸首都〉，日本近代文學館編，《日本近代文學大事典》（東京：講談社，1978 年 3 月），頁 380-381。

25 保高みさ子，《花実の森：小説「文芸首都」》（東京：立風書房，1961 年 6 月）。

　　朝鮮勞動者遊玩、交談時，常受到父親叱責，被在店裡工作的日本
人瞧不起。就像懸浮在水面上的一滴油般，只有他成爲異類。
　　這樣的孤獨感與對民族問題的質疑，讓他接近文學，開始亂讀了一
些雜誌小說和投稿給讀書雜誌。[26]

　　朝鮮的殖民地經驗影響保高德藏的文學觀和他對待殖民地作家的態度。張
赫宙於 1932 年 4 月以〈餓鬼道〉一文當選《改造》懸賞創作獎，之後的三個
半月皆寄宿在柳橋的保高家。[27] 金史良經由張赫宙的介紹，加入《文藝首都》
並與保高成為忘年之交。[28]

　　龍瑛宗在訪日之前，曾捎信給張赫宙，但當時張因私事回朝鮮，在信中他
建議龍一定要拜訪保高德藏和湯淺克衛兩人，因為他們對殖民地的人認識較
深。[29] 因此，他在抵達東京之後，隨即訪問文藝首都社。保高也很熱心地招待
初訪帝都的龍瑛宗，除了為他介紹日本文壇近況，還引領他前往銀座、新橋、
新宿等文學家們常出沒的聚會場所，讓他有機會與文壇友人進行交流。

　　除了龍瑛宗之外，楊逵也與保高有一段私交。[30]1937 年 6 月楊逵曾在東京
與《日本學藝新聞》、《星座》、《文藝首都》等的負責人會面，建議他們在《臺
灣新文學》中設置版面，雖已獲得他們的同意。之後，因楊在本鄉投宿的地方
被憲官逮捕，事件後，《大勢新聞》的主筆將他保釋出來，9 月返臺[31] 七七事

---

26 同註 25，頁 20-21。
27 同註 25，頁 65。
28 同註 25，頁 180-181。
29 張赫宙致龍瑛宗書簡，1937 年 6 月 14 日。
30 「楊先生已返臺了嗎？請告訴我他的住址」（保高德藏致龍瑛宗的明信片，1937 年
　　7 月 27 日）。
31 河原功，〈楊逵の生涯〉，山口守編，《講座臺灣文學》（東京：国書刊行会，
　　2003 年 3 月），頁 95。

變情勢緊迫使得上述的合作計畫無法實現。但在1937年《文藝首都》9月號中，卻刊出楊逵的作品〈《第三代》その他〉。

　　誠如上述在當時的日本文壇中，像保高德藏如此關照殖民地作家的雜誌主編並不多見，特別是在日本普羅文學運動潰敗之後，殖民地作家可發表的刊物亦明顯縮減。保高對殖民地作家的提攜，並非出自於文學運動的需要或左翼文藝理念的契合，單純是出自於他對殖民地作家的真摯情誼。他在《文藝首都》上提供篇幅作為他們的發表空間，此舉在帝國與殖民地的文化交流史上，值得特書一筆。

（二）「文藝首都愛讀者」座談會

　　《文藝首都》在1936年10月28日舉辦第一次同人大會，為加強雜誌的運作而設立「文藝首都・友之會」，建立會員投稿作品增刪修改、批評制度，[32] 同時開放座談會給一般讀者，規定只要手持《文藝首都》雜誌即可與會，並計畫邀請文壇作家出席座談會。在「各地支部通信」中，記錄座談會的出席名單，以創作欄和新人創作欄的作品為主題的討論內容。[33]

　　中日戰爭後左翼文化運動遭到官方圍剿，文藝首都社為避免遭到池魚之殃，自1938年4月分起，各個支部的名稱改為「文藝首都讀者會」，重申主旨說明，這個會是《文藝首都》的讀者和對文學感興趣的人所成立的「單純的文學同好會，而非思想性的團體」，希望不要引起不必要的誤會。[34] 總之就是希望這個會不要被誤認為是，掩護日本左翼重建運動的組織。

　　龍瑛宗訪日時受保高之邀於7月3日出席在大山舉行的東京支部「文藝首

---

32 保高みさ子，《花実の森：小説「文芸首都」》，頁99-100。
33 〈編集だより〉，《文藝首都》2月號（東京：文藝首都社，1937年2月）。
34 〈編輯後記〉，《文藝首都》4月號（東京：文藝首都社，1938年4月）。

都愛讀者」座談會。從「各支部通信」的出席名單中，可確認出龍瑛宗的名字。
當天出席者還有保高德藏、三波利夫、打木村治、寺門秀雄、山本又男、鹽川
潔等 27 名。以下是當天東京支部的「文藝首都愛讀者」座談會的記錄。

> 不巧在隔壁有某校的同學會很吵，但與會者不甘示弱，大聲地抒發
> 己見，高談闊論回應隔壁的噪音，相當愉快。一如往常從新人創作
> 欄到本欄，不斷地進行發表各自的批評意見。其中，有將批評謄寫
> 後唸出的熱心人士、有反駁者、有贊成者，這是場熱鬧的座談會。
> 本欄的〈部落史〉的批評，因對現今農村狀態的認識有落差，交錯
> 著各式的議論。但這樣的對立也是文首愛讀者的熱心之處，絕沒有
> 衍生不愉快的氣氛，是值得引以為傲的座談會。[35]

在這場座談會上，龍瑛宗認識了三波利夫（1908-1938），但三波卻於
1938 年 12 月英年早逝。為此，他特地寫了〈知人的死〉[36] 一文悼念他，並在
文中介紹農民作家打木村治（1904-1990）的作品，對當天座談會的情景多所
追憶。

（三）《文藝首都》同人

龍瑛宗保留的書簡中，有數封是寄自保高德藏的書信。根據郵戳和信中的
日期，可知他在歸臺後，仍積極與保高德藏保持聯繫。其中，日期 1940 年 1
月 9 日的回函內容：

---

35 〈各地支部通信〉的「東京支部座談會」，《文藝首都》7 月號（東京：文藝首都社，
　　1937 年 7 月），頁 190。
36 龍瑛宗，〈知人的死〉，關忠果等編，《雜誌『改造』の四十年　付‧改造目次總
　　覽》。

依據我的看法，我想如果你成爲《文藝首都》的同人的話，將更有
機會發表作品，如此一來也有非得寫作不可的機會，就作家活動方
面這是很合適的。突然想到誕生臺灣文學時，臺灣文學會是怎樣的
組織呢？若無什麼難處的話，請參加《文藝首都》的同人。（保高
德藏致龍瑛宗書簡，1940 年 1 月 9 日）

　　從保高的信件內容推測，龍瑛宗或許在自己的信中，提及臺灣文學的發展
或在臺灣可發表的園地不足等窘況。在保高的邀約下，他隨即寄上會費五圓。
保高在收到會費後，立即回函給他。信中內容如下：

信件和同人會費五圓已確實收到。很高興你盡速同意加入成爲同
人。最近文藝首都同人們也是戰戰兢兢的。本屆的芥川獎也有藤口
透吉、金史良兩位被推薦入圍。龍先生也能發展臺灣文學亦是好的，
但我想還是要與東京的雜誌維持某種關係。因此希望今後開始儘管
在《文藝首都》上發表作品。
如果遇到「改造」的佐藤先生，我會詢問他有關你的作品之事。你
詢問的同人費是每月五圓。我的晚輩在東京接連不斷地出版新人作
品集。我也受某間書店之託，引薦一些人的書籍。如果龍先生更常
在東京發表的話，這是非常好的時機。珍重。（保高德藏致龍瑛宗
書簡，1940 年 2 月 5 日）

　　由此信可知，保高建議龍瑛宗應與東京文壇繼續保持聯繫，期許他以在東
京出版作品集為文學事業的願景。之後，保高也時而寫明信片催促龍寄稿。[37]
在成為同人之前，龍已曾在《文藝首都》發表隨筆〈東京の鴉〉（1937 年 8 月）、

〈わが秋風帖〉（1939 年 1 月），加入文藝首都同人團體之後，為不辜負保高的期許，繼而發表了小說〈宵月〉[38]（1940 年 7 月）、隨筆〈二つの《狂人日記》〉（1940 年 12 月）、〈同人日記〉（1941 年 1 月）、〈熱帶の椅子〉（1941 年 9 月 3 日）。總之，龍瑛宗在保高的熱情邀約下，於 1940 年 2 月成為《文藝首都》同人，保有他在內地發表作品機會，進而磨練提升自己的寫作技巧。

（四）關於〈宵月〉的評價

〈宵月〉是龍瑛宗在太平洋戰爭爆發前夕發表的作品，也是他成為同人之後，在《文藝首都》上發表的第一篇小說。該篇作品刊載於1940 年《文藝首都》7 月號的創作欄上，全篇共分成四段。小說內容從描寫臺灣教師彭英坤臨終前陷入貧病交迫的困境寫起，他因苦惱殖民地臺灣人子弟的教育問題與日籍校長發生衝突，有志難伸而沉溺於酒精中，最後留下妻小五人撒手西歸的原委。

1940 年 7 月在日本各地讀者會針對這篇創作進行評論，由於與會者大都是文學愛好者，因此可將他們視為日本國內一般文藝讀者。會議記錄分別刊載於《文藝首都》8 月號的「各地讀者會」欄上。與會的同人分別針對該月刊載於創作欄的作品〈有形無形〉（鬼生田貞雄）、〈宵月〉（龍瑛宗）、〈水害記〉（白川渥）一一進行批評討論。以下援引各個讀者會對〈宵月〉的評論內容，進行說明。

---

37 以下是保高寄給龍瑛宗的明信片的部分內容。「在三月號請寫篇隨筆。十張左右。請在二月十日寄到。如果有創作也請寄過來」（郵戳 1941 年 1 月 21 日）。「感想十張左右請在十八九號左右寄到」（郵戳 1941 年 10 月 3 日）。
38 宵月：到陰曆 10 號左右的月亮，即是新月。本文援引日文寫法。

1. 東京讀者會

東京的同人於 1940 年 7 月 6 日在東京神田舉行讀書會，相較於其他讀者會，該會的出席人數最多，其中共有保高德藏、1940 年度芥川獎的候選人藤口透吉、金史良、鬼生田貞雄等 21 位與會，與會者提出如下的批評。

> 龍瑛宗的〈宵月〉是描寫友人悲慘的情形，但作者過於逃避於詩中而不能直接面對現實，關於這點遭到批評。寫實地描寫頗具才華，卻墮落於酒精中的主角。若站在臺灣本島人作家的立場來看，在現今的情勢中並非不是不可能。有些地方是可以同意金史良這樣的說法。而且根據保高的說法，如俄羅斯帝政末期作家也以同樣的方式，逃進裘契夫的詩的作品，第一次能夠理解作家的立場。（新長記錄）[39]

在這場讀者會後，1941 年 2 月 8 日金史良寄了一封信[40]給龍瑛宗，信中也提到他的讀後感。

> 讀完了兄臺的〈宵月〉後令我有一種非常親切的感覺。兄臺那裡竟與我這裡在現實上沒有兩樣，令我不寒而慄。當然那篇作品並非揭露現實，而是極其自然地寫出來的作品。但我在其中好似見到兄臺發抖著的手。或許是我的獨斷、感傷吧。請見諒、請見諒。

---

39 新長雄逸，〈各地讀者會：東京讀者會〉，《文藝首都》8 月號（東京：文藝首都社，1940 年 8 月），頁 171-178。

40 下村作次郎，《文学で読む台湾：支配者・言語・作家》（東京：田畑書店，1994 年 1 月），頁 212。該原件目前藏於國家臺灣文學館。

　　同樣身為殖民地作家的金史良對於作品所顯現出來的黑暗、絕望的氛圍和殖民地知識分子的困境似乎有其深刻的共鳴吧！

2. 神戶讀者會

神戶讀者會在神戶三宮召開，當天只有五位出席。

> 〈宵月〉——「在開始的地方就告白。我是不太閱讀雜誌什麼的。
> 有時讀是讀了但……」「我畢竟是一位沒有文化素養的男子，究
> 竟可有雪萊這位詩人？他是哪裡的詩人？不得而知。」作者龍氏在
> 作品中常如此處理「我」這位人物。若就作者而言，或許如此處理
> 「我」是打算將人物客觀化。大致是可以用這種方式客觀化。但在
> 此仍有作者非得嚴格自我反省不可的問題。若再深入思考，這一定
> 是相當奇怪的問題。[41]

　　龍瑛宗相當喜歡雪萊的詩，為了讓彭英坤的形象更鮮明，作者的確試著將「我」客觀化。至於什麼是「作家非得嚴格自我反省」的問題，指的是什麼，似乎不易理解。

3. 城西讀者會

城西讀者會7月8日下午7點，在中野車站前明治屋的二樓舉行。出席者對〈宵月〉提出以下的意見。

> 龍瑛宗氏的〈宵月〉中看到大膽印象式筆致的可靠性，敘述我這位
> 人物對於那位友人思念的感傷。但是那是散漫的，欠缺文學的統一

---

41 作者不詳，〈各地讀者會：神戶讀者會〉，《文藝首都》8月號，頁179-180。

性。後半部特別是樂在爲感傷而感傷。沒有交代彭英坤從學生時代
到日後轉變的經過，是最大的缺陷。（玉井記錄）[42]

4. 淡路讀者會

第一次召開讀者會的「淡路讀者會」對這篇作品只簡單地提到：

> 龍瑛宗的〈宵月〉是好題材，讀後若只探索題材卻是相當大的問題。
> 沒有一點感動毋寧是不可思議，但首先得指出文體與題材間的游離
> 情形。[43]

其他的讀者會如「名古屋讀者會」、「京都讀者會」的記錄中，未見與這
篇作品的相關評語。

綜觀《文藝首都》的讀者會給予〈宵月〉的評語，讓我們重新回顧在帝國
的文學語境中殖民母國的讀者，如何理解殖民地作家的作品，思索這篇作品在
帝國同人之間，激盪出怎樣的閱讀可能，讀者的閱讀習慣和生命經驗如何左右
讀者的理解高度。除了「東京讀者會」，因保高德藏和金史良參與其中成為
重要的導讀者，使得與會同人較能有效理解殖民地作家的創作立場。而其他的
讀者會中的討論，大都針對作品本身的問題進行討論，無法掌握作品的主題意
識，與作者所欲處理的「殖民地的教育問題」。[44]

---

42 玉井廣文，〈各地讀者會：城西讀者會〉，《文藝首都》8 月號，頁 180-181。

43 石上晃，〈各地讀者會：淡路讀者會〉，《文藝首都》8 月號，頁 181-182。

44 下村作次郎，〈龍瑛宗の「宵月」について—《文藝首都》同人金史良の手紙から〉，
《第二回臺灣本土化國際學術研討會論文》（臺灣師範大學國文系主辦，1996 年 4
月）。根據下村的推論，龍瑛宗是在閱讀金史良的〈光の中〉之後，對照該作品設
定人物，嘗試將臺灣的社會現狀傳達給日本內地讀者，所以發表了〈宵月〉一作。

　　若再整理讀者共同的問題焦點，可歸納出他們共同聚焦於以下的內容：

　　一踏入他的房內，彭英坤剛好抱著第三個小孩的腳，處理他的大號。

　　不久想到沒有紙，隨即轉過我這頭來說：「很抱歉因為衣櫃的第一

　　個抽屜有教科書，可以請您幫我拿出來嗎？」。拿出後一看竟是中

　　學時代的國文教科書。彭英坤接著說：「請撕一張給我」。彭英坤

　　拿一張過去，搓一搓，給孩子擦了屁股。

　　不知是難得一見還是懷舊把教科書翻了一翻。到處畫著紅線，可見

　　他下過相當的功夫。

　　翻到最後封底的襯頁，看到彭英坤的筆跡寫著些什麼的。

　　我已忘了，但我想那確定是雪萊的詩。我畢竟是位沒有文化素養的

　　男子，究竟可有雪萊這位詩人？而且他是哪裡的詩人？無法獲悉。

　　詩句如下，或許有些錯誤。

　　你們幾時能再光華鼎盛？

　　噢，永不再有，——永不再有！[45]

　　現在正感到相當惋惜，當初若能更進一步與彭英坤來往就好了。但

　　是錯失機會，彭英坤為何會變成這樣不得而知。[46]

　　小說主角彭英坤從學生時代起，就在同人雜誌團體內甚為活躍，曾發表關

於英國 19 世紀浪漫派詩人拜倫（1788-1824）等人的作品評論，並且在「國文

---

45 雪萊著，李念慈譯，〈哀歌〉，《雪萊抒情詩選》（臺北：五洲出版社，1986 年 9 月），
　　頁 103。

46 本處的引文是根據 1940 年《文藝首都》7 月號的創作〈宵月〉的文本所譯出的內容。
　　因為收錄於 1944 年《蓮霧的庭院》（因被禁，未出版）的〈宵月〉文本已被龍瑛宗
　　作出部分的修改。例如「國文教科書」被改成「英文教科書」等。

教科書」的空白處抄寫一樣是英國浪漫詩人的代表雪萊（1792-1822）的〈哀歌〉。此舉暗示著年輕時的彭英坤曾對這兩位「反骨」詩人的詩作，及其生命情調產生某些共鳴。在文本中，作者引出詩句後便停筆，未展開批判性的論述以「彭英坤為何會變成這樣不得而知」一語帶過。不願從正面來說明彭英坤自我放逐，沉淪於酒精中的真正原因。但若再深入追究彭英坤為何撕下「國文教科書」的紙張來擦小孩的屁股？為何引出雪萊的詩句？其中主角的憤怒和感傷便宣洩在這隱晦不明的行文之處。「國文教科書」是日本「國語」的教材，象徵著支配者強制於被支配者的權力符號，同時也是殖民地社會藉由同化走向現代化的重要工具。但教科書的紙張，竟淪為擦拭屁股的紙張，這乃是作者對殖民地教育提出質疑和嘲諷。因為殖民地青年縱使再怎麼努力接受現代知識，都無益於他們理想的實踐與社會地位的提升。彭英坤反知識、反理性的行為，正凸顯出殖民地教育本質上的荒謬性，任其形體枯槁是他在絕望後，唯一可以的抗議方式。以教科書的紙張擦拭小孩屁股之舉，其實已是作者在可能範圍內，對統治權威作出最大的挑戰。日本讀者對小說的社會背景，知識分子與殖民地支配權力運作的關係，及被壓抑扭曲的靈魂未具同情的了解。因此只對抄寫在教科書背面雪萊詩句表層的知識性問題感興趣。那位曾是意氣風發的青年所抄寫下的詩句，竟成為悼念絕望早逝生命的哀歌。這絕非是作者樂在「為感傷而感傷」。

　　龍瑛宗發表〈宵月〉後，經由讀者會的討論轉而與其他同人有互動的機會。但因這樣的交流並未建立在讀者對殖民地社會現況較有充分理解的基礎上，所以他們無法有效地理解在文本背後，作者所欲訴諸的問題和意涵。從上述的評語中可發現，在殖民地作家與宗主國的讀者間，畢竟存在著難以跨越的文化、種族、歷史的鴻溝，讀者對作家所欲傳達的創作動機也未必感興趣。在日本文壇中，殖民地作家的作品若未能有效地被理解，其存在意義，充其量只不過是

裝飾帝國文壇,滿足讀者對異國風土的好奇罷了。殖民地作家為了讓更多日本讀者理解殖民地的社會現況,保有在宗主國的發表空間,非得作出妥協、調整書寫策略不可。誠如,金史良給龍瑛宗的信上所言:

> 兄台對於〈光の中〉的批評甚為正確,我也由衷地希望來日能夠修訂那篇作品。它並非是我喜愛的作品。究竟那是針對內地人(日本人)而寫的。我也很明白。正因為太清楚,反而覺得害怕。[47]

　　雖然無法得知龍瑛宗的書信內容,但是從金史良的信中可確知,同是殖民地出身的兩人皆警覺到自己的作品,是「針對內地人(日本人)而寫的」,害怕自己因太屈就於日本讀者的好惡而喪失殖民地作家的主體意識,但他們也清楚意識到,作品若沒有被日本讀者正確地閱讀,作品就沒有存在日本文壇的意義。殖民地作家如何在維持創作的自主性,避免過度遷就讀者透過作品與宗主國的讀者建立可能的平台,這是希望在日本文壇尋求發展的殖民地作家所必須面臨的考驗。這或許也是為什麼金史良感到害怕不安的原因吧。

四、與日本文化界的交流

　　龍瑛宗在東京的滯留期間,曾一個人獨自到東京丸之內的 T 銀行。T 銀行總社有幾位龍瑛宗認識的同事,其中有一位是曾在臺北總行共事過的 S 君,當天晚上 S 君介紹自己的兄長佐佐木孝丸給龍瑛宗,並且帶他到新宿。S 君是東大文科轉到經濟學部的異類,曾有一段時間熱衷文學,非常喜歡閱讀杜斯妥也夫斯基的作品,而且因兄長的關係,認識很多文壇名人,也曾與龍瑛宗談及許

---

47 新長雄逸,〈各地讀者會:東京讀者會〉,《文藝首都》8 月號,頁 171-178。

多有關這方面的事。[48]T 銀行應該就是龍瑛宗任職的臺灣銀行，但 S 君何許人也？仍有待釐清。根據龍瑛宗的描述，這位 S 君應該是位文學愛好者，他的兄長佐佐木孝丸則是當時知名的左翼演劇家。S 君應是位具有殖民地經驗者，龍在日期間與日本文壇左翼文化人的接觸，或許亦曾藉由他的引薦而結識其他文人。

　　龍瑛宗在此次的帝都之旅中，以新人之姿拜訪過昭和十年代的幾位知名文化人。在他晚年的回憶文中，不斷地憶及當時訪日的種種情景，其中皆是戰前高知名度的作家。歷經數十寒暑，龍的記憶力雖強，但記憶圖景已見斑駁模糊之處，當時的對話內容未見詳述，只約略地提起當時談論的話題。本文針對在他的作品中，曾提及過的作家如阿部知二（1903-1973）、森山啟（1904-1968）、芹澤光治良（1896-1993）、評論家青野季吉（1890-1961）、劇作家佐佐木孝丸（1898-1986）等人進行些歸納整理，藉以重新拼貼出龍瑛宗在帝都之旅中與日本文壇的文化人實際交流的情況。

（一）阿部知二

　　阿部知二身兼小說家、評論家、英美文學研究者數職，既是文學家也是教育家、啟蒙者，是當時日本文化運動的旗手所謂進步知識分子的代表，同時也是昭和十年代的中堅作家之一。[49]

　　龍瑛宗在讀過阿部知二的〈新人の作品二つ－『改造』に現れた龍、石和兩氏－〉（《報知新聞》，1937 年 3 月 27 日）之後，便積極地捎信給作者。因此他抵達東京後，即從改造社轉接寄自阿部知二的信件。[50]

---

48 龍瑛宗，〈東京の鴉〉，《文藝》5 卷 8 號（1937 年 8 月），頁 114-117。
49 小田切秀雄，〈人と文学〉，《筑摩現代文学大系 55　阿部知二・中山秀義》（東京：筑摩書房，1975 年 5 月）。

關於此次的會面，他曾回憶到：

> 民國二十六年我赴東京，阿部知二先生來函希與我相聚，乃於一天
> 晚上拜訪於阿佐ヶ谷他的家。阿部先生去過大陸，發表了名作《冬
> 天客棧》，揚名於日本文壇，阿部先生暢談北平的風光多麼美麗舒
> 適，其實我未曾到過大陸哩。[51]
> 他聊著中國故都的風光是多麼好，空氣非常乾燥，不像日本濕氣多，
> 談得很愉快。不久他的《北京客棧》（筆者按：其實是《冬天客棧》）
> 問世，竟名震一時。阿部是東京帝大出身的作家，不過，日本文壇
> 自來多為東京帝大、早稻田大、慶應大出身者所形成。[52]
> 阿部先生讚揚了臺北帝大擁有三位英文學學者，是矢野峰人、工藤
> 好美、島田謹二的諸教授。最好你登門請教。[53]

　　根據上述的回憶，或許因為阿部對日本殖民地臺灣的現實情況不甚清楚，試圖找尋話題轉而提及自己的北平經驗，欠缺中國經驗的龍瑛宗應是默默地聽著阿部的陳述吧。另外，由於阿部身兼明治大學英文科的教職，所以對臺北帝大的師資亦有所了解，建議龍瑛宗若有機會可以向在臺的日本學者請益。

　　龍瑛宗返臺後，配合《改造》南支那號的發行，發表了〈台湾と南支那〉。[54]文中寫到「南支那是祖先們的心中的故鄉」，感嘆「現在年輕的本島

50 阿部知二致龍瑛宗書簡（1937 年 6 月 15 日）。
51 龍瑛宗，〈讀書遍歷記〉，《民眾日報》（1981 年 1 月 8 日）。
52 龍瑛宗，〈怎麼樣也看不懂〉，《開南校友通訊》445 期（1986 年 7 月 15 日）。
53 龍瑛宗，〈一個望鄉族的告白：我的寫作生活〉，《聯合報》（1982 年 12 月 16 日）。
54 龍瑛宗，〈台湾と南支那〉，《改造》南方支那号（1937 年 12 月），頁 171-175。

人對南支那的知識較內地人無知」，這或許也是拜訪阿部知二後的感慨吧！

（二）森山啟

　　森山啟既是小說家、詩人，也是評論家。他的處女作〈何も持たぬ男〉（一無所有的男人）發表於 1928 年《プロレタリア芸術》3 月號。是位具有「自然詩人」的資質，纖細純情的「生活詩人」。他的評論舞台主要是『納普』解散後的《文學評論》，為社會主義寫實主義論爭的知名論客，在日本接受社會主義寫實主義影響的過程中，扮演著重要的角色。他從加入《文學界》到《文藝》上發表〈收穫以前〉（1937 年 2 月）後開始轉向，回歸小說創作。轉向後，以家庭為重，抱持著「政治是風，自己是柳，逆來順受」的態度。[55]

　　龍瑛宗曾回憶：「我於東京訪問了森山啓先生，我與他散步於豪德寺境內，談論著文學與政治諸問題，迄今還歷歷在眼前。」轉向後的森山曾在他的文藝時評中兩度提及龍瑛宗的〈植有木瓜樹的小鎮〉，將該作品視為深具人道主義的作品。[56] 兩人見面時，究竟對於這篇作過什麼意見交換不得而知，但若二人「談論著文學與政治諸問題」的話，或許是因為當時殖民地作家與日本內地作家，同時處在言論箝制日形嚴苛的時代氛圍中，以此話題來紓解那個時代裡作家們的共同苦悶吧！

　　龍瑛宗是透過怎樣的關係與森山啟取得聯繫不得而知，但因戰前龍瑛宗有購閱《都新聞》的習慣，[57] 而森山啟的評論〈新人の二作－頹廢の情痴と苦悩

---

55 平野謙，〈伊藤永之介・本庄陸男・森山啟・橋本英吉入門〉的「森山啟」，伊藤整等編，《日本現代文學全集89》（東京：講談社，1980 年 5 月），頁 411-413。

56 〈新人の二作－頹廢の情痴と苦悩の真実感〉，《都新聞》的〈文藝時評〉（1937年 4 月 5 日）和〈文藝雜記帖〉《中央公論》第 52 卷 5 月號（1937 年 5 月），頁 345-353。

57 龍瑛宗，〈多些文藝評論〉，《民眾日報》（1979 年 9 月 17 日）。

　　「日據時代除了島內的報紙以外，我還訂購東京的《都新聞》（後來改名為《東京

の真実感〉（新人的兩篇作品──頹廢的痴情和苦惱的真實感）即是刊登在《都新聞》的文藝欄上，所以他可能在拜讀過森山啟的評論後，寫信給森山啟取得聯絡，因而有機會到森山的府上拜會。返臺後，在 1938 年他曾收到寄自森山的一只新年賀卡，之後，兩人是否有其它的書信來往等，便不得而知。

（三）芹澤光治良

　　芹澤光治良（1896-1993）曾於 1930 年以小說《ブルジョア》（布魯喬亞）一作入選《改造》懸賞創作獎，所以他也是「改造フレンド倶樂部」（「改造之友倶樂部」）的會員之一。因此，龍瑛宗在餐會上對他留下一些印象如「關於作家和時代的盼望，曾經與前輩作家芹澤光治良（以前當過日本筆筆會會長）大嘆難做作家經。」[58]「新宿有名的中村屋附近，在一家鮮果店裏，我會晤了作家芹澤光治良氏。他是《改造》的入選作家，我向前輩請教了很多文學問題。」[59]

　　芹澤獲獎時，川端康成即曾在「文藝時評」欄中指出「芹澤光治良的文學，既不『好色』也不『好戰』，只著重修行優點的芹澤文學是不可能受到大眾歡迎的。」芹澤在自己的自傳小說《人間の運命》中也說到過，走過半世紀的作家生涯，「一言以蔽之便是孤獨，與其說是文壇支持我，不如說是那群默默無聞卻認真的讀者支持著我。」[60]因此，在當時文壇中始終扮演著配角的芹澤與龍瑛宗談到「作家與時代的盼望」時，大嘆作家難為的苦楚，仍是有跡可循的。

　　新聞》）。這個《都新聞》是以注重文藝著名的，它把文藝欄刊載於第一版，第二版才是政治方面的文字，所以愛好文藝的人士多購讀該紙，可謂特豎一幟的存在。」

58 龍瑛宗，〈秀姑巒溪在呼喚〉，《自立早報》（1989 年 4 月 13 日）。

59 龍瑛宗，〈回憶七七抗戰〉，《幼獅》391 期（1985 年 7 月），頁 14-15。

60 進藤純孝，〈芹澤光治良人と文学〉，石坂洋次郎・芹澤光治良著，《石坂洋次郎・芹澤光治良》（東京：筑摩書房，1979 年 3 月），頁 472-480。

文壇新人的他想必利用此次見面的機會，向他討教文學創作上的問題。

　　龍瑛宗在 1938 年也有收到寄自芹澤光治良的賀年卡，另外，從 1945 年張赫宙寄給龍瑛宗的明信片中，張也提到芹澤曾對他提及龍瑛宗的事，至於他對殖民地作家究竟抱持著怎樣的態度呢？從以下他給張赫宙的「忠告」中可略見一二。芹澤在評論張赫宙的〈愛怨的園〉時，曾提出以下的建言。

　　　為了作家的成長，不可以離開故鄉上京來。我總覺得為了要擁有著
　　　柔弱的靈魂與性格，就得在故鄉才得以反映鄉土的味道，替換成悲
　　　慘民族更為激烈的憤怒。但若是蟄居在東京，因敏銳度的降低，一
　　　味只接受著各式各樣的影響，將使自己被壓垮，包括處女作以來作
　　　家所擁有的特長，在內頭將被摧毀殆盡吧，對此同是作家的我出自
　　　於疼愛之情而感到擔心。[61]

　　可見，芹澤認為張赫宙若要保有殖民地作家創作的特色，就應該回歸鄉土，回到朝鮮半島與殖民地上的人民一起生活，才不至於被日本文壇同化。張並未接受他的勸告。戰後放棄了作為朝鮮人的自豪，歸化為日本人選擇在日本文壇中圓自己的文學夢。芹澤是否也曾對龍瑛宗提出同樣的忠告，不得而知。但他對殖民地作家的關心卻令人留下深刻的印象。

（四）青野季吉

　　龍瑛宗曾說過：「我所接觸過的日本作家中，給我印象最深的便是青野秀（筆者按：實為「季」）吉，這個佐渡島出身的文藝評論家，給我啟示不

---

61 芹澤光治良，〈文藝時評〉，《都新聞》（1937 年 5 月 4 日）。
62 龍瑛宗，〈我的足跡〉，《開南校友通訊》423 期（1984 年 7 月 1 日）。

少。」[62] 他為什麼如此憶起青野季吉的人物形象呢？若閱讀他的小說〈歌〉[63]
的幾段描述，或許可知道其中的原委。

> 說到這位白濱，是當今文壇上第一流評論家，他的論著，李東明也
> 經常留心細讀。在這樣的場合見面，真是作夢也沒有想到。
> 李東明是高峯所主持的《文學主潮》同仁之一，高峯則是早稻田的
> 文科出身，跟同科出身的白濱，還有了不起的讀書家獅野慶三，天
> 生性格奇怪的大眾作家、已故的真木五十三等人，都是莫逆之交。
> （略）
> 白髮童顏的白濱有點口吃，訥訥地說。（略）
> 白濱起身，向木河雙手一拱，訥訥然地說起來。
> 「木河兄你以是日本人的身分到馬尼拉去的，在那邊從事音樂指導
> 的工作。這實在是件好事。但你以日本人身分去，什麼都不必帶。
> 但只有一件東西你不能忘記，非帶去不可。木河兄，那就是日本人
> 的愛。你將日本人的愛帶去，之後，什麼都不必了。」
> 在那張年過五十的臉上，竟洋溢著年輕的熱情，眼眶濕潤。雖然他
> 拙嘴笨舌，卻一個一個字地打進人家的心坎裏。

　　若將小說人物對照參考龍瑛宗的獲獎之旅，將可推論出其中被擬定的幾位
作家。例如，從臺灣來的李東明即是龍瑛宗的虛擬人物，高峯則是《文藝首
都》的主編保高德藏，和高峯同是「早稻田的文科畢業」、「文壇上第一流評
論家」、有口吃的人物特徵的白濱則是青野季吉的化身。

---

63 龍瑛宗，〈歌〉，《臺灣文藝》2 卷 1 號（1945 年 1 月 5 日），頁 15-20。

不善言說的龍瑛宗能在聚會中見到崇拜已久的評論家青野季吉，對他而言，應該是一件相當興奮的事。特別是同樣患有口吃的龍瑛宗，目睹青野的文學熱情和聽其談話內容，想必受到相當大的衝擊。

（五）佐佐木孝丸

如上所述，龍瑛宗經「S君」的介紹，認識他的兄長佐佐木孝丸（1898-1986）。在小說〈歌〉中「笹村的兄長在我國的演劇界中是位知名的人物。李東明乃是經由弟弟的介紹得知的。」他也曾回憶說：「我曾在昭和十二年於日比谷的美松見過新劇作家佐佐木孝丸。佐佐木先生跟我說。越南人被法國政府禁止閱讀維克多・雨果的〈悲慘世界〉。這樣的話讓我想起了被殖民者的悲哀。」[64] 由此可推斷笹村就是「S君」，而笹村的兄長便是佐佐木孝丸。

另外，〈歌〉有一段描寫他們的交談內容。

> 某年夏天，有一次李東明和笹村兄倆在有樂町的「新東京」，雜在人群中邊喝啤酒邊聊日本的演劇界。李東明建議他，希望與他有關的劇團，也能到臺灣來作巡迴演出。之所以那麼說，是因為臺灣的演劇界一向保守，不過近年來有蘊釀革新的機運，新劇運動已經在新的熱情中開始推展開來，如果此時，在技術、內容上皆有較高藝術性的內地劇團到臺灣的話，想必一定可以帶來新鮮的氣息與刺激。與笹村相關的劇團，已經到朝鮮巡迴演出多次，因此對演劇完全外行的李東明還是提出希望該劇團前往臺灣演出的建議。

---

64 龍瑛宗，〈《文芸台湾》と《台湾文芸》〉，《台湾近現代史研究》3 號（1981 年 1 月 30 日），頁 86-89。

笹村的兄長靜靜地笑著說：「臺灣是很想去，但總有種種不便。」
他舉了幾個困難條件，流露出遺憾的表情。雖然如此，但他仍熱心
地詢問著有關當今臺灣演劇界的情況與文化方面的事情。

聚會的時空可能是虛擬情境，但談話內容卻相當具體，符合實際人物的身
分和特質。可見，龍瑛宗藉由此次機會，積極地說服內地的劇團也能來臺巡迴
演出。

綜觀龍瑛宗在日期間與上舉的文化人交流情形，可歸納出三種類型。第一
類是，他在報章雜誌上，閱讀有關〈植有木瓜樹的小鎮〉的相關評論後，直接
捎信給作者，藉由此次造訪日本的機會，改造社的介紹，取得聯絡，拜會他們。
其次，龍瑛宗曾提到：

日本文壇自來多為東京帝大、早稻田大、慶應大出身者所形成。早
稻田大學是日本自然主義的大本營，他們對我比較待以好感。[65]
出了銀座往コンパン去，在那裡遇見，現在剛剛成名的石川達三、
高見順、福田清人、田村泰次郎等人。[66]

《文藝首都》主編保高德藏、芹澤光治良、青野季吉都是出身於早稻田大
學的文學者，或許因此龍瑛宗對於早稻田出身的文學者較具好感，並對他們留
下較深的印象。

小說〈歌〉中，白濱（青野季吉）與笹村的兄長（佐々木孝丸）的形象描

---

65 龍瑛宗，〈一個望鄉的告白：我的寫作生活〉，《聯合報》（1982 年 12 月 16 日）。
66 龍瑛宗，〈芥川賞の「鶏騒動」：『文芸首都』と保高さんー〉，《臺灣新民報》（1939
    年 8 月 13-14 日）。

繪地較為具體，若進一步考察兩人的文學活動經歷的話，可知他們皆同屬日本普羅文學運動中，劃時代的重要刊物《種蒔く人》（播種人）、勞農藝術家聯盟刊物《文藝戰線》的同人。青野季吉於 1933 年起在日本文壇、論壇上發表一連串支持行動主義的評論，致力於以人民戰線的人道主義立場來展開他的批評論述活動，在左翼肅清運動中邊撤退邊反抗法西斯主義。佐々木孝丸是從參加秋田雨雀的劇團「先驅座」開始，致力於普羅演劇運動，是活躍於トレンク劇場、前衛座、左翼劇場的核心人物。由此可知，龍瑛宗在日本的停留期間中，經 S 君的介紹，結識一些日本普羅文化界的人物。或許這些文化人站在國際左聯的立場上對被殖民地的人多表同情，讓龍倍感親切，而對這些人的形象留下深刻的烙痕。

　　1937 年普羅運動已不被允許，若考察以上 5 位文化人，除了佐々木孝丸之外，其餘的 4 位皆是以「文學」之名，對抗日漸跋扈的集權者《文學界》[67]的同人，亦是當時掌握文壇實權的成名作家，因此雖歷經幾十年龍瑛宗仍對這些同時代的日本作家有所記憶。帝國的記憶除了被殖民的記憶之外，對龍瑛宗而言，與當時知名的文人相識對談，則是他既尷尬又難以忘懷的文學記憶。

五、帝都之旅

　　缺乏留學經驗的龍瑛宗，對帝都東京的嚮往之情甚為濃烈。此次帝都之

---

67 《文學界》（1933 年 10 月 -1944 年 4 月）是普羅作家林房雄和武田麟太郎、藝術派核心批評家、成名作家廣津和郎、宇野浩二等人呼籲而發行的同人雜誌。是轉向作家、藝術派、成名作家三派吳越同舟，以「文學」之名對抗日漸跋扈的集權者。以「擁護純正文學的權利、確立新世代文學的文學者自衛運動」（武田麟太郎）為目標，有其象徵性意涵。這本同人雜誌是主導昭和 10 年代「文壇強者聯盟」的刊物（高見順）。見東鄉克美，〈文芸復興期の模索〉，時代別日本文学史事典編集委員会，《時代別 日本文学事典現代編》（東京：東京堂，1997 年 5 月），頁 100-109。

旅，除了拜會日本文壇的作家、文化人之外，也在幾位友人的陪同下，親自體
驗東京近代化的知性文明。當時的東京不僅是日本的首善之都，也是東亞最具
近代化、高度資本化的城市。他對這個城市充滿好奇心，但並未完全被它的五
光十色所眩惑。他以敏銳知性的眼光，冷眼靜觀東京這個近代化都市的街景。
他雖對日本的近代性文明讚譽有加，但卻對資本主義化後的日本社會景象提出
種種的質疑。

在他的日記體〈TOKYO·あかげつと〉和〈東京の鴉〉裡，顯露出龍瑛宗
因身處異國而衍生的旅愁。在「H君」[68]的嚮導下，以旅人的身分從東京都內
的丸之內、銀座、新宿等到橫濱、鎌倉等地，將其所見所聞、遊歷之地皆一一
紀錄下來。其中讓龍瑛宗印象最深刻的，莫過於「洞穴的住家」與「如花般的
舞者」。

（一）洞穴的住家

來自殖民地的龍瑛宗在東京目睹貧民窟及流浪漢的身影，甚為訝異：

> 在那裡我見到相當奇妙的事。總之，即是看到人住的洞穴。覆蓋著
> 蓆子，死著般地睡著。親眼目睹史前時期的原始人的生活，轉而感
> 慨萬千。
> 往深川方向走。經過濱園街的貧民窟後，東京市垃圾處理場的的煙囪
> 如象徵著時代，瀰漫著混濁的煙。一進入工廠，正如置身在充滿著
> 塵埃的世界中。這是我未曾想像過的。不清潔的東西堵住我的胸口。

---

68 龍瑛宗在〈東京の鴉〉中曾提及「H君」是他的同鄉友人，就讀早稻田大學法科。
經筆者查閱過《早稻田大学名簿》和昭和13年至昭和17年的《早稻田学報》3月
號的畢業生名單。雖然標記「台湾」的學生有幾位，但仍無法確認出與龍瑛宗同屬
新竹北埔出身的「H君」。

　　貧民窟與東京市垃圾處理場的煙囪，象徵著東京的資本主義化後貧者與物質消費後所衍生的產物。抵達東京後他真實體會到大都會生活的繁忙與便利，但當他瞥見貧無立錐之地的流浪漢及貧民窟時，其內心衝擊應是相當的大，文中雖然未見他由此開展他的文明批判，但行旅中他似乎充分意識到，在日本內地也瀰漫著「時代沉重的煙霧」。

（二）如花般的舞者

　　另一個讓龍瑛宗錯愕不已，留下深刻印象的，就是他與H君一起到日比谷東京寶塚劇場，觀賞寶塚少女歌劇雪組的演出。他對寶塚劇場的豪華排場、女扮男裝的演出形式感到相當驚奇。戰爭時期劇團流行演出與時局相關緊急態勢的戲碼。從戲目〈拍扇子〉的「神風凱旋祝賀の〈遂げたり神風〉一曲」等廣告詞中，想必當日的戲碼中，也必然摻雜著日本帝國主義思想的宣傳。[69] 但文中龍瑛宗只言及日本西化的現象，「在西洋的輕鬆歌劇，來到東洋的君子國後變了個樣，相當有趣。例如，女扮男裝等。」[70] 他對日本內地軍國主義猖狂情況，卻似乎有所顧慮而未談及。

　　白天見到的流浪漢生活與夜裡劇場豪奢的舞台秀形成強烈的對比，「朱門酒肉臭，路有凍死骨」，感慨良多而對此城市印象深刻。「東京是新的西洋的東西與舊的日本的東西雜然交錯而成的特異的城市。」、「東京的優點與可怕之處，已有所了解。看個人的決心，是上進或是墮落。而且還得看你有『錢』與否，東京是天堂也是地獄吧。」、「日本之所以偉大，在於它富有科學精神

---

69 根據 1937 年 6 月 2 日《東京日日新聞》的廣告，寶塚少女歌劇雪組的演出戲目分別是，〈布來雅・羅茲〉（ブライア・ローズ）、〈扇拍子〉、〈芭比結婚〉（バービーの結婚）。
70 龍瑛宗，〈TOKYO・あかげつと〉，《文藝》5 卷 8 號，頁 81。

的知性。」[71] 在一個月左右的旅行中，龍瑛宗對日本近代的知性文明抱持著濃厚的興趣，同時，對東京在資本主義化後，所衍生的社會問題如貧富差距的現象，也有具體的了解。

小說家龍瑛宗以纖細浪漫的感性，傳達文學的美感經驗；評論家龍瑛宗卻頗具冷靜且敏銳的觀察力和批判精神。在旅途中的見聞，除了滿足他對帝都的憧憬之外，還讓他有機會重新觀察認識日本實際的社會現狀。

六、烽火中的返航

在龍瑛宗的數篇回憶文中，皆曾提及當年自己是在七七事變爆發時，搭乘郵輪返臺，但郵輪的船號卻有「富士丸」與「高千穗丸」兩種不同的記憶。[72] 為確認龍瑛宗返臺的時間，究竟搭乘哪一條輪船返臺，便有其考證的必要。筆者將根據他的回憶、當時報紙所刊登的「輪船時刻表」、神戶港與基隆港船隻旅客出入港情況的報導交錯核對，以期確認其返臺的日期。

根據《日本學藝新聞》的消息欄記載著，「龍瑛宗7月4日晚上從東京出發，經大阪、京都於乘坐7日的船返臺」，[73] 但查閱6、7月分的《神戶又新報》、《神戶新聞》的船隻出入港時刻表，7月7日並無航駛臺灣基隆港的船隻。

《神戶又新報》、《神戶新聞》的輪船時刻表中航駛神戶基隆的船隻，有預定於7月9日出港的有日本近海郵輪「富士丸」、7月11日出港的船隻則有大阪商船「高千穗丸」兩艘。7月7日的《神戶又新報》的〈今日神戶港〉

---

71 同註70，頁83。
72 〈一個望族的告白：我的寫作生活〉（《聯合報》，1983年1月1日）船名是「高千穗丸」；〈回憶七七抗戰〉（《幼獅》391期，1985年7月）、〈我的足跡〉（《開南校友通訊》423期，1984年7月）的船名是「富士丸」。
73 《日本學藝新聞》35號第6版（1937年7月10日）。

中則有「富士丸」在港內的報導。7 月 13 日的《臺灣日日新報》有「富士丸入港」的報導，這艘船隻於 12 日中午 11 時停靠基隆港，總乘客有 531 名及部分旅客的名單，但未見龍瑛宗的姓名。另一艘郵輪「高千穗丸」則是於 7 月 14 日才停靠基隆港。[74] 因為這兩艘郵輪的出入港時間相當接近，導致龍瑛宗將當年所乘坐的郵輪的名稱混淆了。

〈一個望族的告白──我的寫作生活〉中龍瑛宗寫著，「回程搭乘『高千穗輪』，船中發行油印號外，蘆溝橋發生了事變。雖然未能意料其演變，但是，胸中一片黑雲飄來飄去。」在〈回憶七七抗戰〉中寫著：

> 「富士輪」仍然向南方航去，也許靠近沖繩島附近，是七月七日或八日早晨，各客艙裏頒布了油印號外，以大字印著寥寥數行消息：『蘆溝橋畔不法之徒支那軍隊，竟敢向皇軍發炮了，日本帝國爲了世界和平，馬上還擊矣。』云云。
> 抵達神戶港後，搭乘了大阪商船「富士輪」，這新下水未久的一萬噸級巨船，慢慢地遊弋於風光明媚的瀨戶內海。右看下關港，左望門司港的狹窄海道，巨輪進了浪花飛濺的玄界灘了。巨輪行駛於九州島上，我憶起鄭成功曾居住過的平戶島。是那一個島影呢？還有五島列島，長崎港呢？我也茫然不知到它們的蹤影。

由此可見，龍瑛宗是在船艙內得知中日戰爭爆發。實際上日本的新聞是在 7 月 9 日晚報上，才開始以頭條新聞報導蘆溝橋事變。所以龍瑛宗所拿到的很有可能是 7 月 9 日晚報發行之前的號外。

---

74 根據 1937 年 7 月 14 日《臺灣日日新報》「今日の船」的記事。

綜合以上所述，龍瑛宗是在 7 月 4 日離開東京後，便前往神戶港等候船位返臺。7 日「富士丸」已在港區停泊，當時他已準備搭乘 9 日將啟航，航向基隆港的日本近海郵輪「富士丸」返臺，因此在船艙中得知盧溝橋事變的消息。由於高千穗輪 7 月 11 日才啟航，所以號外的消息在船艙中閱得的可能性不高。「富士丸」在不受戰事影響下，從神戶港啟航，順利行駛在神戶基隆之間的航線上，於 7 月 12 日上午 11 點平安駛進基隆港灣。

七、結語

龍瑛宗雖然抱有在日本文壇一展文才的雄心壯志，但在考量個人家庭因素之後，決定返臺，結束自 1937 年 6 月 6 日到 7 月 9 日的帝都之旅，也錯失留在東京一圓作家夢的機會。這個抉擇成為他文學生涯中的一大遺憾，在他的作品中也一再反覆地被提及。[75] 他雖未能留在東京文壇尋求發展，但在這帝都之行中，他與改造社和文藝首都社建立互動關係，確保了他返臺後的發表空間。

〈植有木瓜樹的小鎮〉的獲獎雖然讓龍瑛宗取得進入日本文壇的入場券，但在宗主國文壇中殖民地作家創作的自主性、作品的定位、日本讀者接受度等問題，讓曾以寄稿方式投石問路的龍瑛宗感到相當地焦慮不安。畢竟，日本內地讀者對南國殖民地臺灣是陌生的，臺灣的殖民地文學與宗主國讀者之間認知基礎是薄弱的，就文學市場的客觀環境，或許亦不利於龍留在日本尋求發展的機會。

---

75 根據筆者訪談龍瑛宗的次子劉知甫的記錄（2002 年 8 月 22 日），龍瑛宗的二哥劉榮瑞臺北師範學校音樂科畢業後，隨即前往花蓮明義公學校（現在花蓮市明義國小）任教，因胃病而早逝，享年 42 歲。留下 6 名子女。龍瑛宗為照顧姪嫂而放棄留在東京返臺，關於這個缺憾可見於他的小說〈白色的山脈〉（原題〈白い山脈〉）、〈歌〉等。

　　與成名作家的相逢是龍瑛宗這趟帝都之旅最重要的收穫。他利用各種可能的管道與當時的文壇作家、評論家、演劇家等進行交流對話。誠如小說〈歌〉的人物李東明冷眼觀望著日本文人的文學熱情和文壇動態，進一步也參與在普羅文學運動重建失敗後，左翼文化人士的私人聚會活動，高唱「愛情」論與大東亞戰爭末期高唱「民族融合」概念，有其概念上若合符節之處。

　　歸航之後，龍瑛宗在文壇並未就此一帆風順，而是被捲入中日戰爭的烽火中，作家的言論自由受到壓縮，創作題材不斷被當局規定干涉。因此，他只能擺盪於創作自主與戰爭協力之間，尋求書寫的可能性，或許這就是龍瑛宗文學為什麼隱晦費解的原因之一吧！

　　在 1937 年 4 月 6 日《大阪朝日新聞》「臺灣版」的版面上，刊載〈訪問中央文壇彗星〈植有木瓜樹的小鎮〉的作者龍瑛宗〉（原標題〈中央文壇の慧星〝パパイヤのある街〟の作者龍瑛宗君を訪ふ〉）與〈新銳富士丸六日初進基隆港盛大而賓至如歸〉（原標題〈新銳富士丸六日基隆初入港盛大なアットホーム〉）的新聞標題在同一版面以粗黑的字體刊出。龍瑛宗有幸在歷經精彩的帝都之旅，結識了一些日本文壇友人後，於 7 月 9 日搭乘這艘新銳「富士丸」返臺，正式登上文壇。之後，展開他的作家生活，尋求可能的發表書寫空間，在戰火中戰戰兢兢地匍匐前進，但這艘「富士丸」卻在太平洋戰爭中 1943 年 10 月 27 日從基隆出港航向日本時，被魚雷擊中而沉沒。[76] 龍瑛宗躲過空襲的砲彈，歷經政權遞嬗、跨語等問題，持續航行於文學的婆娑之洋，從未放棄作為一位作家的矜持，不斷透過閱讀保持知性的成長，準備再度回歸創作的航道。

---

76 日本郵船株式会社編，《日本郵船戰時船史：太平洋戰争下の社船挽歌》（東京：日本郵船株式会社，1971 年 5 月），頁 378-383。

「泰利斯曼」式的創作：
以鍾理和為例 *

王幼華

一、藝術治療與作品分析

　　藝術治療的理論，由 1970 年代發展至今，約有 30 年。十多年前在英國被認定具有治療能力及效果，屬於心理衛生專業。[1] 藝術治療師的工作，基本上是對病人畫的「圖像」進行分析，與作畫者一起討論，協助他們解決心理或精神上的問題。藝術治療對病例的分析及論證，有很多可以作為討論作家與作品的參考。許多作品表現出作家的心理症狀，是其內在苦悶的投射，呈現其瀕臨崩潰的精神狀態。作家的「創作」可能是尋求治療，期望解脫惡境的符號與語碼，是心靈傷痕的映照。這些作品具有何種意義？如何解說？藝術治療的理論可以協助做更深入的了解與分析。

　　《藝術治療的理論與實務》一書裡，收錄有喬伊‧沙維瑞恩（Joy Schaverien）〈代罪羔羊與「泰利斯曼」〉一篇文章，[2] 此篇文章談到《聖經》

---

* 本文原刊登於《臺灣文學學報》，2008，12 期，頁 143-158。因收錄於本專書，略做增刪，謹此說明。作者王幼華現任國立聯合大學華語文學系及臺灣語文與傳播學系合聘教授。

1 陸雅青：〈讀《Image of Art Therpy》有感〉，Tessa Dally 等著，陳鳴譯：《藝術治療的理論與實務》，（臺北市：遠流出版社，2004 年 10 月 1 日 7 刷）。

裡「代罪羔羊」（a scapegoat）的意義。他指出在基督教的某項儀式裡，會有一隻白羊承擔起整個社區人們所犯的罪惡，在儀式結束後，這隻羊被放逐到沙漠裡死去。這隻白羊的死，讓整個社區的罪得以救贖。眾人的罪孽藉由一個替代物的犧牲，得到轉移，得到赦免。使社區內眾人之罪，不至於遭到神的懲罰，不會遭到不可測的災難。這隻被轉附的替代物，被犧牲的動物就被稱為「泰利斯曼」（talisman）。所謂「泰利斯曼」（talisman）作者引用《牛津英語辭典》的解釋是：

> 魅力、驅邪符，能夠製造奇蹟的東西。一種雕刻的神奇物，能使其持有者受益。[3]

「泰利斯曼」亦即被賦予了特殊意義的犧牲品，因為意義特殊，所以具有神奇的魔力，具有保護擁有者的力量；而許多人們創作的藝術作品，便具有這樣的特質。作者認為為了宗教膜拜而創作的畫作，表現聖人聖跡的繪畫，最具有這樣的特色。聖跡的畫作如耶穌被釘十字架、聖母懷抱死亡的耶穌等，其主題是死亡與犧牲，作畫的人與觀賞者在這樣畫像裡獲得許多恩典及啟示。畫作

---

2 喬伊‧沙維瑞恩（Joy Schaverien）：〈代罪羔羊與「泰利斯曼」〉一文見 Tessa Dally 等著，陳鳴譯：《藝術治療的理論與實務》，（臺北市：遠流出版社，2004 年 10 月 1 日 7 刷），頁 113-169。

3 喬伊‧沙維瑞恩（Joy Schaverien）：〈代罪羔羊與「泰利斯曼」〉，頁 116。根據喬伊‧沙維瑞恩的論述，「泰利斯曼」的意義很多樣，還有感恩、人際關係的連結、護身符等意義，本文採取其中解厄除難與或可受益的意義；而這意義與代罪羔羊原意有些差異。根據 © The Oxford Pocket Dictionary of Current English 2007, originally published by Oxford University Press 2007. 的解釋：「talisman」是：「an object, typically an inscribed ring or stone, that is thought to have magic powers and to bring good luck。」雖不能確定作者引用何年度的字典，但這應是作者引文出處，見 http://www.encyclopedia.com/doc/1O999-talisman.html。另 wikipedia, the free encyclopedia 解釋 Talisman or amulet 為「a small object intended to bring good luck and/or protection to its owner。」引見 http://en.wikipedia.org/wiki/Talisman，2008.1.21。

裡耶穌的犧牲行動拯救了、洗清了世人的罪惡，讓人們得以脫罪與重生。這類畫作傳達了潛在的「泰利斯曼」（talisman）的力量。[4]喬伊‧沙維瑞恩（Joy Schaverien）論述「代罪羔羊」（a scapegoat）的轉移行為時，舉了兩個他進行藝術治療時遇見的例子。其一是少女莎莉以大便塗污的畫紙，向眾人展示的行為，她畫了這樣令人不快的畫作後，還驕傲的炫耀「這是她的作品」。整整一星期內，她把這張畫作帶在身邊，引起整個社區的議論紛紛；最後，她在一個公開的儀式中焚毀了這張畫。作者認為莎莉這樣的繪畫行為及過程，是具有很多意義的，她讓繪畫「變成一種代罪羔羊」。其二是25歲年輕婦人露易絲的惡夢現象，她感到夢與現實之間很難分辨，一直覺得房間裡有具屍體跟著她。為了避免糾纏，跟屍體妥協，露易絲畫了一幅恐怖的畫，將屍體置入畫中，並認為這幅畫可以見證其內在的「壞」；將虛擬的「它」畫出來是必要的。露易絲認為這幅畫具有力量，對自己與他人都有影響力。[5]喬伊‧沙維瑞恩（Joy Schaverien）強調，人們會用這種投注與轉移的「創作」，作為解除自身罪惡或災厄的方式。許多表現在圖象繪畫的行為，就具有這樣的內涵，創作者藉由自我揭露（self-disclosure）、自我解釋的行為；藉由外顯的行為如繪畫或文字或其他替代物，來獲得除罪，來獲得治療。這樣的行為其實在臺灣的民俗宗教裡亦可見到，當人們家中發生災難，遭逢厄運時，且認定是出於惡魔作祟，就會請乩童到家裡來作法驅邪。方法是在門前焚燒紙製的五鬼、白虎、天狗、烏鴉等。這些紙製的、虛擬的惡物，即象徵作祟的邪魔，由一位神靈附體的乩童

---

4 事實上許多作家一生的經歷悲慘，命運坎坷的例子很多，如盧照鄰、杜甫、孟郊、曹雪芹等，讀者在閱讀期作品時除了欣賞作品之外，對其遭遇的困厄往往亦能引起共鳴，讓閱讀者得到安慰的與心靈淨化的作用。這樣的作用與觀看宗教受難圖畫、雕刻的效果類似。

5 兩例見喬伊‧沙維瑞恩（Joy Schaverien）：〈代罪羔羊與「泰利斯曼」〉，頁135-146。依作者描述莎莉只是個孩子氣的年輕女子，沒有表面可察知的病徵。露易絲則具有睡眠品質不良，經常為惡夢困擾的問題，可能具有心理或精神方面的疾病。

拔出利劍，在空中狂刺，以示將惡魔驅逐，這個家庭從此以後便得到安寧。[6]
紙製的五鬼、白虎、天狗、烏鴉，便是身處苦難中的人們幻設的惡運製造物，
人們將一切的不順遂歸咎於「它們」，經過一番儀式後，這些惡物被銷毀，象
徵了災難也將過去，人們將獲得解脫。喬伊・沙維瑞恩（Joy Schaverien）另
引 Frazer 採集的故事，有些澳大利亞的土著黑人，為了治療牙痛，會將被稱為
「卡立克」（Kariitch）燒熱的射矛器，貼在臉頰上，以解除牙痛。使用之後
的射矛器被丟掉，他們認為牙痛也就跟著這個射矛器消失了。[7]

　　文學創作事實上也表現出了類似的現象，作家們藉由作品揭露了內心的矛
盾與糾結，藉此抒發苦悶，向世人呈現焦灼與悲痛，呈現他們所犯的「罪」或
他們完全清白，只是被世俗「定罪」了。這些作品經過作者「理性」的處理，
有時不免放大或裝飾化受難的情節，醜化不利於自己的人。或者一而再，再而
三地重複己身的創傷，沉溺其編製的故事間不可自拔。這種「放大渲染」或「一
再複製」的現象，在宗教畫裡的聖人與惡鬼是常見的模式。作家將內在的痛苦
移轉，使作品成為「代罪羔羊」（a scapegoat），成為「泰利斯曼」（talisman）。
這種自我的揭露，存在著人們了解、同情與接納的期望；不避諱的將苦難寫
出，事實上也期望能「解除」、「不要」這樣的困境，[8] 脫離不斷出現的噩運。
他們的作品除了抒發情緒之外，亦有洗清罪名、解厄除難的動機在裡面。文
學作品可能如同莎莉以大便塗污的畫紙，露易絲與屍體共處的畫，道士驅魔
時焚燒的五鬼、白虎、天狗、烏鴉等紙器，澳大利亞土著治療牙痛的卡立克
（Kariitch）。這樣「泰利斯曼」（talisman）化的創作，除了讓別人產生共鳴

---

6 見鈴木清一郎著，高賢治、馮作民編譯：《臺灣舊慣習俗信仰》，（臺北市：眾文圖
　書公司印行，1981 年再版），頁 85、86。
7 喬伊・沙維瑞恩（Joy Schaverien）：〈代罪羔羊與「泰利斯曼」〉，頁 154。
8 喬伊・沙維瑞恩（Joy Schaverien）：〈代罪羔羊與「泰利斯曼」〉，頁 153、154。

之外，也期望讓它具有神奇的、超凡的力量。

二、臺灣文學中的「泰利斯曼」（talisman）現象

　　臺灣文學中，表現出「泰利斯曼」（talisman）現象的作家是相當多的，尤其是帶有自傳性質的作家。這些作家勇於將自己的人生經歷表露出來，不斷的用各種身分與角度，敘述自己的故事；而這些故事大多是創傷經驗與現實的苦悶。作家創作時，基本上是一種情感轉移的作用，藉文字書寫的「儀式」，鋪敘悲苦的情感，作品的完成及發表，對作者來說便達到了紓解及昇華的效果。當這些作品被寫出來，即成為「泰利斯曼」（talisman），作者將內在的「罪？」、「苦難」轉移在它身上，作品將被「毀棄」或形成具有神奇力量的東西，轉而對「持有者有益」。這樣的作家有如吳濁流、鍾理和、李喬、七等生等。[9] 吳濁流是一位「自傳型」的作家，大部分作品都是寫自己的經歷，他的作品如〈水月〉、〈筆尖的水滴〉、〈泥淖中的金鯉魚〉、《亞細亞的孤兒》長短篇小說，自傳式的《無花果》、《臺灣連翹》等最為典型。這些作品社會性、批判性很強，充滿抑鬱、苦悶的激情。這種苦悶其實來源有兩方面，一是懷才不遇的哀傷，一是經濟上的不滿足感。這種苦悶，也可以說是吳濁流一生創作最基本的調子。[10] 這些充滿個人色彩的、憤恨的作品，因為具有普遍性，寫出了既是個人也是許多人的共同經驗，引起了很大的共鳴，逐步成為臺灣本土文學陣營重要的聲音。

---

9 此外龍瑛宗〈植有木瓜的小鎮〉裡的陳有三，〈勁風與野草〉裡的杜南遠，楊逵〈送報伕〉裡的楊君，鍾肇政《魯冰花》中的郭雲天，《濁流三部曲》中的陸志龍等，都有作者濃厚的身影，自傳性很強，值得做更多的討論。

10 詳見王幼華：〈面具在說話：政權變動下的吳濁流〉，收錄於《族群論述與歷史反思》，（苗栗市，苗栗縣文化局出版，2005 年 12 月），頁 343-358。

　　李喬是另一個例子，葉石濤在〈評李喬的兩本書：《飄然曠野》、《戀歌》〉一文裡寫到，李喬〈阿妹伯〉這篇小說，隱藏著令人哀傷的身世秘密，小說讓人瞥見他時常淌著血的心理創傷；而「這心理創傷大概是迫使李喬走向寫作生涯的原始動機之一。」[11] 葉石濤指出在饑餓和污辱交迫中度過的童年、屢弱的身體和「暗鬱負了傷的心坎」，是造就李喬成為作家的條件。唯一帶給他溫暖的母親去世，也使他藉由寫作來尋求慰藉，彌補那失去的痛苦。這些評論剖析了他步上寫作之路、成為作家的心理驅迫力。陳銘城〈期待平等公義的終極關懷〉一文，為歡迎李喬演講的開場白序言，他說：「一個作家的童年記憶、病歷表和家族背景的故事，往往是他創作上的秘密。」[12] 這段話很準確的道出李喬早期許多創作，如〈山女〉、〈哭聲〉、〈痛苦的符號〉、〈蕃仔林的故事〉等的動機，以及作品的特色。

　　七等生是對自己作品具有高度自覺的作家，經常以超越式的視角評論自己的寫作。他在〈我年輕的時候〉一文中，反省踏入寫作第一步之後，對於從前成長歲月所遭遇到的「貧困和苦難」，遭遇到的「人事的折磨等種種夢魘」，藉由創作「一步一步地獲得了舒解和擺脫」。讓他那忿忿不平的心，透過創作的發洩、修練，逐步平靜下來，熄滅了報復的火焰。作者站在自我昇華的高度，蔑視了曾有的仇恨心緒。他的寫作是在「揭開我內心黑暗的世界」，將內在「積存的污穢，一次又一次加以洗滌清除。」[13] 七等生自述他的文字具有兩層意涵：「他冷靜地展示和解析各種存在的現象，並同情地加以關愛。」[14]

---

11 葉石濤：《臺灣鄉土作家論集》〈評李喬的兩本書：《飄然曠野》、《戀歌》〉，（臺北市，遠景出版社，1981 年再版），頁 208。

12 李喬：《李喬短篇小說全集》，（苗栗市，苗栗文化中心出版，2000 年 1 月），頁 324。

13 七等生：《散步去黑橋》〈我年輕的時候〉，（臺北市，遠景出版社，1979 年 10 月再版），頁 252。

　　事實上，七等生所寫出的作品，並不如他自己所分析的那般超邁、高遠；他對於現實上遭遇到的扞格是耿耿於懷的，作品是具有攻擊性的。如〈復職〉、〈小林阿達〉、〈散步去黑橋〉、〈木鴨、沙馬蟹和牛仔的故事〉等，將父親的不幸遭遇、家族的齟齬、謀職的紛爭、婚姻的不安與鄉人間的爭執，都寫入作品裡。他的展示和解析，基本上是受創經歷的重新編製，或者稱為寫作藝術的投注與轉移。七等生認為自己在創作的狀態裡獲得解救了，以寫作清洗了仇恨與憤怒，以想像編織可能並非事實的情境，用精神勝利法安撫了受挫的心靈，在作品裡贏得了現實，原諒了敵人。甚至可以說現實的屈辱感、挫敗經歷，才是他寫作的泉源與動力，他依憑創作以減輕活著的無奈，化解粗鄙的現實帶給他的累累傷痕。

　　鍾理和作品的自傳性十分濃厚，是非常典型的例子。鍾理和寫作的動機如其所述，來自兩次挫折與刺激。其一是升學的落敗，他在年少時有三個好朋友，他們同時考中學，四人裡唯一落榜的便是他。落榜的打擊很大，使他下定決心，想要在未來，由別種途徑贏過他們。不過這樣的心願要怎樣表現，「尚未定型」[15]，還未找到出路。其二則是19歲時的戀愛事件，他愛上了同姓的女子。愛上同姓甚至可能是有親戚關係的人，在當時的社會是不被允許的，會遭受到極大壓力與議論的。因此「我想藉筆來發洩蘊藏在心中的感情的風暴」，[16]鍾理和想要成為作家的心願便萌芽了。

　　在鍾理和的自述裡，成為作家源自轉移羞恥為力量的慾望，而所述的內容基本上是一種創傷的自我揭露。作者將現實遭遇裡的苦難化為文字，鋪陳編寫

---

14 七等生：《散步去黑橋》〈我年輕的時候〉，頁252、253。
15 鍾理和：《鍾理和全集》（六），（臺北市，行政院客家委員會，2003年12月），頁217-219。
16 鍾理和：《鍾理和全集》（六），頁219。

出來，展現在眾人的眼前，而這種書寫，其實有著將創痛轉為有扭轉形勢，轉惡為益的期盼，很明顯表現作品的「泰利斯曼」（talisman）化。鍾理和作品表現出的挫敗與創傷，大約有幾點，其中包括「同姓結婚」、「貧窮」及「病痛」等。而同姓結婚應該是其悲劇人生的起點，也是創作的基本動力之一。許多小說如：〈同姓之婚〉、〈奔逃〉、〈貧賤夫妻〉、〈蒼蠅〉、〈錢的故事〉以及長篇小說〈笠山農場〉等，都重複的述說同樣的主題，是鍾理和成為作家的重要契機。本文下面一節以他的作品作為論述的範例。

三、鍾理和作品的分析

（一）荊棘之路

依據鍾理和早期的作品，如〈夾竹桃〉、〈白薯的悲哀〉、〈門〉、〈泰東旅社〉等小說，及 1945 年 9 月 9 日至 12 月 26 日所寫的日記來看，他具有相當強的寫實與批判精神，對政治與社會的狀況具有相當敏銳的觀察力，人際之間的糾紛與情慾的葛藤，也是描寫的重點。當然作品中處處可見作者的身影，穿梭其間。具有這樣特質的作品，在 1949 年 35 歲以後就少見了。原因是他肺結核病況嚴重，需與病魔搏鬥，生活圈變得狹小，創作只能以自己身邊的種種為主。美濃地區的風土民情，家族與自身的感觸、病痛，成為主要描寫對象。代表其內在最大情結的「同姓之婚」，在他 40 歲之後陸續的寫出來，這些作品可以看出摻雜著悲嘆、憤恨、痛苦與甜蜜。這個飽受詛咒的結合，使他走向了荊棘之路，人生充滿了坎坷與悲哀；為了這樣的婚姻，付出了巨大的代價。可能是年紀已長，一無所成，可能是感到病入膏肓，他開始咒怨造成悲劇的癥結，尋找「代罪羔羊」（a scapegoat），將罪惡歸之於牠，然後驅逐出去，他希望自己有「洗清除罪」的可能，有解厄除難的機會。鍾理和繪畫出了許多

幅受難的圖像，這些圖像顏色晦澀，人物臉孔表情悲悽，整個世界暗沉沉的一片，見不到光明。他不斷的將這不被祝福的愛情過程寫在作品裡，反覆訴說其間的冤苦。

根據〈鍾理和生平與著作刊登年表〉[17]有關同姓之婚的作品及其創作年代，分列如下：

作品名稱	歲數	創作年代	發表刊物
〈蒼蠅〉	40	1954 寫作，1959 發表	《野風》
〈野茫茫〉	40	1954 發表	《聯合報》
〈笠山農場〉	41	1955	1976《遠行出版社出版》
〈同姓之婚〉	42	1956	《聯合報》
〈奔逃〉	44	1958	《新生報》
〈貧賤夫妻〉	45	1959	《聯合報》
〈錢的故事〉	46	1960	《聯合報》

同姓之婚自古以來都是人類社會裡的禁忌，血緣過於接近的男女結合，會產生不健康的下一代，這是經驗法則。鍾理和與鍾台妹（平妹）[18]的愛情與婚姻，在保守的高雄縣美濃地方，造成的震撼是可想而知的。兩人對愛情的堅持，無視社會禁忌，執意堅守愛情，自然造成軒然大波。鍾理和毫不忌諱揭露同姓婚姻的事實，與少女莎莉用大便塗污的畫紙向眾人展示，婦人露易絲畫與屍體共處的圖畫，其內在驅力有其相似性。「大便塗污的紙」、「惡夢似的圖畫」都足以讓人不快，都屬於「非正常」的社會行為，會招致人們的議論與抵制。

17 鍾理和：《鍾理和全集》（六），頁 225-233。
18 鍾理和的妻子本名為鍾台妹，小說中皆以平妹稱之。

兩人展現的其實是內在的情結或創傷，他們向眾人展示自己「惡」的目的，其實是希望「拋除」，期望自救，能夠如同澳洲土著拋棄卡立克（Kariitch）一般，讓牙痛轉移；至少希望那種狀態是能變成被眾人接受的。「同姓之婚」、「大便塗污的紙」、「惡夢似的圖畫」都可以說是一種「泰利斯曼」（talisman）式的表現，而這些「成品」也與創作者分離，具有多樣的意義，成為眾人都可參與解讀的標的。

（二）罪惡與災難敘述 [19]

　　鍾理和在作品中敘述出自己堅持與鍾平妹的愛情，造成了各種各樣的災難，這些打擊包括來自家庭、親友、社會議論等等，由於鍾理和個人際遇欠佳，身染惡疾，所生的孩子遭遇疾病與死亡，更讓他與妻子的處境極其艱難。他們的結合變成一種詛咒，變成人們期待看到的悲劇，「同姓之婚」終於演繹成「天所不容」的可怕境地。「代罪羔羊」（a scapegoat）除罪模式的根本，是在於人們承認自己有「罪」，所以必須藉由犧牲品來去除罪惡，「在授與羊力量的行動中，我們必須承認罪行的存在，並且儀式化的與它分離」[20] 不過鍾理和的認知裡並不以為自己有罪，是外人認為他們有罪，而且將眾多的懲罰施加在他們身上，要求他們認罪。鍾理和雖不肯承認有罪，但事實上已然接受自己是人們眼中的「罪人」，因為他與妻子都戴著人們給與的罪枷，行走在人間。這個枷鎖十分沉重，造成命運的坎坷。在他的作品裡可以看到如下的敘述，這些便是鍾理和內在苦難的移轉物，是代其受罪的羔羊，他描述自己陷入的災難至少有四類：

---

19 這些作品雖有不少企圖辯解或尋求自我認同的部分，但這樣的聲音其實是很微弱的，飽受現實摧殘的鍾理和，仍以展露創傷與哀痛為主調。
20 喬伊‧沙維瑞恩（Joy Schaverien）：〈代罪羔羊與「泰利斯曼」〉，頁124。

1. 與家庭親友的決裂

〈奔逃〉一文作者藉由兄弟景明的口述，父母親倆結婚 3、40 年來，一直相敬如賓，為了他的事發生爭執，口角不斷。「母親每天以淚洗面」，父親斷了他的經濟來源，也不讓母親接濟他，希望阻止他們繼續交往。〈貧賤夫妻〉說和平妹的結合遭遇到「家庭和舊社會的猛烈反對」，他們經過艱苦奮鬥，不惜和「家庭決裂」，方始成為夫妻。〈同姓之婚〉裡說假使他們要結婚，便必須做到兩件事，「第一，脫離家庭；第二，經濟自立！」[21] 父母親都不可能同意這個婚事的，如要這樣做，就必須甘冒大不韙脫離家庭，然後追求經濟獨立，自組家庭。

家庭方面的關係決裂了，連最親近的友人也出現裂縫，對他的做法不認同。〈奔逃〉敘述，堂兄魁光曾是他非常親近的人，對他的作為不認同，雖然沒有出言責備，但在眼光和行動上有著十分清楚的非難與責備，鍾理和無法取得魁光的支持，讓他感到孤獨與哀傷。追求愛情的結果，到了最後竟成為最孤單的人，「我仍然只有自己一個人！連最信賴我的人，也都離開我了。」[22] 這樣的情況也發生在平妹的身上，〈同姓之婚〉說「她從前的朋友，即使是最親密的，現在都遠遠的避開她了。彷彿我們已變成了毒蛇，不可親近和不可觸摸了。」[23] 鍾理和希望妻子的舊友能來家中相聚，以安慰妻子的心，有時甚至是用哀求的，但都不能成功。有次在一個山寺遇到妻子舊日老友，便熱誠的邀約她來家吃飯。在他們燒好飯菜，誠心等待之後，她舊日的友人竟爽約了。妻子跑去山寺找她，最後失望而回，非常哀傷說友人不願意來，是因為她「討厭我

---

21 鍾理和：《鍾理和全集》（一），〈同姓之婚〉，97。

22 鍾理和：《鍾理和全集》（一），〈奔逃〉，頁，81。

23 鍾理和：《鍾理和全集》（一），〈同姓之婚〉，頁 99。

們！」[24] 他們倆個成為人群中的「毒蛇猛獸」，成為可怕的「罪人」，是必須被隔離的「異類」。

2. 社會議論與人身攻擊

由於這樣的結合不被家庭與親友認同，所以也沒有舉行「儀式」。他們不能舉行「正式的婚禮」，意味著兩人的婚姻關係是不被社會認同的。〈同姓之婚〉說「我們的結合，不但跳出了社會認為必須的手續和儀式，並且跳出了人們根深蒂固的成見——我們是同姓結婚的！」[25] 在當時臺灣的社會，「這是駭人聽聞的事情。」[26] 既沒有人們認同的「社會儀式」，他們的婚姻基本上建築在一種不合法的、脆弱的狀態裡。人們對這種敢於觸犯眾怒、挑戰禁忌、違逆約定俗成的做法，是不會輕易放過的。人們必須證明群眾的經驗是正確的，違反了這個規約，必然會得到災難。

〈貧賤夫妻〉一文，鍾理和住院三年，返家後妻子沒有到車站接他，只在老家附近的樹蔭等待。見面後，鍾理和問妻子為何不到車站等他？她回答是「車站裡人很多。」[27] 人言可畏令她害怕。他們的婚姻是沒有社會認同的，人們樂於批評、攻擊，他們的災難足以證明眾人的議論是對的。沒有舉行結婚儀式，簡單的說就是自棄或被棄於社會之外了。

〈同姓之婚〉中，與鍾理和「結婚」後的平妹，過著憂鬱與苦悶的生活，整日「就一直在迷惑、疑懼和煩惱的泥沼中」[28] 鍾理和的母親對她展開批評，「母親眼看說我不動，於是遷怒到平妹身上去。罵她是淫邪無恥的女人；是一

---

24 鍾理和：《鍾理和全集》（一），〈同姓之婚〉，頁100。
25 鍾理和：《鍾理和全集》（一），〈同姓之婚〉，頁91。
26 鍾理和：《鍾理和全集》（一），〈同姓之婚〉，頁91。
27 鍾理和：《鍾理和全集》（一），〈貧賤夫妻〉，頁109。
28 鍾理和：《鍾理和全集》（一），〈同姓之婚〉，頁91。

個專會迷惑男人的狐狸精。」[29] 鍾平妹選擇了愛情，遭來的是嚴厲的攻擊，而且攻擊她的是愛人的母親，用「淫邪無恥」、「狐狸精」的語詞，可以說是極其難堪的。除了這樣的批評，其後的婚姻更是長夜漫漫路迢迢，生病的先生沒有謀生能力，醫藥費的龐大讓經濟來源困窘，她必須承擔家計，日夕勞苦，做最粗重的工作賺取微薄的金錢，來維繫家庭於不墜。

3. 前途茫茫被迫返家

〈奔逃〉一文中記述夫妻兩人，決定離開是非紛擾不斷的家鄉，去到中國。尋找可以安身立命的地方，尋找可以接納他們的桃花源。不過前程難料，未來是好、是壞，無法確定。他們乘的船離開基隆港，航行經過彭佳嶼，海水茫茫，故鄉已不見了，前途未卜。他感慨的說「廣大的天地，何處是我倆的歸宿？」[30] 可惜在中國一段時間後（1940-1946），發展並不順遂，生活仍是艱難。1946 年日本侵華戰爭失敗，在中國的日本國臺灣人處境堪憂，恐遭報復。鍾理和夫妻搭乘遣返難民的船隻回到臺灣，暫住高雄弟弟家。次年肺病惡化，從此疾病纏身，雖多次就業仍無法安於一職，最後返回故鄉，依靠分得的祖產維生。無法謀得好出路，只好回鄉的挫敗，這又是一件非常羞恥的情況。

4. 天所不容

鍾理和感受到「同姓之婚」除了家庭親友及社會的壓力外，還有更大的、更殘酷的試煉，更難堪的污辱，那就是他們的孩子成為人們取笑與尋開心的對象。他有無數次聽到人們指著孩子說：「牛，畜牲養的。」[31] 有一個女人曾對著孩子說：「小孩子，你有幾條腿？四條是不是？四條腿？」嘲笑鍾理和為牛公，平妹是牛母，是如同畜牲一樣的人類。他們生的孩子，自然也是畜牲。〈野

---

29 鍾理和：《鍾理和全集》（一），〈同姓之婚〉，頁 95。
30 鍾理和：《鍾理和全集》（一），〈奔逃〉頁，85。
31 鍾理和：《鍾理和全集》（一），〈同姓之婚〉，頁 101。

茫茫〉鍾理和祭早夭的「立兒」說：因為名字上的第一個字相同，父親和母親受詛咒，「彷彿我們在道德上犯了多麼可怕的瀰天大罪」。[32]人們用「牛」、「畜牲」、「逆子」等等名詞攻擊我們，你是無辜的，但人們張著眼睛注視我們的一舉一動，隨時張著口準備給我們「更多的侮蔑和嘲笑」，無時無刻「我們和他們之間」，都會產生那「激烈的，無休止的惡鬥」。悲哀的是你的哥哥不知是在學校跌倒，還是「蛀骨癆」，變成了駝背。人們對此更是振振有辭了，對父母的婚姻給予這樣的評語：「天不允許！」[33]

　　這個立兒，曾是鍾理和夫妻期望向世人呈現的一個健康的孩子，只要立兒長得好，就能證明他們婚姻是道德的、健全的，是有完整性的。不幸的是，曾經健康如同小獅子的他，不過一次感冒便奪去了生命。立兒的死，讓世人更相信「他們是對的」，鍾理和夫妻的結合「果真是天不允許」，[34]他們的罪惡是天都不容許的，是要被正常的「人群」驅逐的。

　　鍾理和在他的「代罪羔羊」（a scapegoat）裡賦與了各種各樣的災難：家庭親友決裂、社會議論、人身攻擊、謀事不遂、身染惡疾，最後到了天所難容的境況。這樣一個被詛咒似的，無法見容於天地之間的「罪孽」，字裡行間顯示了瀕臨崩潰的絕望感，窮極問天的悲慟。這些作品揭露了「罪」與「災難」的糾葛，在眾人面前展現受難式的書寫。如同看見耶穌釘在十字架上的圖畫似的，讓人們對這種悲慘的畫面感動，震撼於他的殉教精神，轉而對基督教產生敬佩、皈依的念頭。事實上耶穌在羅馬人的觀點裡，他是一個罪犯，是混淆視聽、造成混亂的問題製造者，讓他受釘在十字架上的刑罰是恰當的，是合乎公平正義的。而這種轉變，正是喬伊・沙維瑞恩（Joy Schaverien）詮釋的「泰

---

32 鍾理和：《鍾理和全集》（一），〈野茫茫〉，頁 150。
33 鍾理和：《鍾理和全集》（一），〈野茫茫〉，頁 151。
34 鍾理和：《鍾理和全集》（一），〈野茫茫〉，頁 153。

利斯曼」（talisman）現象。在後來耶穌不但得到了「洗清除罪」的效果，還成為基督教立教最重要的人物，他生前受的苦難，反而成為重要的教訓，成為反覆被詮釋、編製的情境。

（三）解厄除難的敘述

鍾理和1958年2月8日寫給廖清秀的信上說，他之所以寫作，是為了發表，為了爭稿費，甚至願意為獲得多一些稿費，努力的去迎合「他們」。[35] 雖然如此，但事實上他卻只能「按自己的意思來寫」，如果寫出來不受歡迎，他覺得對得起自己就好，違心之作無法寫，也沒那個才幹。綜觀鍾理和的作品和寫作態度，恐怕並沒有所謂「迎合」的情形，反而呈現的是一種純樸和真誠的特質，作者將內在的心思和情感，十分真實的表現出來，看不到虛矯與浮誇的辭語、造作的情節。他的作品可以說是源自於一顆樸拙的心靈，這個心靈受到種種挫折，因而想將受創的痛苦傾洩出來。如前所述，他悲慘命運的起點就在「同姓之婚」，這個驚世駭俗的愛情，一個歷經艱難的、不棄不離的愛情，造成了他悲苦的人生行路。鍾理和在作品中不斷重述這個情結，一再的揭露內外在的創傷經驗，而這些非寫不可的痛苦，希望除罪解厄的動機，才使鍾理和成為鍾理和。

這樣毫無顧忌的自我揭露，目的何在？鍾理和曾為自己的行為抗辯，認為兩人只是同姓而已，無法證明有血緣關係；既是如此，又有何不宜之處。為何要遭到如此多反對？他用作品來控訴，來辯駁，來證明自己沒有錯。喬伊・沙維瑞恩（Joy Schaverien）〈代罪羔羊與「泰利斯曼」〉裡談到人們希望將邪惡與疾病的不祥之物，尋找一個代替品，將之轉移到「它」上面，這樣便可以把災難去除。在鍾理和來講有關「同姓之婚」的創作，基本上就是「泰利斯

---

35 鍾理和：《鍾理和全集》（六），第一部分〈致廖清秀函〉，頁130。

曼」，是一種除罪、除穢式的轉移。這些書寫的潛在慾望是「不要」，作者渴望「不要」再有這些惡境，希望以前沒有、以後不再發生，希望這些災難能盡快被消除。如果達不到這樣的效果，至少是能夠被知道，被諒解，不再那麼的受到攻擊。如同露易絲的畫，她為了驅逐屍體進駐內在的恐懼，害怕屍體的惡造成自身的毀滅，於是將它展現出來，這種揭露讓她比較可以安心。雖然「可怕」的狀況並未實際解除，但她至少覺得自己內在的「壞」，已然展現出來，已然有了別的意義。鍾理和期望經由他的作品能夠產生「魅力」，如同「驅邪符」有效，並「能夠製造奇蹟」；他的作品能成為「一種神奇物」，能使他「受益」。[36] 不幸的是如同很多人不斷的祈求上帝給予悲憫，改變命運，很多人寄望藉由驅魔除穢的儀式，脫離惡境，可惜都無法如願。鍾理和直到喀血而死，期望都沒能實現。

四、結語

鍾理和自述他走上寫作之路的原因，在「藉筆來發洩蘊藏在心中的感情的風暴」。[37] 他孜孜不倦的寫作，直到去世，20 餘年都未停筆。文學創作與他的生命可謂緊緊相連。如前所言他的作品主調在發紓困悶，揭露創傷，具有很強的「泰利斯曼」（talisman）現象。可惜這些作品並沒有為他「解厄除難」，也沒有達到清洗除罪的效果。除了一些文名，在他死前，所有的災難並未散去。張良澤在〈鍾理和全集總序〉裡提到，鍾理和在彌留的時候，召來鍾鐵民說，在他死後務必把所存的遺稿通通「付之一炬」，且家人不得再有從事文學者。他對《笠山農場》沒有出版耿耿於懷，「死有遺憾」。[38] 鍾理和希望將作品「燒

---

36 喬伊・沙維瑞恩（Joy Schaverien）：〈代罪羔羊與「泰利斯曼」〉，頁 116。
37 鍾理和：《鍾理和全集》（六），頁 219。

毀」，且認為文學創作並未帶給他幸福，他曾經寄望創作帶來扭轉命運的機會，改善生活，讓同姓之婚的陰影消除。

　　比較起來，吳濁流、李喬、七等生等人幸運得多了，他們都因作品獲得了很多現實的回饋，使他們「受益」。[39] 不過鍾理和的作品畢竟受到了注目，悲慘的命運感動了無數的人，作品一再的刊印，使他在臺灣文學中有著不可動搖的地位。也許可以這樣說，鍾理和作品的「泰利斯曼」（talisman）現象，在他活著的時候已開始醞釀，那些折磨他一生的災厄在去世後，才逐步的獲得了解除。

---

38 《鍾理和全集》卷一，遠景出版社，1983 年四版，頁 7。
39 三人中以李喬最為顯赫，他除了囊括國內外各項重要文學獎項外，還多次獲聘為總統府國策顧問，地位崇隆。

簡樸與清純：
詹冰論[*]

莫 渝

一、生平簡介

　　詹冰，本名詹益川，1921年7月8日出生於日治時期新竹州大湖郡罩蘭（卓蘭）庄，祖父詹龍飛當過卓蘭庄長（鎮長），父親詹德鄰當過保正。1927年4月至1934年3月，就讀卓蘭公學校（國小）；1935年4月至1940年3月，就讀臺中州立臺中一中（五年制）。中學畢業後，考入日本東京明治藥專（1942年4月），前往東京留學，1944年9月藥專畢業，11月，獲藥劑師及格，隨即在戰爭中，搭乘貨船「慶運丸」返臺回家鄉。1947年10月，在卓蘭開設「存仁藥局」，認真學習中文。1954年3月，任卓蘭中學理化科教師，7月辭職；1957年2月回任中學理化教師，至1981年退休。退休之後，經常到國內外旅遊，及參加賞鳥協會的活動。1987年遷居臺中市。詹冰於2004年3月25日（農曆甲申年閏2月5日）下午5時30分壽終正寢，享壽84歲。陳水扁總統輓詞：積厚遺徽。呂秀蓮副總統輓詞：遺芬裕後。

---

[*] 本文原刊登於《笠》，1998，204期，頁99-106。因收錄於本專書，略做增刪，謹此說明。作者莫渝現任國立聯合大學臺灣語文與傳播學系兼任助理教授、年度詩選編選委員。

二、文學歷程

　　詹冰自幼接受日文教育，就讀公學校（國小階段）時，就喜歡看小說、詩歌，中學時期嘗試俳句和新詩的寫作，五年級時（1939年），因作文與美術優越（全校第一），代表學校參加臺中州作文比賽，獲得第二名（參賽者均為日人，詹冰是唯一臺灣在地學生）。在日本留學時，三首日文新詩〈五月〉、〈在溓民村〉和〈思慕〉被推薦刊登在《若草》日文詩刊上。1944年，學成返臺，戰爭結束後初期，仍用日文寫作發表。1948年參加文學團體「銀鈴會」，詩作發表於該會刊物《潮流》（中日文混合的季刊油印雜誌）。「銀鈴會」是張彥勳、朱實和許世清三位於1942年籌組的文學小團體，三位當時是臺中一中三年級學生，將手稿裝訂成冊由朱實取名《ふちぐさ》（緣草，邊緣草，即種在花壇四周不顯眼的草本植物），傳閱討論。後來成員增多，1945年畢業前夕（3月），將團體取名「銀鈴會」。日本戰敗，日文刊物《緣草》繼續推出，至1947年暫停；未滿一年，張彥勳、朱實、林亨泰、詹冰、蕭翔文等人商議復刊，並將《緣草》更名為《潮流》，於1948年5月推出《潮流》春季號，至1949年4月春季號，共有五期。這是1940年代臺灣文壇的重要記錄之一。日文遭禁後，詹冰改習中文，經10年努力，至1962年，發表中文詩與小說。1964年3月與一批臺灣省籍詩人吳瀛濤、桓夫、林亨泰、錦連、白萩、趙天儀、薛柏谷、黃荷生、王憲陽、杜國清、古貝等12位組成「笠」詩社，同年6月推出《笠》詩雙月刊，創刊號即介紹詹冰作品。翌年，出版第一部詩集《綠血球》，為其1940年代日文詩作部分的中譯。此後，以「笠」詩社詩刊為中心，展開他清純的詩創作生涯，並嘗試多方面的文字寫作，如歌詞、歌劇、兒童劇本、兒童詩、小說等，迭有優秀的成果。在作品結集方面，有兒童詩集《太陽‧蝴蝶‧花》（1981年）、詩集《實驗室》（1986年）、詩散文小說合集《變》（1993年）、詩選集《詹冰詩選集》（1993年，附英日譯）、《詹冰詩全集》

三冊（分為：詩集、兒童詩集、研究資料彙編，2001 年 12 月）、《銀髮詩集》（2003 年 10 月）等出版品。1980 年代，離開教職之後，從事習畫，進而推出詩畫聯展，還遠至加拿大（子女移居）華人社區展出，是晚年最愜意的藝文活動。在獲獎方面，小說〈生在頭頂上的龍眼樹〉獲 1977 年教育部兒童文學獎，兒童詩〈遊戲〉獲 1979 年洪建會兒童文學首獎，〈母親的遺產〉獲同年聯合報極短篇獎，散文〈有心栽花花必開〉獲 1990 年教育部文藝創作獎；也由於長期的文藝耕耘，榮獲 1981 年「苗栗縣傑出藝文工作者獎」、1990 年「臺中市資深優秀文藝作家獎」、2001 年第十屆「榮後臺灣詩人獎」、「臺中市大墩文學獎」、2002 年真理大學「牛津文學獎」等。

三、文學理念

　　詹冰在文學寫作上有多方面的成就，以戲劇為例，1974 年完稿的歌劇《牛郎織女》（獨幕四場），曾在國內與法國公演，深獲好評，1998 年初，仍在國內各地巡迴公演。但，詩是他最重要的活動舞台，除提出作品驗證外，也有其特殊的理念，此外，就其寫詩歷程，分別引錄詩觀、兒童詩看法、十字詩理論三項的重點。

（一）詩觀

　　1. 詩人如小鳥任憑自然流露的情緒來歌唱的時代已過去；現代的詩人應將情緒予以解體分析後，再以新的秩序和型態構成詩，創造獨特的世界。因之詩人該習得現代各部門的學識和教養，傾注其所有的知性來寫詩……。

　　2. 我的詩作可以說是一種知性的活動。簡言之，我的詩法是「計算」。我計算心象的鮮度、計算語言的重量、計算詩感的濃度、計算造型的效率，以及計算秩序的完美。最後的目標是要創造前人未踏的詩的美的世界。

3. 寫詩好像接吻一樣，寶貴生命的浪費。聽說，一次的接吻，會縮短了 5 分鐘的生命。那麼寫一首詩所縮短的生命不只 5 分鐘吧。可是沒有人因會縮短 5 分鐘的生命就放棄和愛人的接吻。何況，寫詩是和維納斯的接吻（可能是世界上最甜最高的接吻），不能輕易地就放棄的！

4. 詩人大概可分為三類：思想型、抒情型及感覺（美術）型詩人。圖象詩的創作與欣賞是適於感覺型詩人的。

5. 藥，可治療人類的身體。詩，可淨化人類的精神。無藥，人類就滅亡，無詩，亦然！

（二）兒童詩看法

1. 寫兒童詩的最大意義是，要喚醒兒童的詩心，而不是教育，也不是學習，也不是娛樂。

2. 我認為「兒童詩」就是兒童也可以欣賞的詩。無論兒童做的也好，成人做的也好，首先兒童詩必須是詩。兒童詩不是初期階段的詩，也不是降低格調的詩。兒童詩也應該是一篇完美的詩。

3. 我曾認為兒童詩的作者要有「詩心」、「童心」、「愛心」。可是現在我認為更重要的應是「無心（虛心）」。這樣才能寫出境界更高的兒童詩。

（三）十字詩理論

1. 「十字詩」就是只用 10 個字來表現詩意、詩感、詩境的短詩。多一兩個字也可以少一兩個字也無所謂。此外，什麼規定都沒有。排列型式、腳韻、行數等的限制也沒有。題目，有沒有都沒有關係。

2. 一首詩濃縮為 10 個字左右，我想有下列兩大優點：（1）簡潔（2）留白，此外，我感覺「十字詩」中有勁、張力、乾脆、淡泊、深度等魅力。

3. 現在世界最短的定型詩是日本的俳句。一共只有 17（5、7、5）個音。

17音的俳句，翻譯為中文大概譯成 10 個字左右，反過來說，我們只用 10 個字寫詩，就可以寫出俳句一般的詩境出來。我們使「十字詩」定型，那麼，「十字詩」變成世界最短的詩了。

四、詩歌特點

（一）前衛精神

　　對詹冰知之甚詳的詩人桓夫說過多次的讚許，在〈綠血球・序〉說：「詩集《綠血球》原用日文寫成。大部份於 1943 年至 1946 年之作。在當時的臺灣詩壇，可謂呈現具有革命性意義的詩。」在〈臺灣新詩的演變〉一文中，說：「詹冰就是把戰前的前衛詩精神，帶入戰後開花的第一位詩人。」桓夫所說的「呈現具有革命性意義的詩風」和「戰前的前衛詩精神」，指的該是詹冰在 1940 年代透過日文接受日本《詩與詩論》的詩人們的作品與詩論，還有富於「機智」而明朗的法國詩，簡而言之，就是現代主義的知性。早先一批現代主義的信徒，只承認臺灣現代主義的發展是 1950 年代紀弦等人倡導的現代派才開始，他們強調主知，要把抒情放進冰箱裡。當我們正確地回顧臺灣新文學的演進，撥開塵封的歷史，看得到提早 10 年，1940 年代的青年詩人詹冰已經強調知性，且有作品為證。這些詩，包括詩集《綠血球》內的〈五月〉、〈春〉、〈七彩的時間〉、〈液體的早晨〉、〈金屬性的雨〉、〈酸性的廟〉、〈春的視覺〉等。底下，試著解讀詹冰的成名作〈五月〉：

五 月

五月，

透明的血管中，

綠血球在游泳著——

五月就是這樣的生物。

五月是以裸體走路。

在丘陵，以金毛呼吸。

在曠野，以銀光歌唱。

於是，五月不眠地走路。

在東京讀書的詹冰，一隻手拿著試管，一隻手翻開詩集，在藥學與文學之間擺盪著，多年後，他自言此詩的寫作背景是這樣子：「五月的一天裡，下課後，我還留在二樓的教室，靠窗眺望著校園裡正在發綠芽的櫻樹，突然靈感頓生，不到兩分鐘，我的腦裡就蘊釀了一首詩，在一氣呵成之下，我將腦海裡的詩抄在紙上，〈五月〉就這樣完成了。」接著，對外第一次投稿，受到日本詩人堀口大學（1892-1981）的推薦，發表在《若草》詩刊，堀口的推薦詞是「率直而感覺很直截了當。而且想說的已充分表現出來。」時間是 1943 年 7 月，首次投稿即獲得好評，自然讓作者「高興了好幾天」，認為是最重要的第一首詩，但成功背後卻曾「苦心極力地寫了幾十首的習作」以及中學時日本俳句的訓練與試作。〈五月〉一詩沒有抒情的文詞，用語均經過一番特殊的處理，也就是作者在〈詩觀〉所提到的「計算」，多方面的計算，「最後的目標是要創造前人未踏的詩的美的世界。」這首詩分二段，各 4 行。前段，把「五月」形象化，將「五月」當是一個生物，是一個有生命的物體，在其體內透明的血管

裡，游泳著綠血球；詹冰自言「追求美的時候，我的血管彷彿在流著綠血球。」於此，傳達出五月是具美感的生物，或直言美麗的生物。後段 4 行，藉自然界的景象，襯托五月這樣生物的動作。在北國（日本／東京），五月正值春天，萬物充滿生機，一片欣欣向榮。裸體指生物的祖裎，不需掩飾，不眠地，指生命活力的延續與時序運轉的不停。這首詩，把抽象的名詞「五月」，透過形象到具體的動作，呈現五月春的活力。

（二）科學觀念的啟迪

詹冰原本是藥劑師，也擔任過 20 餘年的理化教師，這方面的科學訓練，使他享有「藥學詩人」的稱譽，而詩的創作歷程很自然地溶入相關知識。他在詩觀也如此強調：「詩人該習得現代各部門的學識和教養，傾注其所有的知性來寫詩……」這類作品，除前引具前衛精神的幾首詩篇，尚有〈實驗室〉、〈二十支的試管〉、〈詩人〉、〈透視法〉等。在〈詩人〉（1967 年 1 月作品）這首詩裡，作者用物理化學的名詞，如愛的離子、真的結晶體、淚的液體燃料，為詩文學工作者下定義：保持人類的體溫，發揚人類的光輝。〈實驗室〉（1967年 8 月作品）一詩，除了搬弄實驗器材，還讓這些器材發出人性的親切，如「三稜鏡色散著七彩的美夢／曲頸瓶擴散著酯類的芳香」，「音叉在歌唱——物質有感情」，「磁鐵在愛戀——原子有親和力」，冰冷的實驗室，藉詩人詼諧的彩筆，變得詩情畫意了，亦順利地啟迪科學知識。

（三）反戰思想與人文關懷

1940 年代，詹冰的詩在形式上有一個特點，即採用獨立的句子作為單一意象，集合幾個單一意象組成一篇有完整意境的詩，〈在澌民村〉、〈扶桑花〉、〈初夏的田園〉、〈春〉、〈戰史〉等均是。其中，僅 4 句（4 行）的〈戰史〉，即表現反戰的思想，全詩 4 行為：

　　金屬被消費了。

　　肉體被消費了。

　　眼淚被消費了。

　　尤其是女人們的美麗的眼淚。

　　任何一場戰爭，不論輸贏何方，都是破壞，都在消耗。金屬的消耗，是財物的損失；肉體的消耗，是生命的殞盡；眼淚的消耗，是生者的傷心欲絕。在前線，軍人戰士的抵禦、亡命；後方，敵人砲彈的轟炸，死者已矣，生者（孤兒或寡婦）都只能空望無告的天空，用淚洗眼，直到轉化另一股生存的力量。歷史，一再重演〈戰史〉。詹冰的詩，相當敏銳準確地捕捉濃縮而精鍊的意象，這技巧和他接受和歌（三十一音構成的日本詩）與「俳句」（十七音構成的日本短詩）的訓練，應有密切的關係。1945 年 8 月 6 日、8 日美國空軍在日本廣島、長崎二地，先後投擲兩枚原子彈，造成人類歷史上的浩劫，數十萬人當場死亡，原爆引發的後遺症，使這次慘絕人寰的悲劇延續著。詹冰於 1983 年 11 月間旅行日本，參觀長崎「原爆資料館」後，寫下〈我不要看！──參觀長崎「原爆資料館」〉這首詩，表達反戰心理，每一張參觀者的嘴巴都會叫喊：我不要看，我厭惡戰爭。除反戰思想外，人文關懷也是詩人下筆時良知的流露，如〈金字塔〉（1984 年作品）一詩，面對這座宏偉高塔陵墓，詩人思考的是巨石如何搬運，如何設計出這樣壯觀的幾何學圖形。詩人不讚賞古蹟的美學，反而充滿迷惘，因為愈接近古蹟，愈聽得到千千萬萬奴工的哀號與呻吟，表明了詩人的良心，使他站在勞動階層說話。同樣，具有人文關懷的詩，也出現在〈鬥牛〉、〈可怕的天災〉等，這些詩作都是 1980 年代，詩人出國旅遊的記錄。1990 年參加二屆世界詩人大會所寫的〈世界親族大會〉一詩，依然流露關懷人類關懷地球的胸襟。

（四）圖象詩的提倡

　　圖象詩或象形詩，是藉文字本身的形狀，加以特殊處理或排列，增加詩的情境，發揮視覺效果，這是詩人巧思的展現。西方字母的「z」，常被引為閃電的符號，法國詩人阿保里奈爾（1880-1918）詩集《象形文字》，（1918年）藉字母、文字與詩句的排列，以顯示主題，如錶、領帶、噴泉、皇冠等，是典型視覺表現的詩人，其詩作〈下雨〉，將字母直排列成五行，產生雨滴直下的效果，是此類圖象詩的典型。詹冰也有〈雨〉的圖象詩，由於中文是單一結構字，因此排列就須相當多同一字「雨」了，九行詩，雨占6行，每行又是6個「雨」字直行排列。其餘的圖象詩，有〈affair〉（事件），藉男女二字排列方向的改變，產生男女關係男女事件衍發的臆想，這是1943年作品；1946年的〈自畫像〉則以圓形加以「淚」、「星」、「花」的排列，顯示一天24小時心情變化的狀態。〈插秧〉（1963年作品）以水田當作鏡子，映照水上水下雙層圖案，產生農夫插秧的田園風光效果。〈山路上的螞蟻〉（1975年作品）和〈雨〉兩詩有相同寫作模式，由於圖象詩著重情境的視覺，比較注重形式，沒有繁複的文詞，只要構思巧妙，極易受到大眾歡迎。

（五）十字詩的開拓

　　詹冰的文學歷程，接受過日本俳句的教育，也有這方面的初啼成績，如中學時期（1938-1941年），以〈圖書館〉俳句獲臺中圖書館舉辦的徵求俳句獎，他認為俳句是高度濃縮的詩，影響了他寫詩的風格。在日本求學時，曾投稿日本俳句雜誌入選，所寫的〈日本風物誌〉10首也都是簡短的三行詩，類似俳句。晚年，興起俳句的寫作，先用日文，再翻譯為中文，1990年更撰述〈十字詩論〉，企圖「建立世界最短的詩」，呼籲有興趣的詩友一起試作。這類短詩（小詩），詹冰的創作量（包括由早年日文俳句寫作的譯成中文十字詩）超過千首，詳見《銀髮詩集》的第二輯。茲引錄兩首作為參考：

冬日暖　松林散步　踏萬針
苦楝的　紫色落花　像指爪

（六）兒童詩的成果

　　詹冰在 1940 年代新詩創作時，除了具有前衛精神外，亦強調意象精準和詩的情趣內涵，信奉日本詩人堀口大學的話：「欲寫好詩，那麼你先熱望寫好詩吧！」因而，寫了〈雨〉之類的易懂好詩。〈雨〉連同 1960 年代的〈插秧〉受到歡迎，詩人亦試著從事兒童詩文學的創作，至 1970 年代的努力與獲獎，1981 年出版的兒童詩集《太陽・蝴蝶・花》深獲文壇重視，不少好詩傳頌著，如〈插秧〉、〈遊戲〉、〈雨〉、〈香蕉〉、〈媽媽的香味〉、〈天門開的時候〉（原收進詩集《綠血球》）、〈蜈蚣〉、〈山路上的螞蟻〉等。以〈蜈蚣〉詩為例，小蜈蚣在過年前要求爸爸買雙新鞋子，這是一般家庭在新年前夕為孩子填新裝的現象，對百足之蟲的蜈蚣言，要花多少金錢才能滿足孩子的慾望呢？因而蜈蚣爸爸回答：「你要我的老命是不是！」父子間的簡單對話，形成一幅詼諧幽默的畫面。

五、結語

　　在 1940 年代開始日文寫作，經歷「跨越語言」的障礙與克服，詹冰持續半個多世紀的文學歷史，從現代主義主知的前衛精神出發，屢有開創的展示，但隱逸式的生活方式，讓他的詩風保持簡樸與清純，風格如人格，這樣的典範，值得我們景仰。

附錄：

用心經營一甲子詩業的詹冰先生，於 2004 年 3 月 25 日撒手離開我
們，4 月 10 日（六）上午 9 點半在臺中市殯儀館（臺中市崇德路一
段 50 號）舉行告別式。謹以此詩表達敬意及送別。

送　別
——送詩人詹冰

走出俳句圖書館
好學的青年渡海學醫
在東京實驗室內
精心提煉喜愛的詩質

戰爭末期，時局艱困
難阻驚濤駭浪的返鄉意志
一九四四年歲暮的寒天冰海
「船載著墓地」終於歸來

脫掉一襲語言外殼
披上另一襲
綠血球紅血球交融的詩質
依舊散溢美與愛的清香

一甲子的詩情畫意
一甲子的簡樸與清純
都凝成驚奇的七彩石
鑲嵌在文學殿堂裡

不是秋天
猶綠的一枚葉子
緩緩飄墜
旋出安怡祥靜的姿樣

鍾肇政短篇小說探秘：
以描寫非典型客家家庭結構小說為例 [*]

彭瑞金

一、鍾肇政短篇小說研究的自我限縮

　　學界對於鍾肇政文學的研究，普通的現象是重長篇輕短篇，原因是文學界部分學者開始轉向臺灣文學研究時，距離鍾肇政的短篇鼎盛時代已遠，容易取得、受矚目的鍾肇政研究材料是《濁流三部曲》、《臺灣人三部曲》、「高山組曲」、《怒濤》等近期出版或像《魯冰花》、《八角塔下》等有再版之作品。另外一個更重要的原因則是，鍾肇政文學並未經歷過所謂的短篇階段，再進入長篇或大河小說創作階段，他的短篇大都夾處在長篇創作中出現，屬於零散出現的狀態，議題、取材廣泛，從表象上看，會認為是鍾肇政的磨劍之作，是他的小說寫作練習曲，唯有回到鍾肇政文學整體的發展歷程，才可能發現鍾肇政短篇小說在鍾肇政文學的重要意義。

　　鍾肇政的短篇小說集，依出版時間序，有《殘照》（1963、鴻文）、《輪迴》（1967、實踐）、《大肚山風雲》（1968、商務）、《中元的構圖》（1968、康橋）、《大龍峒的鳴咽》（1974、皇冠）、《鍾肇政自選集》（1979、黎明

* 本文原刊登於《文學臺灣》，2016，97 期，頁 192-213。因收錄於本專書，略做增刪，謹此說明。作者彭瑞金時為靜宜大學臺灣文學系教授。

文化）、《鍾肇政傑作選》（1979、文華）及《鍾肇政集》（1991、前衛「臺灣作家全集」）等 8 本。後三者幾乎只就前面 5 本中挑選，因此，在《鍾肇政全集》出版前，一般的閱讀者、研究者都只能從僅有的已出版的 5 本短篇小說集探討鍾肇政短篇小說，而前 5 本短篇集，含《大龍峒的嗚咽》的 6 篇「民間故事新編」，總篇數也不過是 38 篇。佔鍾肇政全集中短篇小說 145 篇的四分之一左右；有些小說由於篇幅較長，受到早期小說分類觀念影響，稱為中篇小說，全集沿用這種分類觀念，前述統計篇數則不分中、短篇，一律以短篇計。由於過去的文學環境，未結集短篇容易散佚，全集雖然增加了一百多篇的「未結集作品」，但還不是鍾肇政短篇的全部，然而即使把那些散佚的短篇找回來，短篇在鍾肇政文學裡，或者和他的 24 部長篇作品比起來，所佔的比例都相對單薄。這也是鍾肇政短篇易被忽略的主要原因之一。

　　鍾肇政的長篇小說，為戰後臺灣小說創下了許多先例，對整體臺灣文學的開拓貢獻，也不是他的短篇所能比擬的，特別是《臺灣人三部曲》立下的臺灣大河小說寫作先河，以臺灣的日治史為背景的長篇創作，影響了李喬、東方白等人的創作，為臺灣文學史樹立的小說創作新里程碑。但以臺灣歷史大敘事為背景的小說創作，也對鍾肇政自己的文學產生了大樹蔭的效果，不僅遮蓋了他的短篇創作的光芒，也遮蓋了他那些私小說的精彩。雖然臺灣文學史在記述戰後臺灣小說的發展史，以及大河小說的開創拓荒史頁時，誰也無法忽視鍾肇政在這領域中開疆拓土的貢獻和成就。但誠如大河小說構成要件的概念裡，豐富、廣泛、深刻、細緻的生活事務觀察、刻畫，是為寫作大河小說不可或缺的基本功。大河小說肯定不會是概念小說，它必然具備豐富、充實又生動的生活內涵去充填如長河流轉的歷史或現實的內涵。大河小說背靠大歷史敘述，大時代眾多的人、事、物，一定不會是空言，一定要有具體可徵的人、事、物作後盾，也要有夠多的人、事、物讓小說有動力，正如大河要有足夠多的支流匯注，

才能滾滾向前流動。大河不能徒具其名，其水流量如何？四季的變化如何？灌溉功能如何？河中蘊藏了什麼？和兩岸住民的生活、文化的關聯如何？……因此，當鍾肇政的《臺灣人三部曲》這部大河小說，被概括為「日治臺灣為背景」的大河小說時，即可能被化約為「臺灣歷史小說」、「日治五十年史小說」，甚至還有等而下之、曲解為「抗日小說」。也就可能忽略了小說家在三部曲裡可能的呈現了。以《臺灣人三部曲》為例，日治這個事實或史實，只是背景說明，重點在這樣環境下的人如何生活？如何活命？如何描述在這樣的時代背景下民眾的謀生、安家、保命、戀愛、婚嫁、交遊、種田、耕山、捕魚、製茶，民眾對政治的感想、如何應對，只是生活、活命的元素之一，絕不是像某些政治動物所想的選擇「抗日」或選擇「不抗日」就能活過 50 年。

　　日本結束在臺灣的 50 年統治時，鍾肇政剛滿 20 歲，他接受過日本時代的 5 年制中學教育，當過代課教員，也從青年師範學校畢業，當過幾個月的學徒兵，因為背負著戰爭後遺症，當學徒兵時染上瘧疾、錯失適當治療導致失聰，無法在戰後繼續進修而重返國小教職，在青春、苦悶的教師生活中，寫作成了他重要的精神出路。可是和戰後的中文素無淵源的臺灣青年，如何能在戰後的中文創作圈取得一席之地，而且不到 20 年間，鍾肇政這樣的、從ㄅ、ㄆ、ㄇ學起的臺灣青年人，能從嘗試投稿到陸續完成長篇《魯冰花》[1]到《濁流三部曲》這樣的巨著，豈可以「天才」一語概括？鍾肇政一再強調自己不是天才，而他不是天才卻有天才的成就，未說或不說的秘密又是什麼？

---

1 《魯冰花》是鍾肇政正式發表的第一部長篇作品，之前寫的長篇《迎向黎明的人們》及《圳旁一人家》並未發表。

二、鍾肇政的文學觀和他的短篇小說

　　1951 年 4 月，鍾肇政在《自由談》發表他的第一篇作品〈婚後〉，以此作為他寫作的起點，10 年後，他在同一刊物發表了〈摸索者——一個蹉跎十年者的自述〉[2] 摸索是真相，蹉跎是謙辭。這是鍾肇政投入創作 10 年後的經驗談，他以「摸索」和「蹉跎」為他初發的前十年文筆生涯定調，有謙虛、也有辛酸。他說，從 1951 至 1960 年的 10 年間，他的勞作，包括創作、翻譯、還有寫了丟棄的作品，成績不下一百萬字，但仍覺得自己在蹉跎歲月。20 多年後的 1987 年，他又寫了〈蹣跚步履說從頭——卅五年筆墨生涯哀歡錄〉[3] 應是他的文學回憶錄的一段。兩篇文章都交待了他的筆墨生涯的初發，以及他作為那個時代、環境中的臺灣人作家的抱負和苦節。兩篇文章都強調自己不是憑天分寫作——「我還有一個牢不可破的想法；文學需要天才；從世界文學史可以看出，二十歲以前即寫出傳世名著的，有好幾位，……天才，恰恰是我所欠缺的，何況我是個二十歲才『啓蒙』的人。」[4] 這裡所謂的「世界文學史」顯然不是指某人所著的某部世界文學史，而只是泛指他個人對世界知名文學家的了解。但也從中透露了鍾肇政的文學沒有師承的秘密，連私淑的名家也沒有，他所知道的名家都是天才，天才是不能學習、模仿的。

　　鍾肇政的文學回憶錄，有交待他的中文學習履歷，當他在戰後決心走寫作的路時，自學過《三字經》、《昔時賢文》、《幼學瓊林》等一類漢書房慣用的古書外，加上中學時漢文教科書裡的唐宋八大家文及唐詩之類的學習「中

---

2 〈摸索者：一個蹉跎十年者的自述〉，《自由談》11 卷 7 期，1960 年 7 月，收入《鍾肇政全集》19 集，隨筆卷（三）。
3 〈蹣跚步履說從頭：卅五年筆墨生涯哀歡錄〉發表於 1987 年 2 月，《臺灣新文化》6 期，收入《鍾肇政回憶錄（一）》前衛，1998 年 4 月。
4 《鍾肇政回憶錄（一）》，頁 191。

文」的資源。且不論這些能否成為他自習寫作之道的養分，卻肯定無法從中得到可以形成為「文學觀」的元素。從鍾肇政的中文學習經驗裡，一樣看不到足以影響他文學觀形成的「人」或著作，一樣看不到他作為中文作家的師承或私淑對象。鍾肇政回憶錄裡的「不是天才」說的謙抑，豈不剛好反證他就是天才。否則，在和「中文」素無淵源的環境中成長的他，又何以能在極端不友善的文學圈，以不到 10 年的時間闖出一片天？在他的文學觀形成的過程中，不可排除的是他在日治時代中學時期的教育和閱讀，但那個階段的鍾肇政並未立志成為文學家，成長階段的學習最多僅是文學通識，很難認定那就是他的文學種苗。根據《濁流三部曲》第三部《流雲》的描述，陸志龍是在終戰後、自學徒兵解甲回到家鄉任代理教員時，深感委屈、苦悶、挫折——因為戰爭帶來的後遺症——瘧疾發燒過度失聰，雖考上臺大中文系，卻聽不到老師上課的內容，再回去當代課教員又覺得不能施展自己的抱負，而找到了文學這條路，成為他青年時代苦悶的出口。雖然小說人物陸志龍的故事，未必可以和鍾肇政的生平直接畫上等號，但兩相對照，確有不少可以參考之處。總之，這間接印證了鍾肇政不是從小立志當文學家，也不可能在中學生時期就有了一己的文學觀。

　　在不同的年代，鍾肇政在回想他的文學來時路時，他使用過「摸索者」、「蹉跎者」、「荊棘之路」、「負軛者」[5] 作為他初入文壇，或在文壇馳騁數十年後的心境或處境的寫照。如果不解這是他一貫的謙虛說法，可能會因此誤解鍾肇政文學只是他誤闖文學叢林的意外收穫。回到鍾肇政的創作履歷，便不難發現當他立志文學之後，他的寫作根本就是面對一大片茫然的困境，他不僅得努力自我鍛鍊自己的文字，最重要的是他還得「摸索」、尋找一套屬於他、

---

5 〈摸索者：一個蹉跎十年者的自述〉發表於 1960 年 7 月，《自由談》11 卷 7 期。〈荊棘之路〉發表於 1977 年 4 月，《自由青年》。《負軛者言》發表於 1981 年 7 月 19 日，自由時報副刊。〈蹉跎歲月說從頭〉發表於 1968 年 1 月，《幼獅文藝》196 期。

屬於臺灣作家的文學「理論」。在遍尋不得鍾肇政文學師承或私淑的情況下，《鍾肇政回憶錄》裡，透露某種端倪，和他的著作履歷對照比讀便可發現，他的文學創作理論、文學觀的自我建構，的確不是憑藉著天分，也不是憑空發想，是有理路可尋的。作為 1950 年的臺灣本土作家，一直處在退稿專家的惡夢裡，《文友通訊》的文友們聚在一起時，最先交換的就是退稿的悲痛經驗，而退稿的原因都是文字不通順，文字不好。但以受過日本中學教育、具備文學通識的一代、如鍾肇政一定不能同意文學只是文字藝術或文字表達技巧之類的文學外行論。鍾肇政的戰後文學行程中，最可能提供他建立一己獨立的文學觀的就是翻譯。

在 1950 年代，鍾肇政的兩大翻譯成果是，1956 年由重光文藝出版社出版創作理論譯著《寫作與鑑賞》，以及翻譯了井上靖的長篇小說《冰壁》，並在聯合報副刊開始連載。對於 1950 年代的鍾肇政寫作，顯然前者的影響遠遠超過後者，後者的影響在長篇。鍾肇政曾歸納出井上靖小說的六大特點：[6] 一是井上靖小說的故事性與為傳奇而傳奇的傳奇故事不同，是經過苦心經營安排的有機傳奇手法。二是筆路寬廣，取材廣泛。三是行動型的作家，是用腳寫作的作家，筆下人物多行動型青年。四是沒有情慾場面的描寫，是合乎道德、清潔的。五是低溫度的文體。作品裡沒有作家的主觀性，有的是澄澈冰冷的客觀性。六是家庭小說，家庭以及家庭成員的錯綜糾葛，是家庭不幸的源頭。雖然不可否認從翻譯井上靖作品取經的，必然有一部分影響了鍾肇政早期的文學觀，但更直接更主要的還在《寫作與鑑賞》。[7]

---

6 鍾肇政〈井上靖的風格〉，見鍾肇政譯，井上靖《冰壁》。1974 年 9 月 20 日，高雄：三信出版社。

7 《寫作與鑑賞》木村毅等作，路加（鍾肇政）譯，1956 年 9 月，臺北：重光文藝出版社出版。

　　《寫作與鑑賞》是鍾肇政的第一本出版著作，是一本有關文學理論文章的合集，共收錄了武田麟太郎〈給有志寫作的人們〉，久米正雄〈文章一般論〉，木村毅〈作家的修養──作家的資格、觀察的要義、技巧與構思、作家與世間、作家與社會接觸〉、〈短篇小說的研究〉、〈短篇小說的習作〉，芹澤光治良〈長篇小說的佈局〉，木村毅〈小說的視點〉、〈小說的鑑賞〉，高村光太郎〈詩的鑑賞〉，林芙美子〈創作瑣憶〉，深久彌〈寫作雜感〉等 7 家的 11 篇作品。這些活躍在大正至昭和年間的知名小說家、詩人、評論家、學者的述作，堪稱那個年代日本文壇最具代表性的文學論述。久米正雄與芥川龍之介、菊池寬並稱三傑。木村毅是小說家、文學理論家、大學教授，也是著名的編輯人。芹澤光治良曾留學法國，也是作家、大學教授。神保光太郎是詩人、大學教授。林芙美子是著名作家。武田麟太郎是人民文庫的創始人之一，也是作家。深田久彌是作家，也是著名編輯。他們大部分都有西方語言教育或留學西方國家的背景，文學理論和創作觀，不論是論議、闡述或質疑，都源出西方文學，是不必爭議的。為該書作序的陳紀瀅（1908-1997）說：「對於創作與欣賞都有極高的水準，所持見解，實在可與任何西方文藝理論等量齊觀。」[8]謙稱寫作前 10 年都是「摸索」、「蹉跎」的鍾肇政，實際上是摸到了寶，但自述文學成長經歷時，似乎很難從這麼多元而複雜的影響中，說清楚自己的師承是誰？私淑為何？那應該是多重且多層的影響，甚至有自己不察的潛移默化。

　　久米正雄的〈文章一般論〉裡的「天才論」，對於陷進「天才」困惑中的鍾肇政，肯定有醍醐灌頂之功。久米正雄說：「依我所看，有文才的人，一百萬個人當中也難得有一個。世人被稱為文章家的人，未必都是有特殊文才才成為文章家，而是由於刻苦學習成功的。」[9]以此印證鍾肇政的「摸索」論，他

8 陳紀瀅〈《寫作與鑑賞》的出版經過〉，路加（鍾肇政）譯，《寫作與鑑賞》。

不認為自己是天才，仍然投身創作，憑藉的就是刻苦的決心。在談到作家為何寫作時，久米正雄則說：「人的感情是廣而且深的。……利用文章來開拓這心之曠野，亦是文學的使命。……文章脫離了我們的心，便無由存在。」、「是故，心地正直、真實，在文章的寫作上是最重要的條件。」[10]至於文章的取材問題，他認為「材料是構成文章內容的因素，而內容的好壞則直接左右文章的好壞。」、「寫作的材料究竟從哪裡尋？答案只有一個：我們的生活」，「題材應從日常茶飯事中選取！」[11]久米正雄也引用明治後期作家、「日本自然派小說之父」國木田獨步的說法：「依我的經驗來說：實在的人物和實際的故事，不管它表面如何有趣，也不能馬上形諸筆墨，……必須將其珍藏在心靈最深處，等待它的發酵。」[12]這些文學論述對於剛剛步入文學創作叢林的鍾肇政而言，不僅大惑豁然而解，而且也是照亮前路的明燈。許多針對初學寫作者可能遇到、發出的疑惑，都在這裡可以找到答案。其實，也不妨如是推論，設若創作都出於天才，又何須文學理論？正因為「主張」多數的創作非出自天才，才有文論之必要。有文論，即表示創作有路徑可循，也才可以靠「刻苦學習」達成目標。久米正雄的作家多非天才論，解決了鍾肇政個人寫作上的困惑，谷崎潤一郎的作家不必重文法說，解決的是臺灣作家的共業。

久米正雄的文章引谷崎潤一郎的話說：「在文法上正確的，並非就是名文，因此大可不必斤斤計較於文法。」[13]鍾肇政一輩的日文教育下成長的作家，「中文」一直是他們最大的罩門，文稿被退，對使用中文失去信心，都源於不諳中

---

9 路加譯《寫作與鑑賞》，頁 6。
10 路加譯《寫作與鑑賞》，頁 7。
11 路加譯《寫作與鑑賞》，頁 14。
12 路加譯《寫作與鑑賞》，頁 18。
13 路加譯《寫作與鑑賞》，頁 6。

文文法、語法竅門。谷崎潤一郎的文法觀念則是一舉攻破戰後來臺的「中國」作家自負的語言標竿，為日後臺灣文學有臺灣自己的語言、文法，臺灣文學應走自己的路埋下伏筆。戰後隨著國民黨政權來臺、取代日文作家及其作品的「中文」作家和中國文學，堪稱是迷戀文字技巧（或稱作藝術）成癖的文學，「寫作技巧」往往也被限縮、窄化為文字鋪陳、矯造的技術，這對已學會日文書寫、習慣用日文思考的一代臺灣作家而言，無疑是刻意設下防堵他們的寫作障礙。鍾肇政在回憶錄中提到，1951 年 4 月，他的第一篇投稿作品〈婚後〉獲得《自由談》刊出，曾令他雀躍不已，以為自己已經跨越了這道障礙，從此步入坦途，不料接下來的是一連串的退稿，寄出去的稿子都石沉大海，致使他興發「文學需要天才」、「自覺不是天才」的嚴重寫作信心的挫折。〈婚後〉事件，一定讓鍾肇政對久米正雄之論心有戚戚焉。〈婚後〉所以能獲省外的「文團」青睞，就是因為內容吸引人、材料好，是自生活中抉取，後來的作品為什麼被退稿？——文字不合他們自以為是的「格」。久米正雄提供的「內容」才是文章的一切的寫作觀，等於替鍾肇政一輩的臺灣作家開了一劑解惑靈丹，從此只要寫自己認為有意義、有價值的內容就好了。

　　受過完整日文教育如鍾肇政一輩的作家，用日文閱讀、用日文思考，乃是天經地義。用日文思考卻要用中文寫出來，需要經由腦譯。經過腦譯寫出來的中文，被要求符合以中文為母語的人相同的評價標準，就是歧視、就是敵意、惡意的排擠。久米正雄的文論，祛除了文字藝術為文學的魔障，對於活在苦悶年代，有話要說、有「內容」要表達的鍾肇政來說，能解除中文文字的緊箍咒，當然也就脫離、走出了「摸索」的迷惘。

　　久米正雄和他那個時代的作家一樣，也談到 Sketch 的寫作方法和觀念。Sketch 譯成中文有素描、速寫、寫生等繪畫方面的用語，也有以畫家的寫生譬喻文學的描寫方法。雖然有人排斥這種文學創作觀念，認為寫生過於淺薄。久

米正雄則引用正岡子規的見解反駁說，文學寫生已有精密的手法，寫生雖是
描寫自然，但只要天然的趣味有所變化，寫生文、寫生畫的趣味也隨之變化無
窮。這段一般咸信為日本「寫實主義先驅」的言論，強調的不外是作品裡情感
的真實。

> 在文學方面，管這種切實的味兒叫做『實感』，而實感實為文章的
> 靈魂。無論辭藻多麼豐富，表現如何巧妙，倘缺乏實感，則至多也
> 不過是篇死文章而已。
> 實感是筆者心內的真實，依自然的律動，流露於字裡行間的，它是
> 一種生命的脈動；換言之，它是生命之流藉著文學的形式表現出來
> 的。所以，讀此文章，自然而然地接觸其生命感，而不得不怦然心
> 動。[14]

　　雖然無法以直接證據證明這些論述和鍾肇政初發創作的相關性，鍾肇政的
文學回憶錄也沒有相關的交待，但只要還原鍾肇政文學在 1950 至 1960 年代的
創作時空背景，他沒有去追隨、揣摩文壇當權派立下的文學標竿，而能自創品
牌，能夠在這個時間點上，影響他的文學觀的建立，能夠抗拒文學權勢的誘惑，
能夠稱得上是他的文學指針的，捨久米正雄之論就沒有其他了。

　　鍾肇政的中學時代——1938 年 4 月至 1943 年 3 月，正值中日戰爭到太平
洋戰爭的思想、言論都十分敏感的時刻，作家要對現實事務表達「實感」並非
易事，在他成長的階段，不容易接觸到這種「實感」文學。他在「摸索」文學
創作的階段，又經歷了戰後的 228 事件，以及國民黨政權遷臺後的白色恐怖，

---

14 久米正雄〈文章一般論〉，收入路加譯《寫作與鑑賞》，頁 1。

要擁抱「實感」的文學信條，需要有突破的勇氣及信念。在這樣的文學時空背景下長成的鍾肇政實感文學，就絕對不可能只是簡筆的寫生、素描，它必然要有精密的「描」、「寫」手法，才能達到具有實感的文學。鍾肇政初發階段的短篇寫作，可以說「迫」於現實，無法對眼前所見的不公不義、重大的政治、社會災難表達自己的「實感」，只能「被迫」去透視他所來自生活的、周遭的家族、家庭、工作圈，乃至個別人物的內裡，挖掘其中的真實。從素描、寫生到這種以呈現或人、或事、或「務」的實感，一旦成了作家的創作信念之後，作家設若沒有優越、敏銳、犀利的觀察力，「實感」充其量只是空言、空想。

久米正雄為了文學寫生、素描說辯誣時，特別強調了文學寫生不可等閒看待，真正的寫生是變化無窮的。因此，他的文學寫生論特別詮釋說，觀察力「在文學領域裡通常叫做感覺——是寫作的基礎能力，所以，有志寫作的人，對此不可不下一番功夫鍛鍊。」「觀察力不可是部分的，必須是綜合的。事物的微妙、恆在它與別種事物的相互關係中顯現。」[15]鍾肇政「照」著久米正雄的文學理論去完成的作品，非《臺灣人三部曲》莫屬，只有《臺灣人三部曲》才能呈現這種自我鍛鍊的極致，才是綜合的、事物微妙的觀察力的總的展現。不過，久米正雄的「觀察力」論，也正是自青年時代即遭逢臺灣政治力多方禁錮的鍾肇政寫作的荒漠甘泉，一舉解開了他的文學創作（不論長、短篇）困惑。鍾肇政的短篇小說，雖然不是《臺灣人三部曲》那種綜合的、各種事物相互關係的總體呈現，但卻是表現觀察力極致的「實感」呈現。

在思想、言論受到長期禁錮之臺灣年代的臺灣人，早已被教育成不僅小孩子、即使成年人，都是有耳無嘴，觀察力是每一個領域的臺灣人都遵奉的王道。成長過程相對單純的鍾肇政，上有 5 個姊姊，他排行第 6，下有 4 個妹妹，他

---

15 久米正雄〈文章一般論〉，收入路加譯《寫作與鑑賞》，頁 11 至 12。

是父母唯一的男孩。他出生後，父親大部分的時間都是擔任教員，任所都在龍潭老家以外的地方，既沒有夾處在大家族生活的經驗，也不受特定聚落生活文化的影響。他個人則從學生到教員，從教員到學生，接著是學徒兵，接下來又是從教員到教員、作家的雙棲身分，再單純不過。循著鍾肇政的成長途徑來看，他的短篇小說絕大多數都是寫實的，他不是純靠想像力寫作的「天才型」作家，以他相對單純的生活和經歷，他又是如何達成寫實主義的「實感」？唯一的解答，應是它具有天賦的對人情事務的非凡觀察力。大部頭的作品、長篇小說，不可能完全仰仗觀察力，它需要文獻、田野調查、經驗和想像力的「組合」，即使像《濁流三部曲》、《八角塔下》、《青春行》之類的私小說，也不可能只藉重「經驗」，還得具備觀察力、想像力。最能展現鍾肇政文學服膺寫實主義文學「實感」和「觀察力」的，就是他那些短篇小說創作了。

三、鍾肇政描寫客家家庭的短篇小說舉隅

鍾肇政短篇小說創作的大時代背景是 1950 到 1970 年代左右的、農業為主的臺灣社會，貧窮、匱乏是時代的共相，因刻苦、簡樸過日子而衍生的人情、人性負面的苛薄、錙銖必較、貪婪、鄙狹、褊執、冷漠、奸邪……和正面的憨直、悲憫、純樸、溫暖、寬厚、正派、義氣……都是人間一向並行的存在。鍾肇政的短篇小說中，傳達的 1950 至 1960 年代臺灣、客家、農村家庭結構在生活的寫實之作，如〈柑子〉、〈大峎崁的嗚咽〉，堪稱「實感」文學信條實踐的極致。〈柑子〉透過一個少年的眼，從祖父去世的消息到大人在籌辦喪禮的過程，不但看穿了成人世界的虛偽、謊言、貪婪、苛薄，甚至惡毒。問題的根源是祖父再娶，普通的農家人喪偶再娶的對象，恐怕沒有太多的選擇，少年的繼祖母是「當過婊」的，祖父母生父親之前領養過兒子，即少年的大伯。繼祖母來了之後，喜歡大伯，不喜歡少年的父親，只可惜大伯不到 30 歲即死了，

繼祖母改疼堂兄，少年的父親只好舉家遷居他鄉種田。少年的祖父日子過得並不快樂，到少年家作客時，不但不見病態而且還是慈祥的老人，回到繼祖母那裡便裝瘋佯狂，把糞便尿水灑布房間，不穿褲子。如此瘋癲狀態的老人卻很清楚孫子孫女送來的豬肝落進繼室及長孫一家嘴裡，卻不給病中的老人吃。從祖父的死，回想到祖父的病以及生前種種，〈柑子〉透視了一個說普遍並不普遍，說特例並非特例的那個年代的客家家庭結構，以及因此衍生的家庭、親情、人性的寫照。〈柑子〉這篇小說的「實感」在於它傳真了這種「特殊」家庭的結構，之中有這種家庭特有的家務的主導權、經濟的主掌權、還有權與利的爭奪，死掉的老人是「問題」的導火線，也是整個因家庭結構引發的家庭災難的最大受害者。鍾肇政短篇創作的「觀察」及「實感」功力在於「老人」無罪也無過，他續弦導致的家庭災難，既不是因為他好色、貪財、受到誘惑……這些敗德，可能只是服膺世俗的某些常見慣例，一念不慮導致家庭風暴，在他個人自是噬臍莫及，但也可能仔細思索之後、自覺無罪也無過，讓「老人」以糞尿自辱、發洩人生的終章怨恨。是鍾肇政的神來之筆還是觀察之後的「寫實」並不重要，但傳達的「實感」，令人拍案叫絕。老人的裝癲佯狂是確定的，那就是有意識的行為，不是無意識的「癲狂」，就可以完全肯定是作者的「實感」功力的呈現了。〈柑子〉裡的「老人」的「糞怒」絕對不是權力欲望很強的男人，他只是認為最基本的尊嚴、尊重都沒有了才「糞怒」。老人和親生的孫子女之間，從幾顆柿子就能建立深刻的親情、獲得滿足，相對於親生兒子送來的豬肝被繼室及沒有血緣關係的孫子們「搶奪」，心中之怒之恨，該如何宣洩？能夠從極為遠端的臺灣時代、客家社會、家庭去刻劃這樣的老人，如果不是天才，那肯定是神功。

　　和〈柑子〉類型近似的是〈大嵙崁的嗚咽〉。同樣是男主人喪偶再娶造成的家庭結構所帶來的悲劇，而且禍延子孫、還出了人命。同樣也是從「奔喪」

寫起。〈大峎崁的嗚咽〉採用全知敘事觀點。主角「阿波」一家同樣是受到繼母排擠、一家人就食他鄉，接到哥哥阿圳的死訊回家奔喪。從這裡回想哥哥的一生到懷疑哥哥的死因和家庭結構的關聯。死者阿圳天生有些不靈光，又有羊癲瘋，雖然喜歡繼母帶來的養女阿娥，繼母卻因中意阿波而反對，後來只好娶了瘸了一隻手的太太。生小孩時，作婆婆的不僅不理會，還不給大人小孩食物。小孩死了，惡婆婆還逼媳婦做無法勝任的勞務，她只好跑了。太太跑了之後，阿圳只能躲在房裡吞聲哭泣，不肯換洗衣服不洗澡，住在齷齪的房間裡。放牛是他的工作，有人在河的下游發現他的屍體，家人猜測是羊癲瘋發作掉進河裡淹死的。奔喪的阿波夫妻住進哥哥的房裡，回想哥哥的事，想起他們最近一次回家，哥哥送他們回去時，堅持要把他一半的存款送給他們，另一半呢？夫妻倆在哥哥的房間裡找不到，他們懷疑是錢被偷了，哥哥無處投訴，而想不開投河自盡。最有可能的「兇手」就是被指派繼承他香火的「小鬼子」阿輝。阿輝雖是阿圳妹妹的孩子，但因祖母溺愛、縱容，已經成為集任性、狡猾於一身的「小雜種」了。阿波夫婦甚至懷疑阿圳是被人謀財害命。

這齣家庭悲劇的禍源，還是那隱身背後、已經虛弱、衰老的上一代，因為他續弦娶了操賤業從良的繼室，因為繼室的掌權、操弄，使得這個家，家破人亡。阿波夫妻也是被繼母逼迫而至他鄉異地謀食的。小說的描寫沒有寫到阿波在外打拚是更好還是更壞，那是因為鍾肇政把觀察的焦點鎖定在家庭結構。這家人就是由於家庭結構的「不健康」、「不健全」而導致了不幸的結果，和〈柑子〉的情形相同，家禍或災難的根源，其實是無罪也無過的，最多也只是順應時代潮流而已，有子有女的喪偶男人，再娶，圖的不外是有人可以幫忙持家，娶到從良女子，一定是憑媒妁之言。媒妁之言講究的門當戶對，喪偶的普通農夫可匹對的對象，一定沒有太多的抉擇。小說的作者同樣也觀察到，曾操賤業嫁人的女子，在「介入」既成家庭後，她迫切需要的是站穩在這個家庭的

立足點，她所以希望想把自己帶來的預備繼承者養女阿娥配與阿波，不要配給阿圳，自然是因為她知道阿波才是這個家的大支柱，才是真正的當家者。阿波不能傷害哥哥的感情而拒絕了繼母的安排後，繼母就將阿波以及他娶的太太當成「敵人」鬥爭，她不能把阿娥留在身邊掌控，就只好移情於和她同是外來者的阿輝結成一派。

　　婦人在家中掀起的家庭鬥爭，從家的角度看，是無知、短視、褊狹，甚至是邪惡，但從婦人的立場想，她可是生存之爭。作者傳達了他對那個時代、那種人物的實感，既無意評斷何是何非，但做了就得承受後果。〈大崁崁的嗚咽〉傳達的「實感」，不是人間世的平面景或象，而是深層、立體的真實。所有的人都好像被一條無形的命運鎖鏈鎖在一起，儘管都在掙扎，但掙扎都是無謂的，一旦落入悲劇的源頭，所有的人都只能在之中泗泳。

　　〈尫叔和他的孫子們〉是以第一人稱描寫的非典型、非常態家庭結構，衍生的家庭悲劇。尫叔和尫嬸沒有生小孩，所以抱養了阿英，阿英長大了以招贅婚招入阿坤。客家話說祖宗三代沒修才會有子弟讓人招贅，入贅也是極端受人鄙視的，可能也是傳宗接代的觀念作祟，招贅婚有美滿結局的機率極低，仍然到處都有招贅婚。尫叔夫妻未能生育，似乎就預示了悲劇一家的源頭，也是那個時代、環境下的人的共同命運。阿坤是眉清目秀的美男子，好吃懶做，入門不久就常常一言不合對老婆抓住頭髮拳打腳踢，生下一女三男後，以肺病去世。老大是女兒，長子、么子歸夫家、姓父姓，只有次子姓母姓、歸鍾家。但四個孩子都是由尫叔夫妻胼手胝足靠耕種不多的田園養大，阿英則到工廠做工貼補家用。姓父姓的長子、么子不但長相像父親，脾氣暴躁、不務正業也得父親真傳，到處惹事生非，兄弟倆一言不合也可以打得頭破血流。唯有姓鍾的老二工作勤奮，不但不抱怨田間工作的繁重，農閒還到處做泥水小工，賺的錢悉數交給祖母。好吃懶做的兩兄弟，覬覦祖產，要求分家，尫叔樂得藉此擺脫他

們，分家後從父姓的兩兄弟在外的所作所為，甚至生死，老人夫妻都淡然處之，視為路人。

表面上，這個失敗的家庭組合緣由於「招贅婚」、此一非典型、非常態的婚姻制度（或方式），如果小說的主題在此，就了無創意了。鍾肇政在這篇小說不太顯眼的地方隱藏了一段話，這四個孩子都是屘叔夫妻抱著期待、親手無分別心撫養長大的，阿英在么子斷奶後就被父母支使到都市裡幫人煮飯，以增加收入，關鍵字在屘叔夫妻未曾生育，四個孩子和鍾家都沒有血緣關係，何以姓鍾的就能和屘叔夫妻一樣勤奮、刻苦、安份守己，同父同母所生，姓吳的就是好吃懶做，胡天亂地為非作歹？莫非鍾肇政對家庭結構的觀察所得是，子弟之良莠、端正邪曲、非關血緣、也非關婚姻，只在身教？小說的結局，屘叔兩老能全然冷默以對兩個「孫子」的生死，似在暗示兩老已從世俗的宗法桎梏、傳宗接代的思想束縛中，把自己解放出來。〈屘叔和他的孫子們〉的家庭結構描寫，傳達了家庭背後的族群文化，展現的是有十足穿透現實的深層「描寫」。

四、結語

鍾肇政一輩的作家，他們的文學創作，首先要越過的是戰後從中國來的政權和附驥文人設立的中文障礙。鍾肇政是少數能從日本文學家的論述中為自己找到一盞明燈的作家，《寫作與鑑賞》裡的文學論述，肯定對鍾肇政文學都有影響。文學作品的翻譯，如井上靖的《冰壁》，對鍾肇政的長篇創作，也都可以捕捉到「影響」。然而，久米正雄的「素描」sketch論，無疑是最能一針見血、對症下藥、解決 1950 年代本土作家困惑的良方妙劑。無論如何，1950 年代國民黨政權帶來的文學和文人，和他們意圖殖入臺灣的、無論是「中國文學」、「反共文學」乃至「鄉愁文學」，共同的特徵就是沒有天空、沒有土地，也沒有人民、沒有生活現實，虛浮在半空中的文學，也是戰後出現的本土寫作者無

從學習、模仿、抄襲的文學。戰後出發或再出發的臺灣作家能夠汲取的中文文學養分非常有限，更遑論因此走出臺灣中文文學的一條道路了。久米正雄簡單的〈文章一般論〉是寫作的通則，卻能指引作家到達文學的核心地帶，讓鍾肇政受用不盡。

　　鍾肇政從久米正雄得到的啟示，主要應用在他多數的短篇小說創作上，除了這三篇「描寫」舊時代（大約是戰後 1950 至 1960 年代）非典型客家家庭的作品外，其他精彩的還有〈阿樣麻〉、〈阿枝和他的女人〉、〈白翎鷥之歌〉、〈溢洪道〉等。鍾肇政可以說把久米正雄的「素描」論、在他的短篇小說創作上發揮得淋漓盡緻。最重要的是，它讓鍾肇政穿越了來臺中國文人為臺灣作家設立的寫作障礙。

　　本文衍繹的三篇作品共同的特色是，從平凡的「故事」見證「素描」手法的「實感」文學的真章。鍾肇政從這些平常故事及人物中，把背後的族群傳統、文化，「平實」的描寫出來，卻能夠啓人對整個文化、生存背景的省思，可見素描就不僅止於素描，它是多變的，也是可以不斷被延伸的挖掘和探討，它可以擴及到歷史和現實的縱深，作者不把「觀察」形諸文字，卻展現了深不可測的觀察能力。透過非典型客家家庭結構，鍾肇政帶領讀者進入客家社會、生活的堂奧。

變色龍的性別為何？
女詩人杜潘芳格研究 *

吳達芸

一、前言

　　百年來，臺灣歷經日本殖民與國民政府的統治，無論政經、社會、文化諸領域，均產生極大的變革，對文學的影響也至為深遠。其中，有關性別議題、族群關係（本島／日本、臺灣／大陸、漢人／原住民、福佬／客人）、語言糾葛（中文／日文、國語／母語）等問題，更是特別重要而複雜，亟待深入的探討與爬梳。

　　然而在廣泛的臺灣文學範圍中，這三項課題在個別作家與作品中，可能只分別呈現其中的某一面相，能兼而包含三種主題者，並不多見，在這意義下，女詩人杜潘芳格的存在便深具意義。

　　第一，作為一位女性，在性別歧視仍相當嚴重的臺灣社會裡，能扮演好傳統要求的賢妻良母角色已屬不易，而她還想成為夠水準的知識分子之努力（詩人身分的定位），帶來的是生活上與母職衝突頗多的掙扎，甚至不受家人諒解。另外，她在婚姻上曾經被辜負而極痛苦，卻又能主動地挽回，至今與先生恩愛

* 本文原刊登於《臺灣文藝》，2000，170 期，頁 62-82。因收錄於本專書，略做增刪，
　謹此說明。作者吳達芸書寫本文時為國立成功大學中國文學系教授，現已退休。

不渝,文壇蔚為美談;她是怎麼做到的?第二,她出生時是日本「國民」,18歲時成為中華民國國民,228事件時是受難者家屬、隨之而來的白色恐怖陰影,後來又受到1960年代因越戰而引發對臺灣地位危急惟恐淪為「海上難民」之焦慮,乃使她另尋國籍。她於1982年獲得美國國籍;再加上身為相對少數的客家人,其族群/國族的認同焦慮至為明顯,使她的作品成為臺灣前輩女作家中較能切入現實社會議題的創作者。第三,杜潘女士是「跨越語言一代」的詩人,其對文學語言的駕馭先後經過相當痛苦的奮鬥;先是從日文跨越到中文,晚近又從中文跨越到客語,其間所遭遇的困難及其採取的對治的方式態度,頗具有普遍的代表性,可以說是一個相當具有研究意義的個案。

本文之寫作,乃先以田野訪談的方式,就作家傳記作一了解,再以女性主義的觀點詮釋其文學世界的義蘊內涵。接著用田野訪查所建立的資料與作家文本所表現的情境相互參證,勾勒出臺灣知識女性在性別角色上的反省與彷徨,也指出個性氣質與宗教信仰,蔚成杜潘作品的特色。最後則希望透過研究過程的後設觀察,指出「性別閱讀」之特質與局限。

本文也要述說她如何從文學的角度從事語言的奮鬥,她如何在語言的霸權下,經由屈服委順進而顛覆再予超越,進一步思考母語文學的可能性及其所面臨的難題。至於國族/族群此一敏感議題的面對與化解,以及杜潘芳格作為相對弱勢族群──客家人的身分認同,筆者也企圖經由她的語言策略及人格氣質作為觀測的起點,予以同體心的思考,希望能對戰後第一代作家;特別是女性,作一深入的同情了解,從而藉此體察一顆她這一代臺灣人的心靈印記(烙印)。

二、風格的誕生與女性處境的掙扎

1927年生於新竹新埔望族的杜潘芳格,小的時候因為父親考上東京日本大學,長女的她隨父母在日本生活,6、7歲時搬回臺灣定居。她小學時仍與

日本小孩讀同樣的小學「小學校」，結婚後對照後來與她年齡相當的先生所讀的殖民地小學「公學校」的教材，杜潘芳格發現日本人教育殖民地小學生的教材乃是一段一段不連貫而支離破碎的內容，充分反映了日本人的殖民策略，相對起來，富家千金的她因為能讀日本小學校，就讀到了講究完整的教材，從而培養了她要強自信的世界觀，與活潑的人生思考態度。

雖說如此，她也不能免的嚐到臺灣小孩在日本小學，受日本小孩歧視欺負的可憐遭遇。她回憶著：日本小孩不客氣的稱呼他們「你呀！你呀！」（日語有「離開！離開！」的意思）而不名，已經十分污辱人，再加上推搡的動作，一個勁兒地將她往骯髒的垃圾堆上推去，讓她跌倒在地才肯罷休，好像她只配與垃圾為伍；她就是垃圾！這種對待被殖民者的歧視態度對她人格的形成當然有很大的影響，再加上她母親也是一個有獨立思想、不肯隨便委屈、苟且妥協的人，[1] 更由於客家婦女的堅定強悍性格傳統，這些都蔚成了杜潘芳格的特殊人格特質。

她的先生杜慶壽醫生一次在訪談中說，有稜有角、堅強正直不肯馬虎，正是杜潘芳格的真性情。她的一位臺北女子高等學校的同學提起一件約 20 年前偕杜氏夫婦出國旅行歐洲的往事：話說當天晚上大家各自散開結伴逛街遊玩，很晚才回旅館時，只見杜醫生獨自一人坐於他們房間外面，問他何故？他說忘了帶鑰匙……。而事實呢，後來大家才知道原來是他倆夫婦二人齟齬；杜醫生要邀太太隨同其他觀光客一起去看電影，虔誠教徒的杜潘芳格認為必定是色情片，所以不願前往，她打算留在旅館整理次日的行李，意見相持不下的情況下，杜潘芳格就對先生說：「那你若去了就不要回來！」她果然說到做到，在旅第

---

1 見〈戰時的生活：訪杜潘芳格〉女權會策劃、曾秋美採訪整理，（臺北：自由時報　自由副刊，1995 年 9 月 3 日）第 29 版。又〈消失中的阿媽〉中亦載，見《芙蓉花的　季節》，頁 153 至 161。

中真的將先生鎖在外面，不讓先生進房間睡覺。由此可見她率性的脾氣，當她如此做時當然是不在乎旁人的指點了。她果然因此在友朋間贏得「壞脾氣」「大小姐」的「美」名……。更有意思的是，以上段落是藝文節目製作訪談杜潘芳格的內容之一，片中面對朋友的舊話重提她毫無不悅之色，杜潘芳格將帶子借給筆者看時，有關這部分她也未特意說明，由此看出對自己對他人她都很真實不偽、認真誠實；而，這也是透過她的作品中所能看出的人格氣質之一。

　　杜潘芳格說，小學四年級 11 歲時，讀詩讀到形容蓮蕉的花很紅如「血樣的顏色」這樣的句子就心裡一驚，不斷思量琢磨「血」字用得警譬動人，可見當時幼小的她早已對語言文字敏感，特別該說是對詩的感動尤其敏銳吧。到她 15、16 歲時她已以日文寫過詩、散文、小說，而她原都是自己留著看的。杜潘芳格說事實上，她年少時讀了一些世界名著的小說，自我期許是要寫小說的，但是 22、23 歲時拿了一篇小說上臺北去給某編輯家——三昇堂的李先生看，這位娶了日本老婆的「文壇星探」說，她不是寫小說的料，乃是寫詩的料。她年紀大之後回想也許真是受到了這番話的影響，從此改而專注寫詩。她的第一首詩〈春天〉，[2] 原是以日文寫的，受到吳濁流先生的鼓勵，由吳濁流先生翻譯後發表於 1966 年她 41 歲時，詩是這樣寫的：

　　許久，我遺忘了你，

　　你是誰？

　　是詩，春天，溫柔的心。啊！不錯！

　　人生是荒海，而常聽詩和春天和溫柔的心，似盛開的花，那麼美麗

---

2 首度刊載於《臺灣文藝》三卷 10 期，1966 ／ 1 月出版，後又轉載於《笠》詩刊 79 期，1977 年。

而優雅，可是如此從心靈深處思慕著你，憧憬著你，這又好像是第
一次。

想念你，我很高興，不過，
不知爲何，覺得悲傷欲哭，是因你太慈祥了不是嗎？
是啊，一定是這樣的。

跟著太陽和風
春天呀！你回來了。
輕輕地敲我的心扉，
然後以那舒快的詩，
好比美麗的小姐在華美的陽台上踱著輕盈的步子一般，
從心扉裏出現。

春天呀！許久我遺忘了你，
抱住我這疲倦於生活的心靈吧！

　　這首詩就彷彿是王昌齡的〈閨怨〉一樣；閨中少婦由於看到春天的美好，
惋惜春光流逝未能好好珍惜而愁怨。所不同的是，一般少婦是「忽見陌頭楊柳
色，悔教夫婿覓封侯」；期盼的是出外謀功名的良人早歸，共效于飛。潘芳格
則是「忽見陌頭楊柳色，悲覺心靈久疲倦」，體會到現下生命的愁苦：「因為
人生像荒海」以至於日子過得竟遺忘了像詩一樣的春天；以及像春天一樣的詩
情。詩人一思及此刻「思春」的無奈，竟至「悲傷欲哭」而不能自已。
　　檢點當時促使潘芳格心靈疲倦的原因是什麼？多年之後已是 70 歲老婦人

的她回憶說；41 歲那年，有一天忽然憬悟：難道她的歲月就得在生孩子、養孩子、生孩子、養孩子的重複包袱、了無止盡的家務勞苦之中流逝嗎？往日文學少女的美夢何在呢？竟然久矣不復夢見、亦復無跡可尋，難道自己一生就甘願如此耗擲了嗎？就這樣善罷甘休嗎？老婦的她追憶年少以來，「善盡母職」與「成為詩人」的兩難齊全，成為她過往生命中恆常的掙扎擺盪與衝突，一直到進入暮年，孩子都相繼成家立業一一離巢了，才終於獲得自由紓解與釋放。由此可見在臺灣婦運開始、女權主義興起之前，杜潘芳格輩的女性知識分子，早已在傳統的社會結構、家庭結構的桎梏中，承受了足以抹殺自我存在的快樂及價值意義的沈重負荷，而孤獨自苦不知何時了局了。[3]

　　她的老么杜常愛在杜潘芳格的詩集《芙蓉花的季節》附錄中這樣寫著「雖然媽媽的脾氣不好，但一個女人在對人生最充滿憧憬的時候，十年內肚子漲了七次，每次十個月，換成我，搞不好更慘，不是嗎？」[4] 老五佳陽則說「在我小時候的印象中，媽媽是如烈火一般性格的人，不論何時、何地，甚至在爸爸的診療室，只要有她在場，必成為眾人注目的焦點。她的聲音、氣勢，是任何人都不會忽視的，我非常怕她，尤其是她生氣的時候，她的聲浪會把我的膽子震破，童年最恐怖的惡魔影像，最切心的懼怕，就是在她身邊慢慢形成的。」佳陽在成年後仍難忘懷從他懂事開始，媽媽常會帶著怒氣地抱怨他們道：「生你們七個，是捆綁我，使我失去自由，不能寫作看書的主因，……我真痛苦，沒有自由離開你們。」[5]

---

3 陳義芝〈臺灣女性詩學的建立〉一文之開始即引蓉子於 1960 年寫成之〈亂夢〉，闡述其身在臺灣女權運動興起之前，對女性處境的困梏與覺悟。杜潘芳格此詩亦發表於同一年代而稍晚。（陳文發表於「臺灣現代詩經緯：第四屆現代詩學研討會」1999/5/29，彰化師範大學）

4 《芙蓉花的季節》（臺北：前衛出版社，1997 年 3 月），頁 215。

5 同註 4，頁 221。

　　由這些深藏在不同子女心中個別的深刻記憶，一方面可看到不同子女對父母的看法會有如此迥然的差異，一方面也可體會：對渴盼自我實現的女人而言，一旦生兒育女，在盡好母職方面要有多大的掙扎痛苦與努力。第三方面也可讀出潘芳格具有一種非凡可愛的性格；忠於真相的誠實及包容批判的雅量。在她詩集的後面，她毫不保留地把成年子女所寫往昔對母親的埋怨原文照登出來，由這動作可以讀出她對屬於孩子的筆墨與生命體驗的珍惜，讀出作為母親的她似在藉此機會當眾認錯的自我懺悔，以及尋求母子之間的相互寬恕與包容，十分感人。

　　這樣的特質，未必能在所有的母親身上找得到，但是筆者以為，在杜潘的作品中；在她生命實踐的記錄品——詩中，杜潘芳格卻非常恢弘自然的表現了出來，而這樣的生命呈現，毋寧可說是她的道德修煉，必定帶領杜潘芳格的生命逶邐行來，揮灑出波瀾壯闊柳暗花明的風景。果然，佳陽在同一篇中繼續寫著：「媽媽很喜歡讀書，她的思想雄壯有力，當我開始聽懂她的話時，她常把讀到的東西與我分享，她說話時熱情奔放，意氣昂揚，而我則是目瞪口呆地看著她，她詮釋各種各樣的作品都有獨到的看法，而且十分有趣，連艱澀的哲學作品，也可以說明得連八、九歲的孩子都懂，……」「從小時候，看母親像惡魔一樣，到今天，看她越老越寶貴，這當中，她和我的變化，都多得無法詳述……」母子的和好，身為女性作為母親的、常得是主動積極的這一方；至於做得到與否則端看自己願不願意，現實生活中，事實上我們看到有很多這樣兩難衝突的女性，特別是非常重視自我的女性，是並不願意如此多方努力委曲求全的。由〈兒子〉[6]這首詩中，我們這樣讀到：

----

6 載《慶壽》頁 31，1977/3/6。

考進了夜間部的兒子
穿過街燈的陰影向我走來，那個行動
猶如昔日的你搶著同樣的風——。

兒子喲
該這樣，或是那樣
爲何反覆著愛的嘮叨與激辯
疏誤的出發就是必然的負數嗎？

你和我，從兩極凝視所產生的一點，後退……。

檸檬的切片，靜寂地
浮沈在你我的杯子裏顯得青酸。

又到半夜，兒子才如被我胸脯吸住般回來說：
「媽媽，您又等得這麼晚！」

　　這首詩中或許有父親一起參雜在內，父母雙方對兒子的教育同施壓力，[7]
也有評謂「跨在俗世與超俗世兩個領域間，同樣的都令人感到在表達一種作為
詩人、母親、女性而存在的內心真實。」[8]筆者以為這首詩寫的是母子之間由

---

7 《青鳳蘭波》中附錄趙天儀的〈潘芳格的「兒子」〉一評，評論的起頭即這樣說：「這
　首詩，表現了一對夫妻……」（原載1984/10《笠》詩刊第123期）（臺北：前衛出版社，
　1993年11月）。
8 原載《慶壽》〈序〉，轉錄自《青鳳蘭波》附錄（臺北：前衛出版社，1993年11月）。

衝突到和好的過程，叛逆期的兒子（讀夜間部的兒子；未嘗不可以象徵他的所有學習都是來自「暗夜」的孩子），往往如狂風一般飆野（夫妻的對立也埋伏在內，因為父子是這樣相似，於是對兒子的教養與遺傳學習自對方之話題，及該鬆該緊的問題，往往便成為夫妻雙方爭執相持不下的焦點），母與子的衝突，在父母嘮叨與疏誤的兩極叛逆及怨懟中，雖然也曾彼此殺傷，給對方生命投下巨大陰影，特別是作為母親常因孩子的不知感恩，反而埋怨都是母親疏誤而被傷害時，若身為母親者在相持的凝視靜省中，能體會出這種酸苦，乃是孩子成長過度期的酸苦，夫妻的齟齬亦可作如是觀；皆出於愛，則這種酸苦便能轉化成為有如檸檬般的具有豐沛維他命的、是具建設性的、是不必因而灰心喪志而否定一切的，便有足夠的勇氣和力量，堅持一貫的奉獻哺育，持續如前的敞開胸脯胸懷，終竟能等到兒子的回來吮奶覓食、以尋求她孤寂夜行後的慰藉，以及體會到母親「媽媽，您又等得這麼晚！」的苦心。

反省批判與寬恕可以說是杜潘芳格對他人對親人最典型的修持態度，不錯，或許她是如兒子所說，具有烈火般的性格，一旦爆發時足以焚去一切，但若待其溫度稍降後（「靜寂地自我凝視」時便能降溫，而這也是她的詩作中常常有的動作），便能化為溫暖的懷抱，足以包容一切了。以這樣的模式來看杜潘芳格人生中另一個重大事件，可以更具了解，且發現了相同的解救之道與心路歷程。

那就是她先生的外遇事件。

發現先生外遇的苦澀與煎熬，可自〈悲哀的一塊〉及〈更年期〉兩詩中看出端倪。在前一首詩中，原來她也是不能原諒而憤怒地詛咒著對方：

我是
地、水、火、風

是崩潰的一塊！

曾經三個小時
用木炭、重油燃燒過的
白骨灰。

現在屏息在木箱裏。
……
啊！你也是
地、水、火、風

只是
那，滅亡之子才會滅亡。（〈悲哀的一塊〉）[9]

　　而在後一首詩中則充滿旋風般的猜忌、自傷老去的痛苦與預知事件曝光後
帶來死亡的晦澀：

俯伏，在山野，把耳朵貼在地面上
仍聽不到你的聲音

那是，紅紅的夕陽
染沾了油加利樹梢，渡過鄉道

---

9 載《慶壽》，頁 95，1977/3/6。

你跟我，坐在同一部車子裏

頭痛，是車禍引起的
不，也許是秋天引起的吧

不擁抱在一起
就揣測不到
真實嗎？

我
在框外
框著一九七二年的東洋，波爾諾旋風在東洋也漩渦著。
（清純而死，卻是不潔）

在誕生神的屋子裏
爲了守護，清純，聖潔。
我
在框外
膽怯地建築城堡

即將燃燒殆盡的生命
申斥著身軀
抑壓繼續著
抑壓

終於悄然

俯伏

在山野，要聽的是

死者的聲音（〈更年期〉）[10]

事件發生時，她由於正遠赴美國為全家的安危而忙著打點另一個國籍另一個家而被蒙蔽毫不知情（我／在框外／框著一九七二年的東洋），回來才發現端倪，卻已為時已晚。一思及二人在生命的夕陽之境竟然是同「車」而離心，當然要憂傷以終老，更何況自己正面對更年期的生命秋天，卻得與對方的所謂清純者對照，當然這是尤其難堪的事。可是，「我」也非常知曉此刻的所謂清純，勢必不潔而死。雖然隔著東洋，「不擁抱在一起」「我」被隔在框外，「就揣測不到／真實嗎？」「我」依然知曉了一切，「我」是那麼痛苦，以致於回歸自然也無助於「我」，「我」竟聽不到你了（「俯伏，在山野，把耳朵貼在地面上／仍聽不到你的聲音」），在抑壓的持續下，我竟然是：「要聽的是／死者的聲音」。（不知是在盼望聽到誰死？但是在一再的抑壓下，知道死亡將至，總有人會死滅！也渴望它至，所以才說「要聽」。）

這樣明白毫不諱言清楚地表現出心中的負面感覺、幽黯心情，真正顯示了杜潘芳格一貫的亮烈性格。但是，也就因為亮烈，所以陰影是不會長久的，所以前述的人格特質又再度抬頭，幫助她渡越生命中的困苦劫難。

---

10 原載《慶壽》，頁 171，再載於《淮山完海》，頁 52，原載中的關鍵字，在「再載」時有更動：原為「我們／在框外」改為「我／在框外」，原為「波爾諾」；擔心讀者不解，改為「波爾諾旋風」。

三、宗教信仰的人格陶成

　　除此之外不容忽視的是；她還依靠一股外力，這股外力成為她生命中幫助她劈荊斬棘的重要動力，那就是對宗教的信仰。潘芳格在她的許多詩文中都強調基督信仰對她生命的重要性，〈祈禱〉[11] 中說：「我成為每天揮動雙手謀生的大人／緊握著十指而祈禱。」「每天，每天緊握十指而祈禱。」在〈神〉[12] 中她強烈地表現了對神的不懈敬仰畏懼與信託：

> ……
>
> 無論如何。
>
> 唯有神，
>
> 才能改變人們的命運。
>
> ……
>
> 神啊！
>
> 在很多人痛苦的世界上。
>
> 神啊！
>
> 您為什麼創照它？
>
> 您為什麼？
>
> 創照它又毀滅它。
>
> 神啊！
>
> 您能聽見我的祈禱嗎？

---

11 載《懷山完海》，頁 64，（1986/2）
12 同註 11，頁 68，（1986/2）

　　如果您聽到人們的祈禱，

　　請您幫助他們。

　　由於虔信基督教，基督精神是她理想人格形塑的指標，以及對事物人生的解釋本源。譬如說，在這次「921 大地震」後她所寫的一首詩〈細細長長的一條白雲〉[13] 中也充分的反映了這份信仰：

向南，慢慢靜靜地移動位置。

一九九九年九月廿一日臺灣大地震，

島嶼南北平安，中央山系西側並日月潭西方犧牲。

活生生的細胞是個體有機生命的源本

和宇宙生命一起成長並繼承生命。

「耶路撒冷啊！耶路撒冷，

我多次願意聚集你的兒女好像母雞

把小雞聚集在翅膀底下，只是你們不願意」（注）

歎息的是誰啊，

千禧年是祂的，是祂和她們的，

祂和穿綠的白的守望天使們在耀眼的光中

她們齊唱

「我們上路了，去很遠很遠的地方」。

就進入了雲彩中。

（粲注：〈馬太福音〉二十三章 37 節。）（達芸按，此「注」為原註。）

---

13 《聯合報》聯合副刊，1999/10/13。

　　所引的聖經原文是：（哀耶路撒冷：）「耶路撒冷！耶路撒冷！你常殘殺先知，用石頭砸死那些派遣到你這裡來的人。我多次願意聚集你的子女，有如母雞把自己的幼雛聚集在翅膀底下，但你卻不願意！你看吧！你們的房屋必給你們留下一片荒涼。因為我告訴你們：自今以後，你們斷不能再看見我，直到你們說：因上主之名而來的，當受讚頌！」由所引的經文可見，杜潘芳格乃是以信仰的角度、天譴的角度來詮釋這場本世紀家國的浩劫悲劇，因為大家正是宇宙生命的共同體，所以一體同罰一體同悲。可是又哀憐那些無辜罹難的同胞，於是詩人的心靈之眼乃看到「祂和穿綠的白的守望天使們在耀眼的光中／她們齊唱／『我們上路了，去很遠很遠的地方』。／就進入了雲彩中。」因為有信仰，所以詩意中呈現的反而是了然之後的祥和無怨，以及仍有盼望。

　　杜潘芳格說，她的這份珍貴信仰來自母親，她說：「母親是很虔誠的基督徒，善惡、正邪她都分得很清楚。」可見這份來自母親的信仰賦予她的是一份剛強的智慧判斷能力，使她免於作愚婦被欺負而不知。但是信仰也教給她一份柔韌的犧牲愛人、與人和好的精神，為她在面臨生命中的正負事件、以及自己遭遇考驗而陷入正負的修養道德抉擇時，有所遵循。〈紫色的現在〉[14] 說「結合你和我的／只有一位神的愛，／唯有那個結子，能給我們平安。／……嫉妒使我瘋狂。／瘋狂了我這年邁女人。／因為不再年輕，使我煩惱得發瘋。／聖經上確實寫著『為來日歡笑』。」她並不諱言在婚姻的被負事件中，她心中滿含嫉妒這足以毀滅人我的瘋狂情緒，但她也祈求神的愛會帶來拯救，因這拯救包含著來日的歡笑，所以值得努力。

　　另一首〈花與蘋果〉[15] 更是非常清楚地敘述了在這事件中，內心痛苦掙扎與主動追求和好的過程：

---

14 《准山完海》，頁 71，1986/2。

尋覓 花與蘋果 獨自 走進斜陽街
『該隱 罪惡埋伏在門口，該把罪惡治理好，不然會被罪惡統治
啊！』

是怎樣的罪惡，憤怒又嫉妒的罪惡嗎？

『爲什麼要低頭？溫順地聽我（主）的告誡吧！』

受過洗禮就不再犯罪 應該是不再犯罪
可是被憤怒的惡魔纏住著，不平安。

雖然那麼說
卻事實，只因奢侈又任性
而已

把花插好
而誠懇地抑壓憤怒道歉吧
……
憤怒就是罪惡
該隱的罪惡就是憤怒 而且
弟弟亞伯被殺死了
……

---

15 同註 14，頁 74。

審判　經過了批判

寬恕　治理了憤怒

再一次去買

蘋果　到街上的日子

是什麼時候？

（達芸註：該隱及亞伯是聖經創世紀第四章人物。）

　　基督徒的信仰說：誰也沒有資格去審判人，你判斷人也就被批判，唯有心中先寬恕別人、自己也才被寬恕。花的美麗芬芳與蘋果的香甜滋潤，象徵「和好」的善果，詩人要帶著這個善果趁斜陽猶在；生命的時日無多時，及時悔改去求寬恕，免得自己因為憤怒與嫉妒而犯了兄弟鬩牆之大罪啊。而廣義的說，天下所有的人豈不都是我的兄弟姊妹嗎？「再一次去買／蘋果　到街上的日子／是什麼時候？」也就是說「寬恕」不是只求一次；聖經上說：「那時，伯多祿前來對耶穌說：主啊！若我的弟兄得罪了我，我該寬恕他多少次？直到七次嗎？耶穌對他說：我不對你說直到七次，而是到七十個七次。」[16]所以詩人要常常提醒自己，下一次去街上買蘋果（芸案：象徵和好的善果）是什麼時候？可不要隔太久了呢！

　　讀了這首詩，應該便能了解她的自白：「我，若是離開了宗教、信仰、神……就無法寫詩或寫文章。」[17]因為她的詩就是她生命信仰實踐的記錄。也

---

16 瑪竇福音十八章 21.22 節。

17 〈語彙與詩〉（1973 年 4 月《笠》詩刊第 54 期）（轉載於《淮山完海》附錄，臺北：《笠》詩刊社，1986 年 2 月），頁 82。

由於不斷回歸內在、不斷自省修持，蔚成了她的生活態度與天人之間和好的心
路歷程（天路歷程）。

四、磊落性格之證成

她是這麼心靈美麗坦蕩純潔的女子，非但不計前嫌，而且她始終不諱言她
對先生的愛，後來她還真誠的寫出這麼動人的情詩〈吾倆〉[18]：

被強勁的海風吹拂，被炎熱的太陽灼曬，

綠濃濃午後，雌雄野鳥又來了。

吾倆成對的夫妻樹在搖撼的美麗島上，

至今，你仍讓十七歲的我繼續長在你的心中。

初戀的我，如花將怒放的我，

在頭髮灰白的你心懷中伸張活潑如羚羊的四肢，

到處跑，到處奔，卻而無意地站住。

擁有一對宛如聖僧般澄明眼眸像學生兵的你啊！

盼望你活著，再接再厲地，追越過年老而活下去吧。

願你，請你活著，活著，活下去吧。

以鮮活的意象將時空交疊，寫出結髮夫妻倆自青年相交，胼手胝足結伴同
行，那歷久彌新永在戀愛的婚姻境界。所謂的白首偕老，乃是在雙雙老去的身
形中，住著的是唯有彼此才能見證的那曾經有過便是永遠，而且也是永遠年輕

---

18 原載《朝晴》，頁12，1990/3。同年再載《遠千湖》，頁54，並日譯，改名為〈夫妻〉。

的生命！也互相打氣鼓舞；要克服老年堅強地活下去。這真是一首真情流露深刻雋永的愛情詩。

　　必定是她那即使遭遇極大的傷害，雖然處心在怨懟憤怒中，仍能時刻警醒自省，視負面情緒如仇讎，而亟思與對方和好、努力求寬恕的態度，感動了先生杜慶壽醫生，杜醫生後來也領洗信了基督，這毋庸是潘芳格以愛與虔誠生活出信仰的成功見證。後來，她還以她的母語客語寫了〈婚後四十年〉[19]這一首詩見證她老來對婚姻帶來夫妻命運共同體的喜悅：

　　你還生生　捱也生生
　　剩下一蕾　粉紅玫瑰花
　　唔返轉去看，只有向前看。
　　綻開芬芳　繼續郁馨
　　只剩下一蕾花蕾，
　　儘燃燒吾倆生命體，
　　天空也儘燃燒著，猩紅箇黃昏。

　　「綻開芬芳　繼續郁馨」，表示她自 40 年的婚姻體驗中，獲得芬芳郁馨的結論，欣喜感恩於都還好好地活著，珍惜雙雙作伴的生命歲月，於是鼓舞對方只要一起往前看而不再回頭望，以愛火溫暖兩人夕陽無限好的餘生。臺灣文壇上，杜氏夫婦老來相伴（杜醫師現在也自職場退休了）形影不離，杜潘芳格以「夫妻樹」自比的意象，是最為人樂道的，此次筆者往訪杜潘芳格女士時，受到杜氏夫婦一同親切熱誠的款待，杜醫師沈靜柔弱、杜潘女士則熱情強健，杜

19 載《朝晴》，頁 88。

潘女士滿懷甜蜜侃侃而談少女時在諸多可擇良偶對象中，選擇下嫁杜醫師的往
事，有關杜潘女士作品中性別議題及前述婚姻事件的談及，似乎也不必迴避杜
醫師，而能在夫妻都在場的情況下訪談；筆著乃天真地問杜醫生他會介意嗎？
他說這就是藝術家具有的特殊氣質多半如此，他便也能用帶有距離的角度像聽
故事一樣地欣賞著這一切，也蠻快樂的，不以為意……，夫妻二人相處的自在
和煦氣氛給筆者留下了深刻的印象。

五、語言轉換之困境

　　杜潘芳格早期的作品都以日文寫作，直到 1949 年政權轉移後，開始重新
學習並嘗試用中文寫詩。但因為從小接受日本教育，寫中文詩較感吃力，而別
人為她譯詩也未必能保留她的原來風貌，李元貞就曾如此指出並遺憾不平地
說：

> 杜潘芳格還有不少好詩值得細細品味。雖然她善用日文寫作，中文
> 作品常因不同翻譯者呈現不同的文字取捨甚至意義詮釋，這也是她
> 未能被文壇器重原因之一，是跨越語言一代作者的時代辛酸。然而
> 在比對她的不同的中文譯本時，也許在詩的語言上無法完全信賴中
> 文譯本，我卻能從最不能翻譯的詩的譯本中，已然感受到杜潘芳格
> 詩思的深刻而迷人，若是她沒有被時代語言的限制而傷害，則其影
> 響力一定更早、更大。[20]

---

20 〈詩思深刻迷人的女詩人：杜潘芳格〉原發表於《文學臺灣》第 3 期，1992 年，後
　　收入《女人詩眼》（臺北縣：臺北縣作家作品集 22，臺北縣立文化中心，1995 年 6
　　月），頁 289。

　　我非常贊同李元貞為杜潘芳格的抱不平，以及她以女性閱讀觀點對跨越語言一代作者辛酸的體會。杜潘芳格自己當然一定深覺其中苦澀，在訪談中她甚至表示，早先由於無法自由舒暢以中文寫詩，她甚至隱隱感受到在初出文壇時受到某位男性譯者的輕視，說她「什麼都不會，就只會日文……」，也許就是這樣，在鄭清文的鼓勵之下，她終於恢復以日文寫詩，讓日文詩與透過翻譯譯成的中文詩並陳面市，1990 年 3 月出版的《遠千湖》就是這樣完成的。

　　自 1989 年底始，潘芳格也開始嘗試客語詩的寫作，在 1993 年結集的《青鳳蘭波》詩集中，一共收錄了 43 首客語詩，詩後並錄〈母語個（的）功能〉[21]一文，是她赴維也納參加「臺灣文學研究會」發表的論文，文中闡述她以客語寫作的思考背景與決心。她說，語言文字有兩種作用，一是溝通，二是文化機能，人以之來「教育耕（耘）心田，建構精神內容思想等成為一個人格」。她說人生來就有自己的母語，不過一旦被異民族殖民後，被剝奪了母語，便成了異民族的奴隸，變成無國籍、無自信、無自覺的人，只會恐懼別人，看別人的臉色，成為奴隸性強的人。她主張在臺灣，由於是多族群，有多種語言，「大家來學自家的話」之外，並且從今天起就「開始學習對方的語言」，讓臺灣成為一個有愛心有和諧的美麗島。由此文可以看出她雖主張母語的重要，晚近並積極創作母語（客語）詩，但這並不意味她是一個「大客家主義者」，相反，她反而因為珍惜自己的母語，便也能以心體心呼籲大家互相尊重別人的母語，人與人相處之道不是拚誰贏，而是互相配合包容溝通，學別人的語言，如此這般的語言策略便不是包辦統一的霸權思考，也不是委屈順服的殖民心態或後殖民現象，而是人與人之間的真正溝通工具，以及彼此相愛尊重的起點。

　　當然我們不能忽視她做為一位詩人在跨越語言的話語轉換過程中所忍受的

---

21 《青鳳蘭波》（臺北：前衛出版社，1993 年 11 月），頁 149 至頁 162。

艱辛與痛苦，在〈「純金」與「金幣」〉[22] 一文中，她由於日本教授下村作次
郎在日本「咿啞之會」刊行的第二十八期同仁誌中對她下的評語，「鄰接於死
亡，被言語翻弄的詩人，她的武器像尖銳的利器般敏銳的……」而有感而發的
說：

> 我自己作爲一個詩人也自認語言是詩人的武器。……詩人的武器是
> 需要用「眞正的金幣」來表現的，不能用在世俗流通的薄薄的紙幣
> 般的沒有内容的只溝通用的語言。這差距在哪裡呢？差距就在「純
> 粹性」以及「精神内部的深奧」，詩人個人生命裡的豐盛内涵。眞
> 的東西是很寶貴有價值的，和「善」、「美」一樣有「純金」味道。
> 詩人日常生活體驗裡的思維、對抗世俗求眞理的修養等等都是屬於
> 「眞」。……詩人應該最先向自己内在用鋒利的鎗，扎刺。……
> 詩人是不能媚俗的。詩人必須對自己有嚴格的要求。一方面詩人自
> 己也是讀者，詩的讀者用最嚴厲的尺度來評審，就有嚴肅的期待，
> 以後作者的詩作才能耐得住最嚴苛的評審。……我（遺憾自己）用
> 的是青澀的字句，但我實實在在不甘心，只（好）用「咿啞」裡讚
> 我的日語來表達（我）做爲一個臺灣的客家詩人的詩意。

　　由下村作次郎教授的評語可見杜潘芳格以日文寫詩受到日本教授的推崇，
相對之下便更對比了杜潘芳格在自己的母國臺灣所受到的忽視，而這是什麼原
因呢？原因應該就正如李元貞所說的譯詩不足以傳神傳眞而有以致之。讓我們
以心體心設想一下像杜潘芳格這樣自我要求嚴謹；在生活和德行上如修道者般

---

22 〈「純金」與「金幣」〉，《芙蓉花的季節》（臺北：前衛出版社，1997 年 3 月），
　　頁 88 至頁 90。本文原載《自立晚報》，1996/2/8。

有潔癖般高標準的人，[23] 她對自己的詩人尺度也把關甚嚴有如上文所述，卻格於語言轉換上的局限而不能暢所欲言，對詩人而言這是多麼苦澀的心情啊！所以我們真該正視她所說的「實實在在不甘心」的心情，了解跨越語言一代被冷落的處境，以及積極尋求補救文壇遺珠遺憾之道。

有一位研究杜潘芳格詩作的日籍學者井關女士在其〈語言的細胞──無限的溫暖〉[24] 一文中即對此處境深致同情：

> 杜潘芳格……他們的北京話會不流利，並非他們的責任，只是因為受到當時日本政府的強制，而他們只是聽從而已。結果竟然成為她從事創作活動的枷鎖了，為什麼呢？是因為他們寫的全是日文之故。……加上最近懂得日文的人逐漸減少，而真正理解他們思想的人也就更稀少。我想，沒有比自己寫的文章無人能理解這件事更痛苦難受的。不知多少人受到這種遭遇而苦惱、飲泣，甚至絕望而封筆吧。為什麼像她這樣留下美好的作品，卻以日文之故而遭到特別的處理，使她不得志而受苦呢？

井關因此建議：

> 如果我們想要真正了解戰爭中的臺灣（應是指日治時期），就該鼓勵他們這群接受過日文教育的這一代，以他們最能確信的語言來創作，因為在他們飽嚐各種苦難後，言論上的每一個字句都洋溢著對

---

23 杜潘芳格在〈兩溪之間的墾地〉一文中說：「人生的道途是朝聖者的路，只向上，不往下。想做一位自勝者嗎？我們靠著聖道走。」載《芙蓉花的季節》，頁94。

24 〈語言的細胞：無限的溫暖〉，附錄於《芙蓉花的季節》，頁143。

臺灣關懷思念的深厚意義與思想，或是對語言被排斥得苦悶、悲哀
等情緒。井關擔心「假如他們投筆不寫作的話，真正的臺灣原貌不
就無法傳到現在了嗎？」[25]

　　臺灣文壇大老、提攜文壇彗星不遺餘力、評論頗具權威性的鍾肇政先生評
杜潘詩說：「說到女詩人杜潘女史的作品，環顧吾臺詩壇，堪稱獨樹一幟，詩
思之深、詩格之高，殊有令人不可通視者。」[26] 可見鍾老不單是以女性，而且
是以整體詩壇的角度予以肯定的評價，可謂是十分稱許，但是他說「筆者曾經
受託將杜潘的若干日文詩文譯成中文……有一件在女詩人來說，好像是不容讀
者、欣賞者忽視的事實，是她跟為數不少的從日文過渡到中文的詩人、小說家
一樣，思考時往往仍會在有意無意之間，讓日語語詞在腦中馳騁，其間華語與
客語，往往是被『帶』出來的。」言下提醒我們注意杜潘女士跨越語言寫作的
經驗，以及在這樣的困蹇周折不易中創作，在效果呈現上不得已所可能打的折
扣。他接著說：

　　思考的方式，也就是文體；文體也就是思維的轉達。吾人所比較熟
　　悉的日本作家，川端被譽為「幽玄」，實則文體本身是明淨的；三
　　島則富於邏輯格局，反見晦澀。女詩人即令驅用日文，也與這些日
　　本當代文風截然有異。或許我們可以聯想上溯到紫式部與清少納言
　　等古代女作家。杜潘的思考方式，常見曲折幽邃，顯現出深奧晦澀
　　之妙，往往在朦朧中透露出絲絲芒光，卻令人為之目眩神迷；迻譯
　　之際，忽覺忘言而陶醉。

---

25 同註24。
26 鍾肇政〈日語、華語、母語〉，附錄於《芙蓉花的季節》，頁149。

以鍾老文壇的尊位、文學的品味及日文的造詣，譯杜潘日文詩，就語言文體的呈顯對杜潘的詩源作一評斷，認為頗有日本文學史上不朽女文人的典雅大材之風，這種評斷當然絕非溢美虛言，益發令人為杜潘女士格於語言工具，使她的創作不能自然順暢地為我們這不同一代的讀者掌握閱讀，從而密切與其詩思契合，成為作其作品知音的干擾，而深自遺憾！鍾老以其也是跨越語言一代之過來人經驗，繼續思考著：

> 在這當中，吾人不免深覺客語的精緻度，以目前狀況言，確實還不足以表達這種複雜、曲折的思惟。由母語而日語，而華語，最後回歸母語，這是臺灣人（無分福客），尤其活過戰前戰後的臺灣人的悲劇。如何克服這種困局該是女詩人——也是所有臺灣作家、詩人的課題吧。[27]

鍾老與杜潘芳格的語言轉換經驗相同；都是日、客、漢語皆通，也都對文學創作的要求精益求精，他的體會及對杜潘女士現階段以客語創作的諍言，頗值得珍視，也預言了客語創作路程的必然坎坷，杜潘女士現已寫作客語詩約70首，用力不可謂之不勤，如何能將精緻的客語在文字上表現出來，並且還能邀得原先不通客語的人也能讀懂進而欣賞、愛讀，可能還是一段遙遠辛苦的路吧，但無論如何，杜潘女士已經領先上路了，充滿了開創勇敢的客家女子精神，希望她終底有成。

---

27 以上幾段引文皆出自同註 26。

　　笠詩社於 1964 年成立後的第二年，杜潘芳格即正式加入成為會員，婚後繁忙的家務曾使她的寫作一度中斷，直到小孩長大後才又繼續提筆，至今共寫了 30 多年的詩，累積了相當豐碩的詩量。（筆者初步估計已發表作品，漢語詩約有 100 多首、客語詩 70 餘首、以日文詩面市的有 3、40 首，但是這三種詩作當中互為重疊者亦不少。）詩質深為評家稱許有如上引，詩作多發表於《笠》詩刊與《臺灣文藝》，1992 年她以自選集《遠千湖》榮獲第一屆「陳秀喜詩獎」，目前（2000 年）擔任《臺灣文藝》的社長與《女鯨詩社》社長，她與陳秀喜常被並稱為戰後第一代（年長一輩）優秀女詩人，現在更是大力開步倡導客語詩，老來生命氣質更顯寬廣豁達從容，儼然當今詩壇一介女盟主，但是說也奇怪，她至今仍為她沒能作成小說家而深覺不甘呢。

六、性別閱讀的局限

　　本篇論文之結束，打算以潘芳格的一首詩〈蜥蜴〉來討論在閱讀潘芳格的詩時，所引發的性別議題。

　　從什麼時候　就
　　棲息在我家院子的
　　蜥蜴，鮮綠搭配豔彩的變色龍

　　因為羞於表達感情
　　幾千年來務實木訥

　　它的視覺不是眼睛
　　是心靈。

　　杜潘芳格的這一首短詩發表於民國 87 年 9 月 6 日的《聯合報》副刊，同年選入創世紀詩雜誌社印行的《八十七年詩選》，在該詩之後由詩人及評論家陳義芝寫的「賞析」這樣的說：

> 杜潘芳格是臺灣戰前世代傑出的女詩人，她能寫國語詩也能寫客語詩，優秀的詩篇每有自覺女性的象徵，例如「葉子們／知道自己的清貧／也明白自己的位置搖晃不安定／有時候確實也虛偽地裝扮自己」。這首〈蜥蜴〉也當如是讀：女性生活空間不大，只在院子裡；女性雖有艷彩，卻羞於表達情感；女性不以見識多取勝，但有一顆細膩的心。用「變色龍」形容從前父權家庭中，女性必須隨時變色（掩飾情緒）的處境，非常深刻。[28]

　　陳義芝以其詩人的敏感體察及評論者的銳利筆鋒，直接了當地點出他以為的本詩詩心；指出變色龍乃是杜潘芳格自覺的「女性的象徵」，換句話說，也可以說是自喻。這樣的閱讀本來無可挑剔，甚至對於許多讀者而言，這樣的賞析指引可謂乾淨俐落一針見血，減去了一般讀者讀詩時，面臨多義詩語的徬徨摸索，立即帶領讀者進入對詩義及創作技巧的玩味，可謂十分高明便捷的閱讀指引手法，實在應是無可挑剔的。

　　但是有關本段論文議題的引發，卻與這篇詩評有關。2000 年 9 月，當我在訪談杜潘芳格時，她提出這首詩被選入該詩集，以及談到陳義芝對此詩的詩評。當我問她對該「女性象徵」的評析意見時，杜潘芳格當即用手指著從訪談開始即一直坐在旁邊的杜醫生說：「但是我是在寫他啊！」只見杜醫生的表情

---

28 《八十七年詩選》，（臺北：創世紀詩雜誌社，1999/6/14），頁 125、126。

十分泰然，臉上非但沒有因為被如此指出為模寫對象而有任何不悅之情，並且似乎還微微點了一下頭，表示他早已知道了呢。

當天的訪談中類似這樣作者原意不同於詩評的情形不只這一首詩，杜潘女士又提起她那首頗為人稱許的〈平安戲〉體會與詮釋，她說，知道她有關這首詩創作動機的女兒就曾經問過她：「媽媽，別人都這樣子誤會你的詩了，怎麼辦呢？」轉述這樣情境時的杜潘女士態度非常安然，甚至連一絲無奈或不喜都沒有流露出來，倒像是在轉述著與已無干的事實一般，純然是客觀的陳述。

聽了這樣的敘述，基於我自己的文學理念，並沒有也不想藉機詢問「那麼對於〈平安戲〉，你這位作者的本意到底是什麼？」這樣的問題，但是卻深深的思考著這個現象後面的意義。此刻並不是要為〈蜥蜴〉或〈平安戲〉求所謂的「正詁」；當作品完成之後，就像一個孩子誕生之後，他／她就成為一個完整獨立的生命體，他／她的父母對他／她的生命存在就再也沒有置喙（決定）的餘地（權力）了。也就是所謂「作者已死」的觀念；羅蘭巴特說：「書寫成章（作品）的統一性，關鍵不在於它的源頭（作者），而在於它的目的地（讀者）。」[29] 作者並非作品的源頭，亦非意義的唯一主宰。作品中的詞章往往會含有某些意義是作者自己所始料未及的，一部作品固然是出於作者一個人之筆，但作品中所傳達之意見或聲音則是多元化的。讀者並非再造（reproduce）文章的影射意義，而是要自己去創造（produce）它的意會義（significance）。[30] 讀者既然是由作品的組織架構字裡行間去營構體會出他與作品間互生的意義，則讀者反應的來源當然具有決定性。讀者的反應築基在許多因素上；傳統、社會、

---

29 引自蔡源煌：〈「作者之死」新詮〉，《從浪漫主義到後現代主義》（臺北：雅典出版社，1987 年 12 月），頁 249。

30 參考〈無盡的迴旋：讀者敢向的批評〉，《當代文學理論》（臺北：合森文化，1991 年 9 月），頁 143。

個人、乃至性別都有關係。我們由陳義芝的評析可以很清楚地看到以男性為主體對女性的思考位置，以及對女性的了解認知體會，因為陳評正是毫不諱言地直接指出了這一點。

容許我們對陳評做進一步的分析了解，姑不論「變色龍」本身的雌雄兩性皆有，陳評既毫不猶疑地指出「變色龍」是杜潘詩的女性象徵，是否有其體會上的開創性？事實上，除了可以同意陳評在剖析時所指出的詩中「情境」，是足以成立所認知的作品意義之外，變色龍本身的醜怪樣子，其實應該是很不得女性之心以之來自我比擬的，加上「龍」在我國文化中的陽性象徵思考，所以陳評以其為女性象徵應該反而是很特殊的看法才是。

「閱讀」是一個澈頭澈尾的主觀歷程，陳義芝以詩人兼文學家，透過閱讀而有另樣的體悟也是事實。但無可諱言的即使是他這樣一位對性別創作／性別閱讀十分在意，刻意追求客觀持平的評論者，也難免呈現仍是以男性為主體的思考判斷，而這種反應與現象也與其他男詩人或男文評家對杜潘詩作的態度一樣。以下不嫌贅瑣地的將一次一群詩人（多為男性）聚會討論杜潘芳格詩的現場意見摘要如下：

他們如此評說著杜潘芳格：「她……很明顯的不同於臺灣詩壇上其他的女流詩人。一般女性詩人所寫的詩，常只描寫身邊的細瑣或感情，只是陰柔之美，不見陽剛之氣，而潘芳格……目前臺灣的女詩人，能寫出以現實為立足點，而又有深度的作品，實在很少，潘芳格可以是其中的一位。」[31]「這種強烈的批判性是和一般女性詩人所不同的地方。」[32]「這二首詩寫得很好，以女詩人能寫出這樣的詩，實在是異數。」[33]「一般女詩人大抵常離不了古宋李清

31 鄭炯明評語，見笠詩刊同仁「潘芳格作品〈平安戲〉和〈中元節〉合評記錄」，載《淮山完海》（臺北：笠詩刊社，1986年2月）附錄，頁87。
32 同註7，頁88，錦連語。

照似的窠臼,皆喜鴛鴦蝴蝶式的顧影自憐語感懷傷情,以豔麗或消沈的筆法表現自我。而潘女士獨以平淡寓意深邃的手法來處理現實的問題,反映出上一代的無奈與認命的人生,實屬不可多得的作品。」[34]「一般女詩人所寫的,大都是身邊的家庭瑣事,而潘芳格能從家庭走入廣大的社會,可說非常難得。」[35]「一般來說,女性詩人由於天賦的直覺本能,和豐富而細緻的感情,作品的風格多屬婉約的、哀怨的抒情。而潘芳格的詩,卻是冷的、嚴肅的、批判的,屬於知性表現的風格,在當今我國女詩人中,恐怕是一種稀有的異數吧。」[36]

以上 6 種評論意見從上下文之間都可以讀出來是讚美之詞,而支持他們之所以如此讚美的原因是因為杜潘的詩表現了他們以為不屬於女性氣質的陽剛面。不論以此做為好壞評價的標準是否公允,但也由此見出因為「性/別差異」造成的刻板印象,常是閱讀時評斷所謂「好壞」難以脫卸的有色眼鏡。

無論如何,正如本段開端所述,此處所感興趣的並不是作品的分析,而是經由男性讀者對杜潘芳格作品的閱讀反應,探討杜潘詩的特質以及女性的心靈意象書寫策略。

正如西索斯(Helene Cixous)在〈美杜莎之笑〉中所說:

真正打動我的是她們(普遍的婦女)無限豐富的個人素質:就像你無法談論一種潛意識與另一種潛意識相似之處一樣,你無法細述一個劃一的、完全相同的、甚至可利用符號分門別類(按規則編碼、

---

33 同註 7,頁 88,白荻語。
34 同註 7,頁 89,何豐山語。
35 同註 7,頁 93,棕色果語。
36 同註 7,頁 91,楊傑美語。

分等分類）的女性性別。婦女的想像是無窮盡的（取之不盡用之不
竭），像音樂、繪畫、寫作，她們湧流不息的幻想令人驚嘆。[37]

　　回頭細味〈蜥蜴〉詩中令陳義芝「跌破眼鏡」的關鍵，乃在「棲息在我家
院子的」「羞於表達感情」「幾千年來務實木訥」諸意象所營構成的情境，本
以為是女性的自我描繪，絕沒想到竟能是女性描述男性的語詞，（可見我們長
久男性思考下的刻板印象竟然會宰制閱讀判斷與習慣以至如此）卻偏偏杜潘芳
格在詩中卻以自己為主體，如此泰然自若地以此「陰性情境」來描繪她的先生，
對照前三節自作品分析中所歸納杜潘芳格的性格，設若認定其中呈現出來的心
靈意象是顛覆一般習見的女性氣質；恢弘亮烈、深思自省、真誠包容，導致了
男讀者出於性別思考而如此反應評判；這是兩性認知的幸？抑是不幸？面對這
樣的評價，杜潘芳格應該高興嗎？

　　變色龍到底是什麼顏色？答案應該是不猜自明的；即：那思考的主人以自
己為設想主體，可以「賦予」變色龍不同的性別，可以是她或他，這當然也是
詩的語言是多義語的迷人之處！換另一個角度看，杜潘芳格透過詩作，給與閱
讀者顛覆性別刻板印象的呈現，從而提供讀者對性別有不同的（另類的）思
考方向，也正是她的詩中心靈意象的特色。西索斯說：「從某種意義上說，婦
女是雙性的」「雙性即：每個人在自身中找到兩性的存在，這種存在依據男
女個人，其明顯與堅決的程度是多種多樣的，既不排除差別也不排除其中一
性。」「男人──人人皆知──則泰然自若地保持著榮耀的男性崇拜的單性的
觀點。」[38] 可以說，透過性別閱讀的觀察，以及杜潘詩中透顯的特質，正巧印
證了這一點。

---

37 〈美杜莎的笑聲〉，《女性主義經典》（臺北：文秀，1999/10/10），頁88。
38 同註37，頁93。

七、結語：心靈印記的標出

　　所謂「印記」，就是烙印，就像牛羊，由主人在身上烙上記號，永遠不會消失，為了證明：這是屬於我的，屬於我家的，屬於我族的。同樣在每個人的生命中必也有一些被烙印的經驗，使他因此歸屬臣服，再也無法自心頭脫卸泯除這個記憶負擔，以致於有些人就背負這樣的烙印以終，既無所謂掙扎也無所謂負擔，只是逆來順受。同樣是烙印，但是有些人深以為恥辱，以致於成為捆綁他終身使他無法自由的枷鎖、甚至鬱鬱以終。但是也有人則是心甘情願的接受烙印有如牛羊，並且懷著以此為榮的心情，充滿了歸屬感地居此家族以終。以此觀念可以來看我們臺灣作家的家族意識、身分認同、「鄉土想像」，實在是很有意思的事。

　　邱貴芬在〈女性的「鄉土想像」──臺灣當代鄉土女性小說初探〉[39]一文中說：「『鄉土』最深層的定義，不是一塊牢固不動的土地或純淨、令人懷念的農（漁）村社會問題，而是意義不斷流動，提供我們不斷反省身分認同建構問題的文化想像空間。」這樣的界定，特別適用於曾經具有三種國籍身分的杜潘芳格。對於無可選擇的獲得了前面兩個國籍，以及由於鄰境越戰，而生出亡國恐懼；為尋求避難處所而主動爭取的第三個國籍而言，杜潘芳格的國族意識應該是十分現實而實際的吧。

　　有關杜潘芳格的本土意識／鄉土之愛，由她的許多作品都可以清楚地讀出，論者也多提及，筆者擬另提一首〈母地〉作為例證，因為她自己以此題目清楚的標明了她此詩的內涵及主題：

39　〈女性的「鄉土想像」：臺灣當代鄉土女性小說初探〉，《認同・差異・主體性》，（臺北：立緒 1997/11），頁 21。

往鄉下去傳福音，回來的晚上
關上私房門，跪下問耶穌
　我 · 今天這樣做
　主 · 您高興嗎？
　主 · 您有滿意嗎？

那裡爽朗的翠綠水稻茁長
白鷺鷥的翼膀映照著大蕾青桐白花，
木棉花盛開滿樹，相思花也綻金黃色了。

綺麗的臺灣，我的母地
綠茵默默地承著春雨

耶穌回答說
是，我很高興！
再說
我會愛你！保守你和環繞你的一切的一切。

　　既然仍舊回到臺灣作為平時主要的居住地，又寫出〈母地〉這首詩，詩中
稱「綺麗的臺灣，我的母地」，這裡的「母地」意義十分耐人尋味。

　　「母地」是「我」傳福音的地方，是「鄉下」；自然的景致綠滿水潤、草
木欣榮、物產豐饒，是「我」祈求天主庇佑的地方。詩中的主耶穌是作者的「隱
含讀者」，作者杜潘芳格在創作時常常「心中有祂」，創作乃是與祂的對話。
而有意思的是「主耶穌」又是作者全心靈服膺拜服的「我的主宰」、「我」的

創照者，操控「我」命運的掌控者，也就是說是作者背後的「隱含作者」。這種寫作心靈狀態是杜潘芳格的普遍創作心靈模式，也是在她的詩文中她一再要特別闡明的。由以上分析乃令人憬悟「母地臺灣」乃是杜潘芳格鄉土想像的「空間」、美好的「原鄉」、她心靈的歸宿，她積極傳福音並希望上主特別福祐的地方。以她的基督信仰思考；乃是希望成為福地；流奶流蜜的地方。至此，杜潘芳格的鄉土之愛及愛鄉的方式便十分明確了；而她的心靈印記便可以清楚標出了；她原是心甘情願並甘之如飴地要成為主的羊棧中的一份子；成為天主的愛女，原是她珍愛的烙印啊。

誠如鍾肇政先生所說，杜潘芳格「詩思之深、詩格之高」不同凡響，從她的作品及生活中的表現也可以清楚看出，她也是一個不斷自我惕勵精益求精的創作者，我們願再以一段她的話語作為她詩評的總結以及檢閱標準，她是這樣自我期許的：「期盼有高品質的作品，只有作家本身在高品質的日常生活中具體化實踐才可得……高品質的作品是靠著謙卑、深省、祈禱並感謝的態度，成為自己創作的導向」。[40] 大哉斯言！

40〈希求高品質的作品〉，《芙蓉花的季節》，頁 78、79。

論李喬《埋冤一九四七埋冤》敘事的社會功能 [*]

許嘉雯

一、前言

　　1987 年政府宣布解嚴，臺灣正式進入所謂的「後戒嚴時期」，文字政策的鬆綁，使得許多文壇耆老迫不及待地開始著寫「228 事件」為主的歷史小說，意欲增廣臺灣大河小說的時間跨度，以延續日據以來國族認同的歷史命題之外，更試圖喚起已沉默 40 年的瘖啞記憶，讓沉冤已久的傷痛得以昭雪，東方白（1938-）《浪淘沙》（1990）、鍾肇政（1925-）《怒濤》（1991-）、李喬（1934-）《埋冤一九四七埋冤》（1994）等等，皆是此類作品。然而，這些勇於割裂傷口的文本，雖然挾帶著悲愴憤慨之姿，怒氣沖沖地在文壇上捲起一陣狂風，但在見證真相的歷史位置上，卻早已注定「遲到」，[1] 無從辯解。

---

* 本文原刊登於《語文學報》，2006，13 期，頁 165-179。因收錄於本專書，略做增刪，謹此說明。作者許嘉雯為國立中興大學中國文學所博士。

1 除了逝去的時間維度難以消抹之外，在撰寫「228 事件」小說之前，鍾肇政和李喬著名的大河小說皆完成已久，如《臺灣人三部曲》（1980）、《寒夜三部曲》（1981），十年以上的空白造成寫作時間過長，無法讓文學意旨一氣呵成，反而失去大河小說的連綿不絕的氣勢。另外，許多處理臺灣長篇歷史小說的相關論文，在解讀鍾李二人作品時，都有意無意只專注於 80 年代之前的文本，而省略掉 228 的文學議題；諷刺的是，在 80 年代之後的臺灣文壇，卻崇尚「後現代」的「輕、薄、短、小」，讓這些嚴肅的文史鉅作，顯得笨拙沉重，而乏人問津。

　　那國族記憶再建構的可能性是否從此被滔滔時間洪流所磨損殆盡？其實不然，若能善盡「遲來」的地利之便，站在後設的時間維度指向過去，充分掌握時代的脈動加以整合，拆解官方神話的歷史銘刻定能全然再現。然而事物的湮滅，人證的逝去，在在都顯示出重建多年前歷史現場的困難度：如何擬實而不盡失真？何以確實呈現情境而不失於空泛怒吼？這些都成了歷史記憶再建構的重大難題。或許正因為如此，這些本土論述的建構者，在進行歷史寫作的時候，不約而同採取了讓讀者「自願放棄懷疑」的敘事模式，將珍貴史料注入虛構的小說框架中，以虛構人物的個人遭遇，鋪陳出社群變遷的長久軌跡，技術性略過講求客觀真實的歷史特質，又可以在故事序列編排的「隨意性」裡，安全進行對國族歷史的再敘述、再詮釋。[2]

　　但弔詭的是，李喬所著的眾多文本裡，時常出現「至高敘述者」的插入性聲音：不時打斷小說的進行，將大量的歷史材料安插其中，不但未能自然融入情節之中，更甚者，還出現議論當局情勢的情緒性語言。這種有別於其他的臺灣長篇歷史小說的書寫方式，讓應隱藏在文本背景裡的客觀歷史聲音跳脫出來，於焉浮現。如此一來，不但背棄了原本進行小說書寫模式的益處，文學和歷史的對立更是無從消弭，虛／實這兩線敘述不但無法互涉揉合，甚至隨著劇情的推展，彼此的拉扯角力就愈形嚴重，文本的整合性受到一定的影響，而這樣的緊張關係，在創作《埋冤一九四七埋冤》時，文本依舊有著相同的困擾。因此，李喬決意採取有別以往的敘事方式：以史實與文學兩軸並行，書寫這部臺灣的「心靈史」，試圖解決文學與歷史的兩難問題：

---

2 當然，我們不能遺漏另一個顯著的原因：當時的大環境是不容許直探近代臺灣歷史，而小說的虛構性，可為有心作者提供一個安全的寫作環境。即使如此，鍾肇政、李喬等人仍然多次受到政府當局的「關注」。

這本書下筆之前，約有一年時間，我深陷在「文學與歷史的兩難」
中，最後找到的途徑是：上冊貼緊史實，乃以文學虛構貫穿；下冊
經營純文學，但不捨歷史情境之真。[3]

　　由此可知，在《埋冤》上冊，歷史一躍成為文本的主角，佔據了故事的主
導地位，讓原本是虛構的小說轉而成為血淚史實的見證。然而這樣的敘述安
排，是否真能免除虛／實之間的對峙？還是會有越演越烈的趨勢？而李喬冒著
敘事主體被撕裂的危機，執意讓文本向歷史靠攏，其中又有什麼意識潛流？這
些將是筆者在本文第二節所要思考的重點。

　　另外，《埋冤》下冊，李喬將其歸類純文學，主要以林志天和葉貞子，這
兩位主角的悲苦遭遇作為敘述主線，帶出劫後的臺灣歷史情境，也點出了 228
之後，臺灣人身心被囚禁的煎熬。然而，無論是歷史寫作或文學作品，其敘事
的話語模式都是自由不受侷限，全憑撰寫者的詮釋角度加以修整，各自表述。[4]
不同的敘事安排，能為單一事件的因果秩序給予不同的解釋，而這對於早已拋
棄文學的玩樂性質，轉為背負重建民族意識的臺灣歷史小說而言，更是必須要
釐清，一以貫之的論述重點。但觀看整本書的架構，卻不難發現作者將自身意
識形態的遊移不定，有意無意地投射在兩位主角的境遇，或者可以說，李喬筆
下的每個主角們在進行哲學性思考時，都成了作者的代言者，以思索或是表明
國族認同的複雜過程。這種亟欲述說的焦慮感從何而來？為何李喬要將自身認
同的轉變過程經驗一一寫下，而不是直接表明思考過後的確實立場？這樣的書

---

3 李喬，〈後記〉，《埋冤一九四七埋冤》下冊，（苗栗：苗栗客家文化廣播電台，
　2003），頁 644。
4 這裡的歷史敘事，主要是以新歷史主義的主張為主，而非傳統的史學觀點。

寫文有什麼特別的社會功能，關於這些疑惑筆者在本文第三節中，先思索敘事的社會功能，再介入書中的虛擬情節安排進行耙梳，以期能獲得部分解答。

二、文本的歷史闡釋

歷史小說，顧名思義是以虛構或真實人物作為主角，在特定的時代背景下，營造出當時歷史情境的小說文類。[5] 特別的是，對於新歷史主義而言：歷史和文學已經不再單是思維活動的結果，而是成了不斷變化更新的「認識場」（episteme）——不同意見和興趣的交鋒場所，讓兩者所透露出的認知活動和意識形態，不斷的碰撞、「協商」（negotiation），成了一種持續不斷的交流互動關係。[6] 但反觀《埋冤一九四七埋冤》這部歷史小說，作者無意展露意識形態的矛盾衝突，自行丟棄敘事文本應有的對話性，依照單一的敘事觀點，以明確的二元對立模式，豎立起整個文本的論述架構。雖然書中敘述了許多不同人物在不同地點所遭遇到的事件，但是都緊遵著同一的言說脈絡：弱勢臺灣青年的正直熱情與阿山仔的陰險狡詐，以幾乎相同的事件模式貫穿了整件悲劇的闡述。

當中值得注意的是，李喬更利用當時語言使用的紛雜混亂現象，凸顯了臺灣平民與大陸軍人文化水平的差異，不僅塑造出當時的歷史情境，更強化了二元對立的小說架構，例如在書中，大陸軍人一出場幾乎都是滿嘴粗話：「媽拉個巴子」、「操你媽」、「他媽的」等等，且伴隨著血腥的肢體暴力，而被欺

---

5 當然歷史小說的定義仍眾說紛紜，無一明確的定義，如王德威即指出界定歷史小說的多樣標準。但由於本文重點並非是闡明歷史小說的定義，進而觀看文本，因此不再贅言。關於王德威的論述，可看王德威，〈歷史‧小說‧虛構〉，《想像中國的方法》（北京：新華書店，1998），頁304-311。

6 盛寧，《新歷史主義》，（臺北：揚智，1998）頁26-32。

壓的臺灣人，無論是平民或是知識分子，都不約而同的顯現出溫和有禮的理性
態度，與大陸軍人在臺的跋扈囂張，形成強烈的反差效果。這種利用截然不同
的語言系統與文化，建構出當時社會不同階級層次的寫作手法，在女主角葉貞
子被國民黨特務們強暴的敘述片段尤其明顯：

> 「苛啦！K搭模諾味（禽獸們）！訥K！訥K（滾開）！阿窟兜
> ——昧（壞蛋們）！支那人！天罰之the khi悶——喲（不爽）！哎！
> 哎！哎唷——」
> 「哇哈！哈哈！來啊！老子爽啦！換班！哈哈！」
> 「擠窟——鏽（畜生）！煞（那麼）！擠個酷投Kio——搭（地獄
> 同行）！」伊上下幾乎全裸，伊上下血漬斑斑，下面鮮血直流。伊
> 的恨怨之火燃起。伊以本能奮起反抗。
> 伊騰身而起伊長髮燃燒般上騰，伊齜齒爲皓皓白牙，化掌指爲銳
> 爪，向那赭紅仇寇撲去——「喲！小妞兒瘋啦！哈哈！操她！操死
> 她！」[7]

　　在此，作者是採取意識流動的方式，呈現貞子破碎不堪的回憶，然而加害
者卻沒有任何動作或形象的描述，只用一連串不堪入耳的北京話，和貞子悲痛
的日文呼喊，交織出她痛苦不堪的記憶殘像。對方粗暴的語言即表明了貞子所
遭遇的一切，無助的青年任其非人性的宰殺，還遭受到莫大的性屈辱，為人的
尊嚴已被踐踏，成為對方眼中「非我族群」的洩慾對象。

---

7 李喬，《埋冤一九四七埋冤》下冊，頁272-273。

　　無獨有偶，在基隆港，一群請願的學生，被軍隊選為「震撼教育」的教材，在懲罰的過程中依舊充滿了性暴力的痕跡：一律行削耳切鼻唇之刑，再把生殖器切掉，最後把屍體推放在港邊，以達教育宣傳之效。[8] 在行刑之際，負責行刑的排長還戲謔挑開學生的衣褲說：「小雞雞，小卵包，和常人一樣嘛！哈哈！」這種充滿性暗示的粗鄙話語，充分展現出對學生天真的輕蔑與嘲弄，之後再藉由公開刑罰，暴屍荒野，讓這些血肉模糊的屍體，存於無言大眾的記憶中，皆是為了顯現在位者擁有著不可違抗，至高無上的權力。然而，李喬藉由文字書寫，再次公開展示那些血流不止，遭到閹割強暴的軀體，並非是讚揚當時在上位者的權力演繹，而是為了要讓原本微不足道，殘破不堪的無言身體成為暴行的強力見證，以應和自身不同於當局的政治意識。

　　其實在閱讀過程中，不難發現李喬在撰寫此書時，並未刻意收斂自己的意識形態，反將其溢於言表之外，大量地使用情緒性語言，無論是請願者慷慨激昂的日文，或是手握軍刀屠殺者的叫罵，都具有煽動人心的強烈效果，讓文本在寫實論述下，呈現單一的「現實」圖像。然而在至高敘述者的強力介入下，文本理路果真是一種完整封閉的敘述，絲毫沒有任何的斷裂或矛盾之處嗎？其實不然，在行文的過程，筆者不只一次看到作者寫作態度的掙扎，一直在「美學的或然性」與「歷史的真實性」之間穿梭不定：

　　　這是一部歷史性的作品，在我的創作過程裡，「歷史」與「文學」
　　取捨上的矛盾是我最要克服的難題。當歷史的事實與人間的真實衝
　　突時，理應捨棄歷史史料以維持文學的完整性；然而緣於對臺灣的

---

8 李喬，《埋冤一九四七埋冤》上冊，頁 193-199。

感情，對二二八受難者的敬悼，在在令我無法說服自己捨「歷史」
而就「文學」。因此我不斷地易稿重寫以尋找足以滿足「歷史」與
「文學」要求的交匯點。[9]

　　為了滿足民族情感的抒發，李喬不斷地易稿重寫，將歷史與文學的界線重
新劃分，以期給予史實一個訴說的正當位置。因此在文中，作者採取有別過往
的寫作方式，將採訪過的見證者身分一一列出，採取類似口述歷史的模式，盡
可能地還原「真相」，增強對未經歷 228 讀者的說服力。然而時過境遷 40 年，
權力易主，政治的禁忌變成民族的圖騰，但同樣的，也讓願意承認訴說的見證
者逐漸凋零、老去。所以在文中李喬所採用的口述事件，大多都只有單一證
人，無從確切證實其真實性，加上官方當時公布的史料，又有許多隱瞞修改，
無法交叉比對驗證。有鑑於此，作者只得採取小說敘述的方式，揣摩人物的心
理狀態，以彌補口述史實的缺口，如宜蘭病院院長郭章垣，因被推舉為「宜蘭
二二八事件處理委員會主席」而遭到警告，之後因妻子的苦苦哀求，出外躲藏
數天，但他返家不久即被逮捕，在媽祖廟旁遭到殺害。作者共花了將近 40 頁
的篇幅，去描寫郭醫師的為人，與被捕前幾天的心情煎熬，其中有一段敘述郭
章垣被捕當天，對待妻子的柔情蜜意：

他一直想努力營造「乾淨」的氣氛。誠然是為了阿汾，實際上也「安
撫」心底的隱隱騷動不安吧？[10]

9 李喬，《自序之（一）》，《埋冤一九四七埋冤》上冊，頁 16。
10 李喬，《埋冤一九四七埋冤》上冊，頁 534。

這種隱密的個人心思，想必是作者為了塑造完整的主角形象，刻意用詩性的語言，去填補在殘酷史料之外的私人領域。這固然能提供讀者更多的想像空間，更能與冷酷不近人情的執政者作一對比，以行悲涼的控訴。然而，這類的私人描述並非特例，類似的筆調充斥著全文的敘述，私自的補遺揣摩，有違報導文學或口述史學所強調的客觀性，反而容易產生公信力不足的危機，文學虛構因素的氾濫成災，似乎對真實造成了某種傷害。

或許正因為如此，李喬在處理部分歷史人物的時候，選擇為人物安上虛構的名字，以求更開闊的文學空間，避免在真實與虛構之間兩難。如主角林志天的人物原型是「二七部隊」隊長鐘逸人；在上冊為重要人物的省參議員王天登，其現實姓名為王添汀，而鳳林張七郎醫生一家三口被滅慘案，全家的名字幾乎都有變動等等。針對這種虛構手法，李喬自有一套解釋：「為了尊重當事人，及行文方便，部分人名——事件中真實姓名與小說中姓名略有『改變』。」[11]為了虛構美學的構造，作者不得不將部分史實加以變動，以便行文。但諷刺的是，主張要將歷史直書白描的文本，卻給予先入為主的讀者一些錯誤的資訊，而這資訊的緣故卻是來自文學的需求；當然有些人物使用化名，主要是當事人的要求，但李喬並未說明何者為真，何者為虛，也未點明部分主角的原型人物，讓以史筆自居的文本，不斷地出現史實與虛構交合的模糊地帶，真實性也因此大打折扣。另外，尚有其他加入許多虛構元素的人物素寫並未使用化名，如林茂生、郭章垣等人。如此一來，寫作手法所使用虛實的標準不一，也未在文後加以註解說明，反而容易讓讀者處於不信任文本的狀態，失去見證史實的效果。至此，李喬文本中歷史與文學之間的慣見拉扯，在作者新的書寫模式下，隱然形成一種弔詭的悖論關係，產生嚴重的敘事矛盾，而這恐怕是作者尚未完

11 李喬，《埋冤一九四七埋冤》下冊，頁4。

備的文史觀念所為。

如此說來，《埋冤一九四七埋冤》一書所訴的歷史，不盡可信嗎？那我們又要如何看待這部「歷史」作品的寫作價值呢？其實若從新歷史主義的角度去觀看，以上所提的問題早已不是重點所在。在後現代主義崛起之後，歷史的真偽早已不是學者所注目的焦點：沒有絕對的真實，也沒有絕對的虛偽，所有的敘事結構，都是某種特定話語系統的呈現。換句話說，所謂的「歷史」只是一連串情節單元所組合而成的語言結構：將「過去」裡可敘事（narrative）的成分抽離出來，再佐以撰寫者個人的形式論證觀點，將事件裡各個敘事元素重新編排而成的「故事」（story）。[12] 歷史書寫的神聖性在這樣的主張之後，即逐漸地被消解掉，降格成為一種可多元闡釋的指涉對象，這種指涉對象的本質，即是「真實」和「想像」的敘事綜合體，與虛構為主的文學文本極為類似；也因此，在進行文本敘事的時候，歷史與文學之間的界線必然鬆動，形成彼此話語流動滲透的互文系統，共同創造出特有的社會文化語境。[13]

既然話語系統能決定歷史建構，想當然爾，被書寫下來的歷史一定深受作者或是當局權力的支配，即使是同樣的故事序列，都能夠因應不同的組合原則，排列出截然不同的想像主體。[14] 也就是說，歷史敘事的表達方式為何，完

---

12 明確闡述歷史話語的敘事功能，重要的相關研究學者先後有 Roland Barthes、Michel Foucault、Hayden White、Hans-Georg Gadamer 等人。

13 如同 Steven Cohan、Linda M. Shires 對非虛構與虛構的定義：「非虛構語言是以一種復制去再現現實，而虛構的語言是以一種復寫去表現現實。」明確顯示出兩者的同與不同之處。Steven Cohan、Linda M. Shires 著，張方譯，《講故事：對敘事虛構作品的理論分析》，（臺北：駱駝，1997），頁 2。

14 同樣都在敘述 228 事件，《埋冤一九四七埋冤》就與楊亮功所著〈二二八事件調查報告〉（1947）、林燿德《一九四七高砂百合》（1990），即因時代權力的重新分配，以及作者個人的詮釋角度，而有著不同的敘事結構，展現出截然相反的歷史主體。

全取決於是否符合「現在」（撰寫當時）某種意識形態的利益，「過去」究竟
真正發生何事，已不再重要：

> 歷史建構是一種修辭、隱喻、文本的實踐，其由特殊但絕非同質的
> 程序所影響，通過這些程序，並藉由公共的歷史領域以使過去的維
> 繫／轉化成爲常規；藉由這種方式，歷史建構可被視爲全然發生於
> 現在，因而歷史學家等人在文本中所組織和比喻的指示對象，而非
> 過去，而是現在，以致於歷史作品讓人信服的部分，除了修辭層面
> 之外，過去本身始終無法成爲具有說服力的一部分。[15]

　　故人杳然，已經發生的事情，也無法逆轉時空加以改變，況且敘事者基於
現有的意識形態標準，不停地轉化史實的再現，「真正的過去」根本從未進入
過歷史書寫。由此可知，歷史的真偽問題，早已不是學者所關注的焦點，反而
是在何種意識介入下，歷史如何被詮釋，如何被論述，這才是我們所應當看待
臺灣歷史小說的重點之一。

　　然而臺灣歷史之所以不斷的再建構、再論述，不只是為歷史事件釐清因
果，更是為了要尋求「現在」所面對問題的答案：什麼是臺灣人？「臺灣人」
這個名詞又應當包含了什麼文化意義？這個國族認同問題的答案，李喬本身的
立場似乎已經在《埋冤一九四七埋冤》的正／邪二元論述主體中昭然若揭，然
則這應該並非單為作家自身情感使然所呈現的個人想像，許多相關題材的文學
文本，都不謀而合地採取相同的筆法：以直接而狂烈的二元對立基調，演繹出
臺灣近百年的殖民歷史，更重要的是，它們也引起廣大的迴響，形成一股不容

---

15 Keith Jenkins 著，江政寬譯，《後現代歷史學》，（臺北：麥田，2000），頁 294。

忽視的文學思潮。[16] 這證明了在官方長期的大敘述（grand narrative）之下，民間早已有了屬於自我記憶的意識潛流，且並未隨著時間流逝，這些文本所呈現的「228 歷史」，正是符合了這種未曾明說的集體想像。總之，這些集體記憶的產物，正代表著臺灣社會裡某族群在「現在」處境中，因應自身所具有的民族意識，所製造出來的「真實歷史」：

> 敘事是「歷史」和「非歷史」文化所共有的話語式，……是什麼構
> 成了「真實」事件的問題並非轉向「真偽」的區別，而轉向了「真
> 實」與「想像」之間的區別。人們可以就真實事件生產想像的話語，
> 而這種真實事件卻可能比不上「想像的」事件那樣真實。[17]

也唯有讓這種「真實」不停地發聲，藉此凝結部分的民族情感，應有的家國想像才能於焉成立，而這才是《埋冤一九四七埋冤》處理「史實」真正的敘事目的之一：重現「集體想像」，以確立鮮明的國族意識。

然而《埋冤一九四七埋冤》在處理了「228 事件」的相關歷史情境之後，卻在下冊依然延續龐大的敘事結構，以虛擬的人物情節為主軸，描述了往後十餘年的臺灣概況。這種迥異上冊的書寫策略，有著何種意圖？對於集體想像又有什麼不同的敘事功能呢？這即為以下第三節所要探討的重點。

---

16 不僅是鍾肇政、宋澤萊、林雙不的臺灣歷史小說都曾使用過相似的筆法與結構，另外尚有相當多談論有關 228 的論文，都對《埋冤一九四七埋冤》所呈現的「集體記憶」給予肯定，如陳芳明，〈後戒嚴時期的後殖民文學：臺灣作家的歷史記憶之再現（一九八七～一九九七）〉、彭瑞金，〈歷史文學的掙扎與蛻變：拒絕在虛構、真實間擺盪的《埋冤一九四七埋冤》〉、宋澤萊，〈戰後第二波鄉土文學（1980-1988）介紹：忍向屍山血海求教訓：試介鍾逸人、李喬的二二八長篇小說〉等等。

17 Hayden White 著，陳永國著，張萬娟譯，〈當代歷史理論中的敘事問題〉，《後現代歷史敘事學〉，（北京：中國社會科學，2003），頁 167-168。

三、「見證」的敘事功能

　　李永熾在〈臺灣古拉格的囚禁與脫出〉一文，曾指出臺灣社會是相當奇特的古拉格情境，且早在「228 事件」之前臺灣人就已經得到精神分裂症，也就是典型的古拉格情境患者：沒有自己的歷史，沒有自己的意識，自我主體更是從未建立過：

> 臺灣的精神分裂症是沒有共同質地的分裂性；換句話說，個人層面不會和群體交集，群體層面也不以個人爲基礎，以建構新的近代群體。臺灣這個臺灣人共有的質地竟在空中分裂，並沒有成爲住在臺灣者擁有共同經驗的命運共同體。[18]

　　之所以沒有及早發展出臺灣意識，主要是臺灣主權不斷的轉移，導致文化意識的斷裂。但在不同的社會情境下，臺灣作家依舊能吸收不同的養分，而開創出新的文學局面，然而在 228 事件之後，臺灣人面臨卻是前所未有的恐懼：毫無理由的屠殺、嶄新不同的語言文化、隨即而來的白色恐怖政策等等，在在都在扼殺臺灣人的精神，因此在戰後的一段時間裡，臺灣籍的作家幾乎在文壇中消失，取而代之的是不斷遙望對岸家鄉的反共作家，以及追逐西方理論的現代作家。直至 70 年代鄉土論戰，先前默默耕耘的臺灣鄉土文學，才開始受到關注，漸漸因國族論述的活躍成為文壇上的主流。然而 5、60 年代的臺灣人，果真是沉默無言的嗎？事實上，在面對族群的壓迫、政治的囚禁，當代思求出路的少數臺灣作家，早已開始撰寫日據以來的臺灣史，回頭觀看時間的盡頭，或許可以得知自我的存在價值。

---

18 李永熾，〈序：臺灣古拉格的囚禁與脫出〉，《埋冤一九四七埋冤》，頁 1。

重新敘述臺灣歷史，這絕非偶然。Michael White 主張當人對自我有所困惑的時候，在有意無意之間會試著將問題「外化」（externalizing）[19]——用外在語言敘述問題，以表明其存在。由於人是無法完全客觀的面對事實，尤其是面對心中的意識潛流，因此將心中未解的難題釋出，能給予自我某種撫慰，一旦人和問題清楚地分開，就能觀察自己與問題的互動，提出關鍵性問話，釐清癥結之所在，再藉由敘事的過程，重新界定自己與問題之間的關係，從中獲得知識的權力（power），[20] 以建構出全新的意識世界以及自我人格，這就是敘事治療的主旨。然而，為何敘事可以進行心靈治療？理性的故事排列又發揮了何種功能？或許從敘事的邏輯特性介入思考，即可明瞭其特殊性和必要性。

由於敘事（narrative）——即為「講故事」，講述者必須要有一定的邏輯秩序，把情節單元藉此加以編排，讓聽者能瞭解事件的前因後果，這樣才能具有敘述的實質意義：

> 故事是一種象徵性說法，其點出人類行動中的時間面向的存在故事有開端（beginning）、中段（middle）和結局（end）……故事是情節（plots）的可辨認事件組件連結而成。[21]

---

19 Michael White、David Epston 著，廖世德譯，《故事‧知識‧權力：敘事治療的力量》（臺北：心靈工坊，2001），頁 44-85。

20 此理論出自於 Michel Foucault，他認為所謂的「權力」並非是某種可欲的、有利的東西，而是由「壓抑的負面力量」以及「構成的正面力量」兩種所組合而成的概念，而這些正是從知識（knowledge）的傳播機制中得到定義，也因此知識與權力是密不可分的：充分掌握知識，即可獲得權力；唯有得到權力，才能為知識建構全新的意義。Hubert L. Dreyfus、Paul Rabinow 著，錢俊譯，〈權力與真理〉，《傅柯：超越結構主義與詮釋學》，（臺北：麥田，2005），頁 237-263。

21 T.R. Sarbin,〈Narrative Psychology: The Storied Nature of Human Conduct〉，Michele L. Crossley 著，朱儀羚等譯，《敘事心理與研究》，（嘉義：濤石文化，2004），頁 86。

　　如此看來，敘事的理性成分是必然存在。然而敘事的線性過程中，若除卻了因果的必然關係，不難發現虛構元素的多重色彩：由於符號的不確定性——無法精準地指涉主體，使得講述者擁有過多的想像空間，藉此塗抹出瑰麗多變的非現實詭調，多重的變調不斷地與單一的線性秩序拉扯揉雜，以形成獨樹一格的個人作品。因此我們可以更進一步的指出：敘事是用來組織情節、人物行為和解釋其行為動機的理性模式；不僅是結合了事實與想像、時間與空間，還賦予個人行動的理由，以及事件因果解釋的話語結構。

　　然而，在面對重大創傷時，人往往會因無力感而產生心理創傷（trauma），停止所有的對外正常關注系統，也自行切斷與外界的接觸，這時就必須藉由敘事功能，讓原本無法言說的傷痛依照時間順序，有理性的進行故事排列，尋找出暴行發生的因果，讓傷痛從潛意識中解放，才能忘卻事件所帶來的恐怖感。換句話說，當人在敘事的同時，能運用想像和隱喻，將這些經驗紀錄（也可以說是將過去中斷、失落的經驗發展完整）展現於各種形式的書面文字中，即可在敘事中獲得心靈上的自由，得到生命的意義：

> 為了創造生命的意義，人就面對了一項任務，那就是他必須安排自
> 身事件經驗的時間順序，建立在自己和周遭事前事後一致的一份記
> 錄。他必須把過去和現在，以及未來預期會發生的事件經驗達成線
> 性順序，才能建立這一份紀錄。這一份紀錄可以稱之為故事或自我
> 敘事。如果這個敘事成功，人對生活就會有連續感，覺得生命有意
> 義。日常生活秩序的安排，未來經驗的詮釋都要依靠這一點。[22]

---

22 Michael White、David Epston 著，廖世德譯，《故事・知識・權力：敘事治療的力量》
　（臺北：心靈工坊，2001），頁 11。

　　值得注意的是，敘事治療最基本的假設，是以人和言語會雙方建構彼此的原理出發；簡單的說，人如何看待自身，如何詮釋自己的過往歷史，這些即是這個人的「故事」或稱「自我敘事」。當人重要的生命經驗用外在語言加以敘述，成為故事一部分的時候，即對主體產生某種意義和影響力，重要的是，不同的個人認知會牽動著不同的行為模式，塑造出不同的敘事結構，所以如果能與既有的、主流的敘事模式分開，創造符合自身記憶的故事脈絡，重新獲取知識中的權力，便有助於敘事主體重新面對心中難題，以走出傷痛。[23]

　　因此敘事治療是從重說、重寫和重讀故事出發，讓主體可以重塑自身生命的心靈重建方式，若以此理論觀看《埋冤一九四七埋冤》，這部描述臺灣人歷史傷口的著作，不難發現其顯著的心理療效，例如書中列舉了許多見證者的證詞，無論是受難者家屬，或是殘酷暴行下的倖存者，他們勢必能藉由訴說而獲得某種意義。但更值得注意的是，這敘事治療的指涉主體，並不僅限於書中的見證者，更包含了整個社會的集體創傷，許多未言或不能言的大眾，能在閱讀中重新正視傷口，依照書中的因果邏輯，將原本殘缺的記憶賦予新的意義，潛流於社會文化底層的集體想像才能具體浮現。[24] 如此說來，在整個的敘事過程中，李喬即是處於治療師的角色，能夠確切的將歷史事件給予客觀的邏輯秩序嗎？其實不然，在虛擬的敘事架構上，尤其是下冊的情節，筆者看到的是李喬對自身意識的搖擺不安，無論是男主角林志天在「白色中國」還是「紅色中國」的選擇中掙扎，或是女主角葉貞子拼命地向「祖國」靠攏卻依然受到懷疑的痛苦疑惑，其實都是顯現出臺灣人對「祖國」失望之餘，重新尋找民族定位的各

---

23 也因此，近年來許多學者提出神話與童話這兩種文類，是集體無意識所製造出來的產物，皆具有重塑讀者性格與治療傷痛的效果。如 Rollo May《哭喊神話》、Sheldom Cashdan《巫婆一定得死》、Verena Kast《童話治療》等等，皆是相關理論。

24 李喬在〈三版序〉中，曾寫到在小說連載之際，有許多擁有同樣傷痛經驗的讀者，給予的迴響。

種過程，反過來說，這不正也是身為臺灣族群一分子的作者，自身的經驗嗎？

> 當臺灣人、臺灣社會數百年的變遷展現在我眼前峙，歷史已不是記
> 憶中人世的浮動而已。從記憶躍升到反省整個族群的生命、文化精
> 神，進而成爲文學創作的意識根源，它載負著我對臺灣斯土斯民深
> 厚的情感與理性的自覺。[25]

　　原來《埋冤一九四七埋冤》所書寫的目的，不只是賦予無言的歷史一個發
聲的位置，更重要的是讓臺灣民眾在閱讀主角們的意識流動時，依附自身的經
驗，重新正視自身對這塊土地的情感，和應有的認同態度。所以到了文末，先
後對「白色中國」以及「紅色中國」失望的林志天，在徬徨之餘因老友蔡鐘
栢的一句話，重新思考了「臺灣」這塊土地對自己的意義：

> 是的，要成爲一個好共產黨員之前，得先做一個堂堂的臺灣人。
> 同理，「共產黨員」可以改換爲另一個埋怨的追求；而「先做一個
> 堂堂的臺灣人」——這個前提不變，是絕對不能變的！
> 是的，這是把「我」的存在意義，放入「臺灣的意義」去思考
> 的——想法。這裡指的臺灣是什麼意涵呢？應該就是臺灣的土地與
> 人民吧？土地就是「所有歸宿」的意思；人民就是「我群的共同命
> 運」！[26]

---

25 李喬，《埋冤一九四七埋冤》下冊，頁 644。
26 李喬，《埋冤一九四七哩冤》下冊，頁 487。

　　原來臺灣不只徒具「家鄉」的地理符號，它更是自身「國族意識」應有的實質焦點，至此，在漫長坎坷的祖國尋覓旅途之後，「鱒魚的想望」終於落實在這塊母土，讓個人認同與群體層面做一切實的結合，不再訴求空泛的民族想像，能有具體實在的土地意義，而這也正是林志天改名「林志台」的象徵之意。

　　相對於林志天在獄中的經歷，在獄外的葉貞子毋寧面臨到更多的矛盾與掙扎：不僅要向「白色中國」表現出最大的忠誠，以免除再被「強暴」的恐懼，[27] 還要與浦實——這個具有「白色中國」血統的雜種——共同生活，讓自己隨時都得面對仇恨，無法遺忘的痛苦煎熬。然而直至浦實，這個令她充滿愛恨的孩子，一個她遲遲無法敞開心胸接納的孩子，向她表明自己對母親和母親所代表的土地無法割捨的愛戀，才使得貞子脫離了自我囚禁的古拉格情境，重新接受她的文化，以及擁有她血液的下一代，即使他不是自己心甘情願所生下的，但依然延續了她的文化血緣，成為傳承集體記憶的下一代：

> 「這些日子——尤其考上以後，腦海裡日夜都繞著一句話：我是雜
> 種。對。我決心做一個有用的人，而且做到了；那麼身世又怎麼樣？
> 媽被強暴過。是。媽是一位師生都尊敬的好老師；雜種兒子又力爭
> 上游，我們有什麼好羞愧的？誰有資格看不起我們？」……
> 「媽……我一直想把這些話說出來。我在找機會。媽，請原諒……」
> 黑暗中，不清楚是誰撲向對方；母子倆，緊緊地把對方抱在懷裡。
> 「恩……恩……」
> 母子倆喉頭都發出一種哭笑未分化的純然原始的噪音。之後，一部
> 分化為哭聲，一部分轉化為笑聲。[28]

---

27 這裡的「強暴」一詞，是指被暴力殘害的廣義，非一般所指的狹義。

　　藉由貞子和浦實的和解，不僅象徵著臺灣意識的再生：在災難之後，土地不可能在保持之前的血統文化，總是會被侵入者混雜，但卻可以擁有再生的強韌力量；更是李喬對 228 事件做一感性註解的具體圖像：「埋冤埋冤，心裡的陰影，就埋藏在一九四七」[29] 哭聲轉化為笑聲，讓參與治療的指涉主體們（無論是主角、作者或是有著同樣傷痛的讀者），都能在敘事過程中洗滌治癒傷痛，尋找到真正的民族地位，不再徬徨。

四、結語

　　書寫不是一個舉動，不是某種單純的表達方式，更不是無限的符號聯想遊戲，相反的，它正是一種確切的行為，是作者在經驗與表述、自我與他人、私人與公共的多重領域之間，用語言文字加以交織穿插、穿出繞進、或區別或聯繫、既分割又構成的社會行為。所以李喬將多年收集採訪的史料記載，佐以文學性的想像，編寫出《埋冤一九四七埋冤》上下冊，這部長達 39 萬字的鉅作，已經不只是單純的敘事結構，它尚與社會深層的文化傷口形成共鳴，雖然未能真正呈現歷史，並且在敘事過程中產生矛盾，然而這樣的敘事策略，卻是符合臺灣社會某族群對事件的集體記憶，而國族認同、家國想像正是要在這樣的集體記憶中成立。

　　歷史情境的再現，是作者撰寫此書的期望，然而在下冊，作者卻採取純文學的模式，以臺灣禁言無語的白色恐怖時代作為背景，而以兩位主角：林志天和葉貞子的遭遇作為敘述主線。相較於歷史事件的限制性強烈，虛擬的敘事結

---

28 李喬，《埋冤一九四七埋冤》下冊，頁 638。
29 李喬，《埋冤一九四七埋冤》下冊，頁 638。

構較為自由，幾乎以作者本身的自主意識為先決條件，然而在進行敘事時，李喬卻讓兩位主角同時出現國家認知的搖擺不安，以進行釐清國族認同和政治想像的詮釋活動，而這也正符合敘事治療裡的「藉由敘事以找到問題的本質」理論方式。重點是其中豐富的敘事力量，使得《埋冤一九四七埋冤》一書，已不再是單純的歷史小說，這些沾附了心靈能量的文字，更是挑起了作者與見證者、讀者之間的心靈流動，以致具有了心理療效的社會特殊功能，而具備了真實的社會意義。

參考文獻

李　喬，2003，《埋冤一九四七埋冤》上下冊。苗栗：苗栗客家文化廣播電台。

李永熾，2003，〈序：臺灣古拉格的囚禁與脫出〉，《埋冤一九四七埋冤》上冊。苗栗：苗栗客家文化廣播電台。

盛　寧，1998，〈新歷史主義〉。臺北：揚智。

Hayden White 著，陳永國，張萬娟譯，2003，〈當代歷史理論中的敘事問題〉，《後現代歷史敘事學》。北京：中國社會科學。

Hubert L. Dreyfus、Paul Rabinow 著，錢俊譯，2005，《傅柯：超越結構主義與詮釋學》。臺北：麥田。

Keith Jenkins 著，江政寬譯，2000，《後現代歷史學》。臺北：麥田。

Michele L. Crossley 著，朱儀羚等譯，2004，《敘事心理與研究》。嘉義：濤石文化。

Michael White、David Epston 著，廖世德譯，2001，《故事・知識・權力：敘事治療的力量》。臺北：心靈工坊。

Steven Cohan、Linda M. Shires 著，張方譯，1997，《講故事：對敘事虛構作品的理論分析》。臺北：駱駝。

曾貴海《原鄉、夜合》一書中的客家女性書寫 *

鍾屏蘭

一、前言

文學是人生的反映，詩歌更是文化心靈的結晶，因此客家現代詩為深入探索現代客家族群心靈最重要的鎖鑰。而每當提到客家文化，客家女性總給予人們深刻且特殊的印象，客家婦女的大量勞動及素樸勤儉，也被本質化為客家婦女的特性；[1] 客家詩歌中的女性形象書寫，也成為客家族群與文化，具有特殊代表性的重要面向。

臺灣客籍作家在客家現代詩創作方面，[2] 不論是書寫的內容情感，或是表達的藝術技巧，屏東籍的曾貴海創作的《原鄉、夜合》一書，可說最具有動人心靈的力量。該書對於客家女性的大量敘寫，更是廣泛且具代表性。其中有描寫農家婦女的「背穀走相趡仔細妹仔」、有描寫洗衣婦女的「清早的圳溝滣」、

* 本文原刊登於《客家研究》，2009，3 卷 1 期，頁 125-159。因收錄於本專書，略做增刪，謹此說明。作者鍾屏蘭現任屏東教育大學中國語文學系教授，兼任該校文化創意學系碩士班客家組教授。

1 張翰璧〈客家婦女篇〉，收錄於徐正光主編《臺灣客家研究概論》，（臺北：行政院客家委員會、臺灣客家研究學會，2007 年 6 月），頁 114。

2 從早期的杜潘芳格女士，到葉日松、范文芳、黃恆秋、利玉芳、張芳慈、邱一帆、吳尚任等，都有相當多以客家語寫作的客家詩歌作品。

也有描寫作生意婦女的「去高雄賣粄的阿嫂」，有參政的女性「臺灣菊蘭──詩送葉菊蘭」；另外有愛玩的小女孩「阿妹看人搞烏龍仔」、「隔壁阿妹嫁分我」；也有高校女生「阿桂姐」；還有客家老婦人「平埔客家阿婆」、「溝背庄个外阿婆」；更有全面代表客家女性描寫的「夜合──獻分妻同客家婦女」。[3]不但角色多樣，場景不局限田裡或家中，時間更從民初到現在，可說充分顯現了客家婦女鮮明的形象與性格，從中更可探究客家婦女、生活與文化最深入、最精微的一面。

　　本論文擬從其詩中探討有關客家女性廣泛且具代表性的書寫，並從客家婦女的殊相與共相中，進窺客家女性既多元又統一的形象；及此類詩歌敘寫，深蘊被內化本質化了的客家女性特色，及其在本質上對女性的深刻影響。

二、客籍作家曾貴海與《原鄉‧夜合》

（一）客籍作家曾貴海

　　曾貴海，1946 年生於屏東縣的佳冬客家鄉鎮。1966 年就讀高雄醫學院期間，與江自得、蔡豐吉、王永哲、吳重慶等人在校園成立「阿米巴詩社」，推動校園文藝風氣，也從此年開始在《笠》詩刊發表自己的創作。

　　曾貴海是高雄地區的執業醫師，也是位詩人及社會運動者。因動員多起南臺灣綠色革命運動，故素有「南臺灣綠色教父」之稱。著有《鯨魚的祭典》、《高雄詩抄》、《臺灣男人的心事》及《原鄉‧夜合》等詩集，曾獲「吳濁流新詩獎」及「賴和醫療服務獎」。

　　從 1976 年定居高雄市 30 年來，曾貴海由專業的醫生和詩人，而逐漸踏

---

3 此一順序為筆者因研究之故重新排列，與原書次序並不相同。

出去，參與臺灣的文學、環境保護、政治改革、教育、文化改革，明顯地看出他的路越走越遠，關懷的層面越來越闊，已經不能從單一的醫生詩人身分去看待他，卻更清晰地呈現出其生命的軸心就是臺灣。[4]

（二）曾貴海的客語詩集《原鄉・夜合》

2000 年曾貴海出版了以客語創作的詩集《原鄉・夜合》，這是詩人第一部以客語創作的書，對此，鍾鐵民在該書序言特別說道：「可能是客家的靈魂加上他對客家文化延續的使命感覺，驅策著他字字句句推敲斟酌，用最親切的母語描繪詩人的心靈。」[5]彭瑞金也提到：「在曾貴海的鄉音重奏裡，推進的是他的詩思而不是語言，不過，也許因為用母親的話寫詩，幫助了他更深入母親的胸懷。」[6]

至於為何將書命名為《原鄉・夜合》？針對這點，彭瑞金也發表了他的看法：

> 這本詩集主要是建築在客家聚落文化的反思上面，從佳冬〈故鄉的老庄頭〉思想起，……透過詠史懷舊的詩句，詩集試圖重構一個客家庄落生活風貌的用心……而他又把客家人物誌以〈夜合〉為總題的客家婦女誌，作為緬懷客家聚落歷史的軸心。[7]

---

4 客委會文史天地館網站，引用日期 2009 年 3 月 5 日。http://www.hakka.gov.tw/ct.asp?xItem=22031&ctNode=405&mp=256

5 鍾鐵民〈序一我看原鄉夜合〉，《原鄉・夜合》（高雄：春暉出版社，2000 年 10 月），頁 3。

6 彭瑞金〈原香一序曾貴海客語詩集〉，《原鄉・夜合》（高雄：春暉出版社，2000 年 10 月），頁 7。

7 彭瑞金〈原香一序曾貴海客語詩集〉，《原鄉・夜合》（高雄：春暉出版社，2000 年 10 月），頁 7。

而詩人的「原鄉」到底指的是何處？李喬對此也發表了自己的看法：

> 詩人念茲在茲的「原鄉」是臺灣的佳冬，是古老臺灣的六堆！也就
> 是客家人父祖別故居渡黑水溝，來到的臺灣內埔、高樹、萬巒、麟
> 洛、長治、竹田、佳冬、美濃這些舊客庄。這些才是身心合一的臺
> 灣客家原鄉，落地生根，生命亦住。唯有如此原鄉，文學藝術才能
> 茁壯豐茂。[8]

綜合以上各家說法，可知「沒有客家意識寫不出具有客家靈魂的詩篇，沒
有家鄉土地之愛不能創作出有血肉感情的作品」。[9]屬於客家的詩集《原鄉‧
夜合》，正是這樣一本充滿濃濃故鄉之愛的作品。我們從這部作品中探析他對
客家婦女的書寫，相信是再適切不過的了。

三、《原鄉‧夜合》中書寫客家女性的作品

在曾貴海的《原鄉‧夜合》這本詩集中，有許多關於客家女性的作品，本
文擬將這些女性群相，分為工作中的婦女、玩耍的小女孩、讀高校的女學生、
客家阿婆等幾大類來析探。

---

8 李喬〈尋找文學原鄉─序「原鄉‧夜合」〉，《原鄉‧夜合》（高雄：春暉出版社，
  2000 年 10 月），頁 11-12。
9 鍾鐵民〈序─我看原鄉夜合〉，《原鄉‧夜合》（高雄：春暉出版社，2000 年 10 月），
  頁 2。

（一）工作中的婦女

1.背穀走相趨仔細妹仔

一九五〇年左右

窮苦年代个收成季節

細人仔會去田坵撿穀串

大人割忒禾仔

大家坐佇田滣打嘴鼓

有一擺

細薳仔向細妹仔挑戰

背穀袋走相趨

我看到庄肚个一個細妹仔

背著歸袋穀

大屎窟煞猛搖

兩隻硬撐个腳

拚命走

拚命走

伊个腳步

蹬佇路面

像一只大鐵錘

一步一步錘響地面

咚咚咚咚咚

看到偓手上禾枝跌落地泥

目睭睭看著伊
半笑半嘘
赤腳馬踏行歸來 [10]

　　這是描寫一個在田裡工作的女生和男生比賽揹穀子的情形，因為男生的挑戰邀約，女生揹起了重重的穀子；因為不服輸的精神，女生雖然揹著重重的穀子，卻還是努力的走完了全程。

　　第三段用「大屎窟煞猛搖」、「兩隻硬撐个腳」、「拚命走」，很形象的描寫了女生努力揹穀子的畫面。而第三段末與第四段的開頭用了「頂真」的修辭法，「拚命走」、「拚命走」，點出了女生不服輸的精神。到第四段則運用了「譬喻」的修辭法，「伊个腳步，蹬佇路面，像一只大鐵錘，一步一步錘響地面。」而接下來「咚咚咚咚咚」，「誇飾」的修辭運用，不但刻劃出賣力工作客家婦女健壯的形象，更巧妙地帶出了作者因為看得既吃驚又入神，使得手中的稻串不自覺的掉落到了地面。

　　為了和男性一較長短，這首詩裡的客家細妹仔勇敢的接受了男性的戲謔邀約；但是看到詩末的「半笑半嘘，赤腳馬踏行歸來。」就能體會到客家細妹仔因為自己的勇氣與堅持，在完成挑戰之後的興奮與愉悅之情。

　　整首詩寫客家婦女從年輕時起，便被訓練做農事，而且做起來毫不含糊；體魄強健、性格堅毅、忍勞負重，更是典型客家婦女給人的印象，也是這首詩言外之意所流露的，歌詠客家婦女健壯、吃苦的一面。

---

10 引自曾貴海《原鄉‧夜合》，（高雄：春暉出版社，2000 年 10 月），頁 8-9。

2. 清早个圳溝漘

打早
幾條天光穿過坳崗个樹葉
照射清早个圳溝
光點佇水面泅來泅去

庄肚个婦人家細妹仔
擐著一籃一籃換忒个衫褲
行過暗微濛个小路
一儕佔一粒圳溝漘个石頭

手起手落
用圓棍搽衫褲扰
一聲接一聲
像山歌一儕接一段唱落去

話事講起來
講到罪過个事
大家惦惦道嘆
講到光彩个事
吵得鳥仔飛盡盡
講起好噱个事
大家扭做一團手軟腳懶 庄肚个大小事

　　沒一項人毋知

　　洗過春夏入秋到寒冬

　　冷人骨髓个寒天

　　兩隻腳浸入冰涼个水中

　　寒風吹散頭腦毛衫袖角

　　有人一邊洗一邊唱

　　……冬去春來花會開

　　……阿妹想嫁毋敢講

　　……阿哥想討舌打結[11]

　　翻開客家的攝影集作品，有幅畫面相信是很多客家女性的生活經驗，那就是提著籃子或桶子到溪邊洗衣服的情景。在這首詩中，「庄肚个婦人家細妹仔」、「擐著一籃一籃換試个衫褲」、「行過暗微濛个小路」，寫的是婦女天還沒亮就來到了溪邊，不只是婦女們會到溪邊洗衣服，有些家裡的女孩們也得擔負起分擔家事的工作。

　　「一儕佔一粒圳溝漘　石頭」的描寫，形成了有趣的畫面，而「手起手落，用圓棍摌衫褲」，更讓畫面頓時因動作的描寫鮮活了起來，接著運用「譬喻」的修辭法，「一聲接一聲，像山歌一儕接一段唱落去」，則讓此幅情景加上了聲音，是啊！這就是客家女性工作的景象啊！

　　第四段運用了「排比」的技巧，來表現「罪過个事」、「光彩个事」和「好噱个事」，也因為各種事情都講盡了，所以「庄肚个大小事，沒一項人毋知。」

　　第五段寫到在溪邊洗衣服有時是件苦差事，尤其是在寒冷的冬天這個季

---

11 引自曾貴海《原鄉·夜合》，頁 19-21。

節，「冷人骨髓个寒天」、「兩隻腳浸入冰涼个水中」、「寒風吹散頭腦毛衫袖角」。但是客家的女性們還是一早便起來洗衣，從不因溪水寒冷而卻步，言外之意透顯出來的，正是客家婦女早已養成了吃苦的習慣，而且洗完衣服，還有許多大大小小粗活細活在後頭等著做呢！

3. 去高雄賣粄仔个阿嫂

打早五點半
火車嘿仔嘿个對枋寮尾站
跈海面出來个日頭駛入佳冬

幾儕庄肚阿嫂
矇著面帶笠嫲
肩頭擔竿核著半夜做好个粄仔
蹬著濛濛个天光出門
兩隻擔仔放滿
面帕粄芋粄年粄白頭公粄同龜粄
去高雄早市擺攤仔
沒禮拜沒年節
每日暗晡收攤後
正核等月光歸來
煮分大細食 [12]

---

12 引自曾貴海《原鄉‧夜合》，頁 6-7。

　　這首詩寫的是庄裡的幾位婦人，每天在天還未亮時，就起床準備各種面帕粄、芋粄、年粄、白頭公粄和龜粄等米製食品，然後搭著從枋寮開往高雄的火車，去早市做生意的情形。

　　為了爭取時間，「肩頭擔竿挨著半夜做好个粄仔」，半夜就得起床工作，然後「蹬著濛濛个天光出門」，一大清早就要出發前往高雄；為了能多賺一些，「每日暗晡收攤後，正挨等月光歸來」，清楚的說明了客家婦女為了工作早出晚歸的情形。

　　客家婦女肩上擔負的是「面帕粄芋粄年粄白頭公粄同龜粄」，詩人一口氣把客家各種米製食品羅列出來，既顯示客家婦女的忙碌能幹，也顯示客家婦女忙於生計的刻苦耐勞。

　　為了家中的生計，「沒禮拜沒年節」，根本從來沒有放假、休息的日子；不但全年無休，而且每天回到家後，「煮分大細食」，還得張羅一家大小的晚餐。

　　詩裡描寫的婦人不是典型的農婦，而是外出做小生意的，但既勤勞又認真，既刻苦又認命，沒日沒夜、內外操勞，完全沒有兩樣，讓人體認到客家婦女非常辛苦的一面。

　　4. 臺灣菊蘭——詩送葉菊蘭

　　一九八九年殘忍个春天
　　一堆惡狗咬狠伊老公下巴頦
　　毋分烈士出聲

　　圓身毋想分國民黨打抹齜齜
　　烈士潑油燒身

歸群特務捉到一堆骨灰

無倔服个靈魂飄浮天頂
日日夜夜看守心愛个臺灣
一粒堅強个客家菊蘭新花種
跈目汁流入心肚

沒幾久，花種開花了
沒分春夏秋冬
伊摘滿清香个菊蘭
獻分臺灣人
送一蕊花
講一聲請愛臺灣
請愛我等个臺灣
永遠个臺灣 [13]

　　這首詩相當特別，是寫給少數參政的客家女性葉菊蘭女士。詩中敘寫葉菊蘭女士的夫婿鄭南榕先生，為追求言論自由而引火自焚，爾後葉菊蘭女士在眼淚灌溉下，堅毅的在民主人權的路上繼續奮鬥下去，猶如「一粒堅強个客家菊蘭新花種」，開出了更堅強美麗的花。

　　詩中寫的是大時代的單一個別事件，但詩人的史筆卻以小見大，以一位客家女性記錄了臺灣在解嚴後追求民主過程的血淚代價。詩中寫到「歸群特務捉

13 引自曾貴海《原鄉・夜合》，頁 13-14。

到一堆骨灰」、「一粒堅強个客家菊蘭新花種」、「跈目汁流入心肚」。將葉女士心中不足以為外人道、甚至無法言說的、千迴百轉的悲哀痛苦，敘寫得格外深刻動人，而詩中也充分透顯了客家女性堅毅勇敢，強韌不屈的典型。

（二）玩耍的小女孩

1.阿妹看人搞烏龍仔

大當晝，大人睡目
細人仔偷偷走去伯公樹下搞烏龍仔

對捽來火盒仔放出烏籠仔
用手掌拍罩伊
用細索仔搖罩伊
烏龍仔一見面就大聲小聲
咬得兩隻翅緊顫
撞來撞去，拼輸拼贏

有時節，尋沒索仔
一出手，向阿妹頭腦拔幾枝
阿妹目汁緊滴鼻水緊流
站佇頭前毋想走 沒幾久，又拔幾枝
緊看緊叫泣緊罵人

阿妹要嫁人个時節
講起頭擺搞烏籠仔个事情

抓著我等个頭腦毛不放

大家大聲喊
嫁分人後正同老公相鬥
這下毋好亂咬人 [14]

　　這首詩描寫客家小孩日常玩耍時常見的鬥蟋蟀遊戲。「用手掌拍罩伊，用細索仔搖罩伊。」這兩句運用了「排比」的技巧，可以讓讀者們深刻的感受到孩子們樂在遊戲中的情緒。

　　但是可憐的客家阿妹，她的頭髮卻也在這場遊戲中遭殃了！因為有時玩伴們扯著她的頭髮當細線用，但是她「站佇頭前毋想走」，原來客家的小女生，也和一般的小男生一樣，對於有趣的事物有著強烈的好奇心，甚至「沒幾久，又拔幾枝」，但客家阿妹忍住痛，「緊看緊叫泣緊罵人」，縱使被一群男生欺負，還是不想走，鮮活的場景，歷歷如在眼前。

　　當阿妹長大要嫁人時，這段有趣的童年回憶被同伴再次的提起，甚至還警告她「嫁分人後正同老公相鬥，這下毋好亂咬人」，可見阿妹應該是個很有個性的女生，也相當好強活潑。然而長大後，即將嫁作人婦，童年的男生玩伴卻還不忘捉狹的提醒她，應回歸傳統女性的溫柔婉約，全詩建構出一幅屬於客家女性由幼及長，至嫁為人婦的微妙轉變。

---

14 引自曾貴海《原鄉・夜合》，頁 31-32。

2. 隔壁阿妹嫁分𠊎

還小
星仔花跋上稈棚
開滿紅花小遮仔花時節
阿妹嫁分𠊎

園仔內　稈棚下
幾儕細人仔講好了
就將阿妹嫁分𠊎
𠊎避佇稈棚角
等伊等打扮阿妹

阿妹頭腦毛插幾蕊樹蘭同桂花
畏見笑到面紅幾炸
圓身鼻到清甜个花香
小老弟弟帶頭行頭前
扛甘蔗拿米箕吹樹枝
七八隻手扛著伊
惦惦个放佇在𠊎身邊
大家笑一聲走盡盡

沒幾久，全部人圍過來
笑𠊎倆儕做公婆

十過年後，阿妹靚美美
手牽著一儕後生仔
笑面看𠊎頸根紅
沒想到，伊還記得頭擺个婚禮[15]

　　這首詩描寫小時後大家一起玩家家酒的情景。作者以第一人稱的筆法敘寫，自己是扮新郎，另外一個村裡的小女生阿妹，在「幾儕細人仔講好了」之下，扮成新娘嫁給他。接著，「阿妹頭腦毛插幾蕊樹蘭同桂花」，大家用客家庭院中最常栽種的、香味馥郁的樹蘭和桂花把阿妹打扮起來，所以作者說「圓身鼻到清甜个花香」。有趣的是扮新娘的阿妹是「畏見笑到面紅幾炸」，把阿妹含羞帶怯、又純樸童稚的模樣很傳神的描寫出來，與前一首看人家玩鬥蟋蟀遊戲的阿妹，兩相映照之下便形成強烈對比。[16]

　　詩歌接著描寫小孩子煞有介事的「扛甘蔗拿米箕吹樹枝」，模仿大人婚禮的進行，又是扛著甘蔗，又是米箕遮新娘頭，還拿起樹枝裝做吹起喇叭來，好不熱鬧，等儀式完成，大家全圍過來，「笑𠊎倆儕做公婆」。

　　詩的末段，時光跳接到十幾年後，作者與阿妹久別重逢。多年不見，兒時玩伴皆已長大成人，當年的阿妹出落得「靚美美」，但是「手牽著一儕後生仔」，作者很形象的敘寫阿妹已嫁為人婦，甚至已為人母，有著淡淡的綠葉成蔭子滿枝的感喟；但最後作者神來一筆，形容阿妹見到他的反應是「笑面看𠊎頸根紅」，雖然笑臉相迎，卻整個臉紅得厲害，甚至紅到耳根脖子上了，原來他們都沒忘記「頭擺个婚禮」。

---

15 引自曾貴海《原鄉‧夜合》，頁 25-27。
16 這裡的「阿妹」是一種客家語的通稱，作者未必同指一人。

　　這首詩中的阿妹，在扮新娘時是「畏見笑到面紅幾炸」，婚後久別重逢，
雖已為人婦、人母，但想到從前那場婚禮，還是自然而然有「笑面看侄頸根紅」
的反應，在這些地方，客家女性純樸、含蓄、保守、傳統的特色，深蘊其中，
十分耐人尋味。

（三）高校女生

　　　　阿桂姐
　　　　庄肚个高女生
　　　　最靚个阿桂姐
　　　　目珠會眨星仔花
　　　　笑起來
　　　　像一蕊又一蕊初開个曇花
　　　　兩粒深深个酒窟
　　　　迷到後生仔半夜發癲

　　　　像眠到个山峰个身材
　　　　向緊入泥肚个樹之个腳筋
　　　　像雪白浪花个皮膚
　　　　係飲地下水食在來米
　　　　變大變靚个美人呀

　　　　有一日
　　　　我佇伯公樹下看書
　　　　伊對屋家遠遠行來

肩頭核著兩桶屎 擔竿隨著伊个腳步

左搖右擺踏著地泥面

桶仔內半滿个尿水

幌出來

潑落地面 潑到伊个黑褲伊个赤腳

我放下書 兩隻目珠盯著伊

看伊行入菜園舀尿淋菜

真像鼻毋到尿味香

四十年後

伊帶做大學校長　老公行去菜園[17]

　　作者看到的阿桂姐，是村庄裡「目珠會眨星仔花」的美麗女生，不但「笑起來，像一蕊又一蕊初開　曇花」，而且「兩粒深深个酒窟，迷到後生仔半夜發癲」。雖然有著姣好的容貌與身材，又是很會讀書的高校女生，在家裡還是要做起挑屎尿去菜園施肥的工作。阿桂姐不僅做起了這樣的工作，而且還因為挑的尿桶重量太重，造成桶內的尿液搖晃，而灑到自己的褲管與赤腳上；但是阿桂姐不以為意，繼續的做著她該做的施肥工作，而且「真像鼻毋到尿味香」般的認命工作。這位客家女性，是一個美麗的高校女生，在最愛美的少女時期，為了讓家裡能有更好的生活，在課餘認命的接受粗活，忍耐髒臭；把客家婦女自幼到大的家教訓練，刻劃得極為深刻。

---

17 引自曾貴海《原鄉‧夜合》，頁 10-12。

（四）客家阿婆

1. 平埔客家阿婆

年夜飯後
大家爭等看舊相簿
忙亂中
一張老照片輕輕飄落
孤孤單單跌落倕腳邊

一張老婦人家个相片
係麼人呀
消失个平埔族个老婦人家
流落佇客家人屋家
變做我阿婆

六千年前，臺灣南島民族
這兜大海个人魚
用獨木船劈開海浪
槳去夏威夷紐西蘭同復活島
建立玻利尼西亞海洋民族

佇四百年以前个臺灣土地上
伊等係大地山河个自然人
沒分文明个瘟疫傳染

跈著日頭同月公个光暗

腳底黏著地泥生活

一百零年前，這兜臺灣平埔族

不知不覺失去蹤影

變做沒歷史記憶个人群

今暗晡，時間會蹀過年檻

歷史不得不放棄一些負擔

佢拿著平埔客家阿婆个相片

攬著一大堆家族相薄

眞驚這兜臺灣客家个記憶

也會像平埔族

變做歷史个負擔

分人擲去時間个大海[18]

　　這首詩明確的道出了作者身上的平埔族血統，是來自於他的「阿婆」，也就是他的祖母。客家人從大陸渡海來臺後，經過長時間的遷徙，與臺灣當地的人、事、物，一定會有某種程度上的融合，而與平埔族的女子通婚就是一個明顯的例子，所以作者才會有這麼一位屬於平埔族的祖母。

　　本首詩的題目是「平埔客家阿婆」，雖然藉由「消失个平埔族个老婦人家，流落佇客家人屋家」，表達了祖母流落到客家社會的情形，但「變做我阿婆」

---

18 引自曾貴海《原鄉·夜合》，頁 59-61。

這句話裡，卻可以體會到作者對有著平埔族身分祖母的認同，因為在作者的心目中，這位祖母雖然來自於平埔族，但卻早已融入了當地的客家生活。而這位平埔族阿婆，「伊等係大地山河个人」、「沒分文明个瘟疫傳染自然」、「跈著日頭同月公个光暗」、「腳底黏著地泥生活」，作者有意無意的把他描繪出一幅大地之母的形象，這也正是一般人對客家婦女最典型的形象代表。[19]

當強勢文化與弱勢文化接觸時，弱勢文化很容易因此而消失，正如平埔族之於客家，平埔族的血液在作者家族中並未被彰顯，反而融在客家的命脈中，「不知不覺失去蹤影」、「變做沒歷史記憶个人群」。所以對當今河洛文化的優勢，是不是也會影響到人數較少的客家族群，顯出了他的憂心。所以本首詩除了緬懷作者的祖母外，也希望屬於客家文化的記憶，能夠代代相傳、不斷的延續下去。

2. 溝背庄个外阿婆

跈著河壩溝背行到底
歸座庄仔分竹頭樹包起來
就是偓外阿婆屋家溝背庄
四邊全係青綠色田坵
大家人講盡靚个客話

還小去外阿婆屋家
每日邀朋友灌土狗仔
釣蛭仔抓羊尾仔草蟀仔

---

19 張典婉《臺灣客家女性》第 6 章〈客家女性的原型〉，（臺北：玉山出版社，2004 年）。

有時節去河壩泅水
搞到肚飢正悃到歸外阿婆屋家
暗晡頭，食飽飯後
老嫩大細擠來禾埕
該時節還沒電火
油燈火像火焰虫眨呀眨
四邊暗嗦嗦
大大細細打嘴鼓劃虎屝講故
細人仔聽到入耳

有一擺叔公講伊看到無面鬼
分鬼對田坵趜到屋門口
細小仔嚇到攬共下
枷著別人个手
歸屋家　路上緊看後背腳悸顫

有時節，半夜醒來
屋背彎岇崗个竹頭樹吱吱呱呱
夜鳥叫到恁悲傷
倕驚到起雞嫲皮
只有攬著隔壁个外阿婆
詐沒聽到睡到天光[20]

---

20 引自曾貴海《原鄉‧夜合》，頁 63-65。

　　這首詩寫的是作者外婆，不同於有平埔族血統的祖母，外婆是道地客家庄的客家婦女。外婆住的客家庄是「踆著河壩溝背行到底／歸座庄仔分竹頭樹包起來／就是偓外阿婆屋家溝背庄／四邊全係青綠色田坵／大家人講盡靚个客話」。

　　在外婆家，作者描寫了小孩子自由自在四處戲耍的情景：「灌土狗仔」、「釣蛭仔」、「抓羊尾仔、草蜢仔」、「去河壩泅水」，總要「搞到肚饑正愐到歸外阿婆屋家」。

　　到了晚上，大家到禾埕聊天，小孩聽大人講鬼故事，嚇得發抖，半夜裡聽到屋後半山崗上的竹子被風吹得發出「吱吱呱呱」的聲音，怕到起雞皮疙瘩，「只有攬著隔壁个外阿婆／詐沒聽到睡到天光」。

　　全首主要描寫作者小時候在原鄉外婆家渡過的美好時光，但詩中的外祖母正是絕大多數客家外婆的典型。詩中透顯出外婆對孫輩既有無限的慈愛包容，小孩可以玩到肚子餓才想到要回外婆家；又是孩子的守護神，孩子睡覺害怕時，可以抱著就睡在隔壁的外婆安心到天亮。另外，一般晚上，工作做完了，外婆是和鄰里叔伯親戚一起，「大大細細打嘴鼓劃虎𤐨講故」。客家阿婆溫婉顧家、和睦鄰里親戚的傳統角色扮演，一樣不少，也是客家婦女最典型的形象的代表。

　　3. 夜合一獻分妻同客家婦女

　　　日時頭，毋想開花
　　　也沒必要開分人看

　　　臨暗，日落後山
　　　夜色踆山風湧來

夜合
佇客家人屋家庭院
恬恬打開自家个體香

福佬人沒愛夜合
嫌伊半夜正開鬼花魂

暗微濛个田舍路上
包著面个婦人家
偷摘幾蕊夜合歸屋家

勞碌命个客家婦人家
老婢命个客家婦人家
沒閒到半夜
正分老公鼻到香

半夜
老公捏散花瓣
放滿妻仔圓身
花香體香分毋清
屋內屋背
夜合
花蕊全開[21]

---

21 引自曾貴海《原鄉・夜合》，頁 15-17。

　　本首詩以「夜合」白天含苞、夜間綻放，有著濃郁花香的特性，來形容客家婦女白天勞動時為了躲避烈日，必須包著頭巾忙碌，就像是白天裡裹著綠皮的「夜合」花；到了晚上農事忙完了，才能像「夜合」般卸下層層束縛，綻放出潔白的花瓣和濃郁的女人香。人花雙寫，是一首藝術價值很高的詩歌。

　　由於對夜間開花植物不同的認知，福佬人認為到了夜裡才綻放的夜合花，是不吉祥的，像是鬼魅般晚上才能真正現身；但是客家人卻欣賞夜合花低調、內斂、不與人爭的特性，就像是勤奮又認真的客家婦女，白天忙於農事，到了晚上才會稍做休息，也才會在親愛的家人面前展現出真正的自我。所以詩人以既感嘆又憐惜的口吻說「勞碌命个客家婦人家」、「老婢命个客家婦人家」、「沒閒到半夜」、「正分老公鼻到香」。

　　最後一段寫到：「半夜，老公捏散花瓣，放滿妻仔圓身，花香體香分毋清，屋內屋背，夜合，花蕊全開。」更是讓客家婦女與夜合花相互融合，讓「夜合」花成了客家婦女的最佳寫照。同時客家婦女白天的勤於農事家事，晚上對丈夫的柔順體貼，在此詩句中表露無遺。

四、曾貴海客語詩中的客家女性書寫

（一）客家女性角色的殊相與共相

　　曾貴海現代客語詩中的女性書寫，與其他詩歌中多以傳統「母親」作為敘寫對象的典型不同，[22] 其中有描寫農家婦女的「背穀走相趖仔細妹仔」、有描寫洗衣婦女的「清早的圳溝滣」、也有描寫作生意婦女的「去高雄賣粄的阿嫂」，有參政的女性「臺灣菊蘭──詩送葉菊蘭」；另外有愛玩的小女孩「阿

---

22 如黃恆秋《擔竿人生》、邱一帆《油桐花下》、張芳慈《天光日》等客家作家的詩
　　歌中多有對母親敘寫的詩篇。

妹看人搞烏龍仔」、「隔壁阿妹嫁分我」；也有高校女生「庄肚的高女生——阿桂姐」；還有客家老婦人「平埔客家阿婆」、「溝背庄个外阿婆」；更有全面代表客家女性描寫的「夜合——獻分妻同客家婦女」。在他的詩作中，客家女性的腳色多樣，有傳統的農婦，也有做小生意的女性；有年長的阿婆、有年輕一輩受高等教育的女性，也有愛玩的小女孩。因為這些活潑角色的描寫，呈現了客家女性角色的多樣貌。

　　另外，在其他客家文學中，最常出現的女主角原型，應該是大家都不陌生的「母親」、「農婦」。在過去的年代裡，客家女性不是操持著家務，便是忙於農事，尤其在客家社會中，女性受傳統環境影響，從小要被教育成「家頭教尾」、「田頭地尾」、「灶頭鍋尾」、「針頭線尾」的女超人，[23] 所以許多客家文學描述的場景都出現在田裡或家中。但在曾貴海的現代詩中，場景擴大了，都市的菜市場裡、伯公樹下、菜園裡、溪邊、學校，甚至政壇等，都可以發現客家女性的身影。

　　由於書寫對象多元的變化，客家女性的各種表現也相對的豐富了起來。不但角色多樣化，年齡涵概老中青少各世代，場景也不局限田裡或家中，空間廣闊許多，時間也從民初延續到現在。尤其充分顯現了客家婦女鮮明的形象與性格，從中可探究客家女性與生活的殊異處，也可探究客家文化最深入、最精微的一面。

---

23 「家頭教尾」，就是要養成黎明即起，勤勞儉約，舉凡內外整潔，灑掃洗滌，上侍翁姑、下育子女等各項事務，都料理得井井有條的意思。「田頭地尾」，就是播種插秧，駛牛犁田，除草施肥、收穫五穀，不要使農田耕地荒蕪的意思。「灶頭鍋尾」，就是指燒飯煮菜、調製羹湯、審別五味，樣樣都能得心應手，學就一手治膳技能，兼須割草打柴以供燃料的意思。「針頭線尾」，就是對縫紉、刺繡、裁補、紡織等女紅，件件都能動手自為的意思。張典婉《臺灣文學中客家女性角色與社會發展》，（世新大學社會發展研究所碩士論文，2001 年），頁 10。

　　表面上，這些婦女各有不同的營生之道，也涵括各年齡層，呈現了客家女性具有殊異性的多重樣貌。但在殊異樣貌的底下，不論是和男孩一起抓烏龍的小女孩、背穀包和男人競賽的年輕女性、放下書包照樣挑起尿桶淋菜的高校女生、踏著朦朦月光出門趕到高雄賣粄仔，再挑著月光回家操持家務的婦女、及雙腳不畏寒冷的踏在圳溝水中洗衣的洗衣婦，都和勞動終日的客家婦女深夜始眠、夜裡始香的「夜合」十分貼切。素樸、勤儉、不修飾裝扮的「夜合」，但卻又柔順奉獻的「夜合」，詩人刻意要傳達的，應該正是這種勞動非苦、勞動是香的客家思想、客家生活觀。[24] 可以說都是「勞動」大樑撐起的農村家園。因此多元殊異的女性角色，卻可以統一在「勞動」、「溫順」這個共同形象中；也統一在客家女性堅強勤苦、剛中有柔，柔中有剛；令人敬愛、也令人動容的形像中，這也是所謂客家婦女給人整體感覺的「共相」。

　　曾貴海的詩歌，在女性形象的刻劃敘寫上，能兼顧客家女性的共相與殊相，這是他的詩歌達到了相當藝術水準，也有相當代表性的地方。

（二）讚嘆與加害的矛盾背反

　　在許多介紹客家的書籍中，不難發現客家女性經常被刻意提及書寫的，無不是強調客家女性吃苦耐勞勤勉的美德。[25] 也有在書中描繪客家女性，素以勤奮柔順著稱，甚至以此作為客家族群特質之一。[26] 客家女性視勞動生產、分擔生活是天職。客家男人心中樂見的，也絕不是柔弱無用的女性。[27] 正如鍾理和

---

24 彭瑞金〈原香一序曾貴海客語詩集〉，《原鄉‧夜合》（高雄：春暉出版社，2000年10月），頁8。
25 江運貴《客家與臺灣》，（臺北：常民文化出版社，1996年）。高宗熹《客家人：東方的猶太人》，（臺北：武陵出版社，1997年）。
26 徐正光《徘徊於族群與現實之間：客家社會與文化》，（臺北：正中書局，1991年）。
27 鍾鐵民〈鍾理和筆下的客家女性〉，收錄於臺灣客家公共事務協會編著《新个客家人》，（臺北：臺原出版社，1991年12月），頁132。

先生在〈初戀〉一文中記述他初戀的對象，也是能挑起兩隻鐵皮水桶擔水的勞動天使。

　　有關這些對女性的說法，我們或許要進一步探索，客家女性為何會視勞動生產、分擔生活是天職？是先天群性或後天社會環境所造成？而一些文學詩歌作品中對女性的歌頌讚美，是否落入了過度簡化、浪漫化一些帶有性別意涵的「美德」陷阱？[28] 關於此一問題，我們或許可以進一步從曾貴海詩中，抽繹出男性的視角是如何「凝視」與「呈現」客家女性意象。

　　首先，對工作中的女性，作者多以無限的讚嘆同情與憐惜口吻敘寫，如〈背穀走相趣仔細妹仔〉中，是以一個孩子仰視的角度，看著在田中健壯勞動的年輕女性，驚訝讚嘆兼而有之。在〈清早个圳溝滣〉、〈去高雄賣粄仔个阿嫂〉中，作者是以第三人平視的角度敘寫，口吻則是同情、憐惜兼具。在〈臺灣菊蘭──詩送葉菊蘭〉一詩中，則是以同為客家的男性友人身分抒寫，更滿是打從心底的同情與讚美。

　　接下來，作者對玩耍的客家小女孩的描寫，一採第三人旁觀視角，一採第一人主觀視角，筆下小女孩都是天真活潑可愛，但微妙的是，到了婚嫁階段，作者口吻中卻無意中流露出在父權傳統下，女性必須呈現出服膺傳統溫柔婉約的要求。

　　另外在寫高校女生〈阿桂姐〉那首，作者以第一人稱「我」的視角來描寫。詩中作者以戀慕的眼光「凝視」村中最美麗的高校女生「阿桂姐」，由遠而近走過來，但詩中這位客家男性課餘是坐在樹下看書，阿桂姐同樣在學，課餘卻要從事粗重髒臭的勞動。不但男女如此不平等，作者更有意無意的以男性主觀讚嘆的口吻說出「看伊行入菜園舀尿淋菜／真像鼻毋到尿味香」，幾乎是把阿

---

28 李竹君《客家農村女性的勞動經驗與美德》，（花蓮：花蓮師範學院多元文化研究所碩士論文，2001 年），頁 3。

桂姐化身為能挑起兩隻鐵皮尿桶的勞動天使,她的認命順服、忍耐髒臭,描寫到了神聖化也自然化的地步。更弔詭的是,「四十年後」,當年的坐在樹下「凝視」阿桂姐的作者,成了社經地位極高的醫生,而「伊」是「帶做大學校長个老公行去菜園」,最後當了大學校長的是她的丈夫,也不是這位功課優秀、面容姣好又刻苦耐勞的客家女性。詩中呈現出客家女性的犧牲付出,與其家庭與社會地位非常不成比例的強烈落差,而且這強大的落差,在男性詩人的筆下,卻似乎被視為再自然不過的情形,賦予讚美即已足夠體貼同情。

而在〈夜合一獻分妻同客家婦女〉詩中,對傳統客家女性的標準形象,刻劃深刻,詩中歌頌客家婦女一如素樸、勤儉、不修飾裝扮的「夜合」,但卻又柔順奉獻的「夜合」,等於不斷強調客家女性刻苦勞動、素樸柔順的美德懿行。浪漫的歌頌中,似乎也把客家女性這些特色,本質化了,內在化了,讓人以為客家女性生性如此,故而有此鮮明特性。

因此曾貴海先生的詩作和其他客家男性一樣,是否落入了過度簡化、浪漫化一些帶有性別意涵的「美德」陷阱?我們知道,大多數人喜歡自己受到肯定、得到讚揚,而擁有好德性,也往往被歸類成一件好的事情。但是尼采說:「一個有德性的人之所以被讚揚,是因為他們施善行,而大多數的德性都是有損害於那些持有德性的人,我們讚揚別人有德性,是因為我們從中獲取到好處並樂於當個受益者」。[29] 這個說法或許有討論空間,但卻提醒我們加諸「德性」背後的刻板印象,對客家女性而言,是否反而是種盛名之累?

客家女性以積極的勞動參與,為世人所津津樂道,但是這樣的勞動參與是否對客家女性的地位有所提升呢?根據李竹君的研究指出:「儘管客家女性從

---

29 蔡偉鼎譯,Laurence Gane 著,《尼采》,(臺北:立緒出版社,2000 年)。轉引自李竹君《客家農村女性的勞動經驗與美德》,(花蓮:花蓮師範學院多元文化研究所碩士論文,2001 年),頁 4。

事大部分的農業勞動，卻往往被歸於家務勞動；婦女不管在田中勞動的時間有多長，男性還是被看成是家庭的經濟支柱，婦女多淪為默默耕耘者，往往是被忽視的。」[30]

至於大量參與勞動，能否讓客家女性比起其他族群的女性，享有較高的家庭地位呢？根據張維安、莊英章兩位的研究，客家婦女並未因勞動較多，而比閩南婦女享有較高的家庭地位，或擁有較多的家庭決策權。[31] 甚至根據林鶴玲、陳玉華等人的研究分析，臺灣各族群婦女家庭地位的高低，最高的是外省族群，其次是閩南族群，而客家族群是最低的。[32] 所以這些研究的結果皆指出，客家婦女比起其他族群的婦女，勞動量大但家庭地位卻低的殘酷事實。

為何大量的勞動參與卻無法形成強大的經濟權，也無法帶給客家女性相對地位的提升呢？根據鍾永豐的研究指出，客家婦女的勞動多屬非技術性勞務，生產的關鍵技術仍操之於男性手中。[33] 另外根據鍾秀梅研究指出，父權體制下，將女性勞動與家務勞動相結合，是使得客家女性的勞動參與高，但家庭地位卻依然低落的主要原因。[34] 這時，傳統客家教育與美德，更扮演了教化與安撫的功能，藉由強調女性的勤奮、溫順、耐苦等特質，達到鞏固父權體制的目的。

---

30 李竹君《客家農村女性的勞動經驗與美德》，（花蓮：花蓮師範學院多元文化研究所碩士論文，2001年），頁30。
31 張維安〈客家婦女地位：以閩南族群為對照分析〉，《客家文化研討會論文集》，1994年。莊英章《家族與婚姻：臺灣北部兩個閩客村落之研究》，（臺北：中央研究院院民族研究所，1994年）。
32 林鶴玲、李香潔〈臺灣閩客外省族群家庭中之性別資源配置〉，《人文及社會科學集刊》第11卷第4期，（臺北：中央研究院中山人文社會科學研究所，1999年）。陳玉華、尹慶春、呂玉瑕〈婦女家庭地位之研究：以家庭決策模式為例〉，《臺灣社會學刊》第24期，2000年。
33 鍾永豐〈淺論客家婦女的身份與地位〉，《重返美濃：臺灣第一部反水庫運動紀實》，（臺中：晨星出版社，1994年）。
34 鍾秀梅〈談客家婦女〉，《重返美濃：臺灣第一部反水庫運動紀實》，（臺中：晨星出版社，1994年）。

尤其一些客家論述，不斷強調客家女性的美德懿行，提及客家女性如何為家庭鞠躬盡瘁，卻從未說明客家女性在家庭中的真實處境。[35] 且經過科學客觀的研究更發現，這些節儉、順從、刻苦耐勞的生活態度，並非真是客家婦女與生俱來的性格，而是在面對物質困乏的環境時所展現的生存策略。但這些美德規範的確透過家庭教育及社會壓力的期許，在客家女性身上作用著，甚至讓它成為一種自我要求。在美德的光環下，鼓勵女性採取自我犧牲的態度，而忽視其肩上沉重的負擔和逐漸喪失的自我。[36]

因此重新審視一些客家論述或客家文學頌揚客家女性的美德，除了在感性的感動之外，是否更需要有一種理性的思辨？是否這種頌揚讚美，只是加深加強了客家女性繼續被壓迫的事實？尤其所謂素樸、節儉、順從、刻苦耐勞的美德，往往成為一種隱形的規範，成為限制女性行為的準則；且此一規範一旦內化至女性心中，則女性更容易將自己定位為必須犧牲奉獻、成就他人，和做個無私的人，也往往因此阻斷了女性自我發展的可能。[37]

每每在誦讀一些客家詩歌時，裡頭常發現不少對女性的歌頌讚揚。但身為客家女性，卻不免對其中浪漫幻想的情懷與文字興起一種慨嘆。因為文章或詩歌中雖然是誠摯標榜了客家女性的貢獻與美德，但也間接助長了父權體制下的不平等待遇。對這種讚揚與加害的矛盾背反，也是不得不令人浩嘆的事實！

---

35 張典婉《臺灣客家女性》第 7 章〈客家族群中的強勢特徵〉，（臺北：玉山出版社，2004 年）。

36 李竹君《客家農村女性的勞動經驗與美德》，（花蓮：花蓮師範學院多元文化研究所碩士論文，2001 年），頁 91。

37 如《原鄉・夜合》中的高校女生〈阿桂姐〉「四十年後」是「伊帶做大學校長个老公行去菜園」，擔任大學校長的還是她的先生而不是她。

五、結語：期許未來客家詩歌可能的發展

在客家文學或詩歌的呈現中，未來是否可以揚棄原來的刻板印象，原有的制約男女性別的觀點，或從傳統美德，諸如勤儉、刻苦、素樸、柔順、奉獻等烙印中釋放出來？如果文學或詩歌的描寫，能有更寬廣的視野，不要只停留在戴斗笠、唱山歌、穿藍衫、炒粄條的傳統印象中，而是能有更多符合時代流動的思維，以及反映時代的敘述與創作，對現今社會發展中的兩性題材，不再陷入傳統男女性別角色，不必讚頌也無需內疚，或許可以從原有刻板印象中釋放，營造新的社會形象。

參考文獻

江運貴，1996，《客家與臺灣》。臺北：常民文化出版社。

客委會文史天地館網站：http://www.hakka.gov.tw/ct.asp?xItem=22031&ctNode=405&mp=256

李竹君，2001，《客家農村女性的勞動經驗與美德》。花蓮：花蓮師範學院多元文化研究所碩士論文。

李喬，2000，〈尋找文學原鄉一序「原鄉‧夜合」〉，《原鄉‧夜合》。高雄：春暉出版社。

林鶴玲、李香潔，1999，〈臺灣閩客外省族群家庭中之性別資源配置〉。《人文及社會科學集刊》11（4）：395-433。臺北：中央研究院中山人文社會科學研究所。

徐正光，1991，《徘徊於族群與現實之間：客家社會與文化》。臺北：正中書局。

_____，2007，《臺灣客家研究概論》。臺北：行政院客家委員會、臺灣客家研究學會。

高宗熹，1997，《客家人：東方的猶太人》。臺北：武陵出版社。

張典婉，2001，《臺灣文學中客家女性角色與社會發展》。世新大學社會發展研究所碩士論文。

＿＿＿＿，2004，《臺灣客家女性》。臺北：玉山出版社。

張維安，1994，〈客家婦女地位：以閩南族群為對照分析〉，《客家文化研討會論文集》。

張翰璧，2007，〈客家婦女篇〉，《臺灣客家研究概論》。臺北：行政院客家委員會、臺灣客家研究學會。

莊英章，1994，《家族與婚姻：臺灣北部兩個閩客村落之研究》。臺北：中央研究院民族研究所。

陳玉華、尹慶春、呂玉瑕，2000，〈婦女家庭地位之研究：以家庭決策模式為例〉，《臺灣社會學刊》24：1-58。

彭瑞金，2000，〈原香一序曾貴海客語詩集〉，《原鄉‧夜合》。高雄：春暉出版社。

曾貴海，2000，《原鄉‧夜合》。高雄：春暉出版社。

蔡偉鼎譯，Laurence Gane 著，2000，《尼采》。臺北：立緒出版社。

鍾永豐，1994，〈淺論客家婦女的身份與地位〉，《重返美濃：臺灣第一部反水庫運動紀實》。臺中：晨星出版社。

鍾秀梅，1994，〈談客家婦女〉，《重返美濃：臺灣第一部反水庫運動紀實》。臺中：晨星出版社。

鍾鐵民，2000，〈序一我看原鄉夜合〉，《原鄉‧夜合》。高雄：春暉出版社。

＿＿＿＿，1991，〈鍾理和筆下的客家女性〉，《新个客家人》。臺北：臺原出版社。

國家圖書館出版品預行編目 (CIP) 資料

客家文學 / 彭瑞金主編 .
-- 初版 . -- 新竹市：交大出版社 , 2019.01
　　面；　公分 . -- (臺灣客家研究論文選輯 ; 10)
ISBN 978-986-97198-6-5(平裝)

1. 客家文學 2. 文學評論

863.72　　　　　　　　　107020678

臺灣客家研究論文選輯 10

客家文學

主　　　編：彭瑞金
叢書總主編：張維安
執 行 編 輯：陳韻婷、程惠芳
封 面 設 計：萬亞雰
內 頁 美 編：黃春香

出 版 者：國立交通大學出版社
發 行 人：陳信宏
社　　長：盧鴻興
執 行 長：陳永昇
執 行 主 編：程惠芳
編務行政：陳建安、劉柏廷
製版印刷：中茂分色製版印刷事業股份有限公司
地　　址：新竹市大學路 1001 號
讀者服務：03-5736308、03-5131542　（週一至週五上午 8:30 至下午 5:00）
傳　　真：03-5731764
網　　址：http://press.nctu.edu.tw
e - m a i l：press@nctu.edu.tw
出版日期：108 年 1 月初版一刷、108 年 11 月初版二刷
定　　價：350 元
I S B N：978-986-97198-6-5
G P N：1010800018

展售門市查詢：

　交通大學出版社 http://press.nctu.edu.tw
　三民書局（臺北市重慶南路一段 61 號））
　網址：http://www.sanmin.com.tw　電話：02-23617511
或洽政府出版品集中展售門市：

　國家書店（臺北市松江路 209 號 1 樓）
　網址：http://www.govbooks.com.tw 電話：02-25180207
　五南文化廣場臺中總店（臺中市中山路 6 號）
　網址：http://www.wunanbooks.com.tw　電話：04-22260330